미래를 여는
온오프라인 수업

김현섭, 김대권, 이상찬 지음

수업디자인연구소
INSTRUCTION DESIGN INSTITUE

미래를 여는 온오프라인수업

1판 1쇄 발행 2021년 5월 20일

저 자   김현섭, 김대권, 이상찬

발행인   김성경

편집인   김현섭

교정 및 윤문   김하림, 윤소정

디자인   시월 조주영

발행처   수업디자인연구소 www.sooupjump.org

도서문의 031-502-1359   eduhope88@naver.com

주 소   경기도 군포시 대야2로 147, 201호

ISBN   979-11-958100-8-6

값 20,000원

추천사

코로나 시대, 블렌디드 수업 환경이 쓰나미처럼 덮쳐진 학교 수업은 여전히 어수선하기만 하다. 실시간 쌍방향형 온라인 수업을 하면서 종종 블렌디드 수업을 시도하였지만, 마음 속 찜찜함에 눌려온 나에게 한 줄기 빛과 같은 책이 선물처럼 전달되었다. 온라인 수업에 길을 잃고 헤매는 이 시대의 교사들에게 이 책은 등대가 되어 줄 것이다.

한국교원대 **차희영** 교수

배움중심수업을 온라인 수업에서 어떻게 펼쳐나갈 수 있을지 이 책을 통하여 조망해볼 수 있었다. 질문수업, 하브루타 수업, 협동학습, 토론수업, PBL, 평가와 피드백까지 그동안 교실에서 추구하였던 수업들을 온라인에서도 실천하고자 하는 교사들에게 종합적인 가이드가 될 것이다.

동대전초 **우해인** 수석교사

저경력, 중견 교사를 막론하고 요즘 학교 현장에서 교사들에게 가장 부담되는 일은 학부모와 소통하는 것이다. 학부모들도 시대 변화에 따라 달라지고 있으므로 그에 맞는 소통 방법이 필요하다. 하지만 변하지 않는 것은 교사와 학부모가 소통해야 우리 아이들이 건강하게 자란다는 것이다. 이 책에서는 교사가 학부모와의 소통 전문가가 될 수 있는 방법을 강력하게 제시하고 있다. 적극 추천!

김지상 모산중 교사

미래교육을 준비하는데 있어서 저자들은 그 누구보다 바쁘게 학교와 학교, 교사와 교사, 교육청과 교사를 연결해주려고 노력하였다. 미래교육을 현실화하는 데 있어서 블렌디드 수업은 좋은 도구가 될 것이다. 그러기에 앞으로도 더욱 연구하고 고민해야 할 영역이다. 이 책은 미래교육으로 나아가는 길에 좋은 길동무가 되어 줄 것이다.

서울시교육청 **김지영** 장학사

온라인 수업도 교실 수업처럼 학생참여 중심의 수업을 할 수 있을까? 코로나19는 수업을 온라인 수업 방법으로 확장하는데 강제적으로 한발 앞당겼다. 이 책은 온라인 수업에 관한 교사들의 고민을 교사의 실재감, 학생참여, 피드백, 3가지 열쇠로 열어 다양한 수업 정리와 사례로 해결해 준다. 더 나아가 이 책을 통하여 온라인과 오프라인 수업의 장점을 살린 온·오프라인 미래형 수업을 설계할 수 있는 수업철학과 자신감까지 얻을 수 있으면 좋겠다.

강원도교육청 **김영숙** 장학사

서문

2019년 12월 중국 우한에서 시작된 코로나는 이후 전세계적으로 확산되었다. 우리나라에서도 2020년 1월 20일 첫 확진자가 발생한 이래 2021년 4월 23일 기준 확진자 수가 117,458명, 사망자가 1,811명이 발생하였다. 그나마 한국이 방역을 잘하고 있는 편이지만 미국이나 유럽 등 선진국조차도 방역이 잘 이루어지지 않아 막대한 피해를 입고 있는 상황이다.

이에 따라 우리나라 교육계에서도 개학을 미루다가 결국 2020년 4월 9일 온라인 개학을 실시하는 사상 초유의 사태가 벌어졌다. 코로나 확산에 따라 학교마다 학사 일정이 수시로 바뀌게 되어 교육과정을 운영하는데 많은 어려움이 겪었다. 학생들은 가정에서 홈스쿨링 형태로 온라인 수업을 통해 공부를 해야 했지만 자기 관리 역량이 부족한 학생들은 제대로 학습에 몰입하지 못했기에 성적이 떨어지는 현상까지 나타났다. 교사들은 무엇보다 익숙하지 않은 온라인 수업 도구를 사용하는 방법을 익혀야 했고, 온라인 수업 준비와 운영으로 바쁘게 지내게 되었다. 부모들은 대면 수업과 달리 온라인 수업 특성상 수업이 어떻게 진행되는지 쉽게 알 수 있게 되었지만 실제 수업 방식이 부모들의 기대 수준에 미치지 못하는 경우가 많아 온라인 수업에 대한 불만이 높아졌다. 특히 가정에서 자녀 생활지도가 쉽지 않았기에 등교수업을 원했다. 교육청에서도 지금까지 진행되었던 교육 혁신 정책의 흐름과 역행되는 현상이 나타나서 힘들었고, 장학사들도 온오프연계수업에 대한 실제 경험이 부족했기에 단위학교의 교육과정 및 수업 운영을 지원하는 일이 쉽지 않았다. 그동안 교육과정-수업-평가-기록의 일체화를 강조했지만 외부콘텐츠 활용형 온라인 수업에서는 수업자와 평가자가 분리될 뿐 아니라 과정중심 평가 자체가 불가능해졌다. 콘텐츠 활용형 수업의 성격상 배움중심 수업이 아니라 지식전달형 수업이었다.

많은 학교들이 충분히 준비되지 않은 상태에서 전면 온라인 수업과 블렌디드 수업을 하게 되면서 많은 시행착오를 경험하였다. 초창기 많은 학교들은 온라인 수업을 임시방편적인 수단으로 여겼기에 한 두달만 버티면 원래 대면 수업 방식으로 전환하리라 생각했다. 그래서 상대적으로 운영하기 쉬운 외부 콘텐츠 활용형 수업이나 과제수행형 수업으로 진행하였다. 그런데 온라인 수업과 블렌디드 수업 기간이 장기화되면서 여러 가지 많은 문제가 발생하였다. 그에 비해 일부 학교들은 코로나 사태 장기화에 대비하여 2020년 2월 말부터 온라인 수업 준비를 체계적으로 진행하였고, 처음부터 실시간 쌍방향형 온라인 수업으로 운영하였다. 처음부터 실시간 쌍방향형 수업으로 진행하는 것이 쉽지는 않았지만 실시간 쌍방향형 수업으로 시작한 학교는 그렇지 않은 학교들에 비해 시행착오를 줄일 수 있었다. 코로나 위기 속에서 학교 역량이나 교사 역량에 따라 온라인 수업 수준과 역량의 격차가 발생하였다.

2020년 8월 교육부 장관이 코로나19 문제가 해결되어도 온라인 수업을 할 것이라고 발표하였다. 이에 대한 신문기사가 나가자 많은 학부모들이 반발하는 댓글이 많이 올렸다. 그 이유는 현재 온라인 수업에 대한 불만이 많았기 때문이었다. 하지만 교육부 입장대로 앞으로 코로나19가 완전히 종식된다 하더라도 온오프라인 수업이 지속될 수밖에 없는 현실적인 5가지 이유가 있다.

첫째, 코로나19가 완전히 종식하는데 시간이 걸릴 뿐 아니라 완전히 해결되어도 제2의 코로나가 발병하여 팬데믹 현상이 일어날 가능성이 높다는 것이다. 일반적으로 백신을 개발하는데 3-5년 정도의 시간이 필요하다. 물론 최선의 노력을 다해서 효과성과 안전성이 검증된 백신과 치료제가 1년 안에 개발되었다 하더라도 이를 생산하여 제3세계 지구촌 사람들에게까지 보급하려면 상당한 시간이 필요하다. 그리고 코로나19가 완전 종식이 되었다 하더라도 제2의 코로나가 예전보다 빨리 찾아올 수 있다. 사스에서 메르스까지 10년, 메르스에서 코로나19까지 7년이 걸렸는데, 이러한 추세를 볼 때 제2의 코로나는 3-5년 안에 발병할 수 있을 것이다. 이미 코로나19 변종 바이러스가 출몰되었고, 독감 계열 바이러스도 언제든지 대유행할 수 있는 것도 현실이다. 이에 따라 코로나로 인한 온오프연계수업은 현실적으로 짧게는 2년, 길게는 3-4년 정도는 지속될 수밖에 없다.

둘째, 이번 기회에 온라인 수업에 대한 장점을 학생, 교사 등이 경험했다는 것이다. 온라인 수업을 통한 비대면 수업을 통해 건강과 안전을 도모할 수 있었다. 온라인 수업은 언제 어디서나 수업이 가능한 유비쿼터스 수업을 가능하게 해준다. 자기관리역량이 있는 상위권 학생들은 온라인 수업을 통해 자기

시간을 효율적으로 사용할 수 있다. 교사 입장에서도 지금은 처음이라 온라인 수업 준비 부담이 크지만, 시간이 갈수록 익숙해지고 온라인 콘텐츠가 쌓이게 되면 온라인 수업 부담이 줄어들고, 생활지도에 대한 부담이 줄어든다. 김대중 정부 이후 ICT 교육정책이 이어져 내려오면서 온라인 수업에 대한 흐름은 있었지만 일반화하지 못했던 이유는 막대한 예산 문제와 스마트 기기 관리 및 교체 문제, 인터넷 보안 문제 등 현실적인 걸림돌이 있었기 때문이었는데, 코로나 위기를 경험하면서 이 모든 것이 일시에 해결된 부분이 있다.

셋째, 온라인 수업이 고교 학점제 운영 시 유용하게 활용할 수 있다는 것이다. 정부에서는 오는 2025년 고교 학점제 전면 도입을 하겠다고 추진하고 있고, 경기도교육청은 이보다 빨리 2022년에 전면 도입을 공언하였다. 고교 학점제를 성공적으로 운영하기 위해서는 유연한 교육과정 운영 및 복잡한 시간표 운영, 소인수 과목 설치 및 운영 문제, 교사 수급, 교과교실제를 위한 공간 재배치, 예산 지원 등 예상되는 현실적인 문제점을 잘 극복할 수 있어야 한다. 그런데 소인수 과목 운영 문제의 경우, 인근 학교와 연계하여 거점학교로 학생들이 이동하여 공동 교육과정에 참여할 수 있도록 하는 방법이 그 대안으로 모색되고 있지만, 현실적으로 쉽지 않은 문제들이 있다. 학생들이 짧은 시간 안에 인근 학교로 이동하는 것 자체가 부담스럽고, 성적 산출, 생활지도 등 풀어가야 할 문제들이 있다. 그런데 일부 과목들을 온라인 공동 교육과정 형태로 온라인 과목을 개설하면 학생 입장에서는 다른 학교로 이동하지 않고 본교에서 학습할 수 있고, 교사 수급 문제도 상대적으로 해결하기 좋고, 운영상 효율적이고 경제적이다. 그리고 온오프라인 수업으로 진행한다면 이동 횟수를 줄이고, 대면 수업의 장점도 결합하여 운영할 수 있다.

넷째, 정부가 앞으로 '그린 스마트 스쿨' 사업을 통해 막대한 예산(약 15-18조)을 투자하여 학교 시설을 개보수하고 인터넷망 구축 등 스마트 교육

환경을 구축하겠다고 발표했는데, 만약 코로나19가 종식되었다고 학교에서 더 이상 온라인 수업을 하지 않겠다고 한다면 엄청난 국가적인 예산 낭비가 될 수 있을 것이다. 정부의 막대한 투자 계획은 코로나19 이후 경제 살리기 차원에서 그린 스마트 스쿨 사업이 진행되는 측면도 있다. 왜냐하면 '그린 스마트 스쿨'사업이 진행되면 IT회사, 전자회사, 통신회사, 건축 회사 등 관련 산업 분야에서 경제적인 도움을 받을 수 있기 때문이다. 이미 많은 학교들이 온라인 수업 환경 구축을 위한 투자가 이루어졌다. 현재 웹캠, 마이크, 링 라이트 등 개인 장비 구입 뿐 아니라 교실마다 인터넷망을 깔고 있고, 스마트 디바이스를 구입하고 유휴 교실을 활용하여 온라인 스튜디오 구축을 해오고 있다. 그런데 만약 학교에서 더 이상 온라인 수업을 하지 않겠다고 이를 방치한다면 막대한 예산 낭비 현상이라는 비판에 직면하게 될 것이다.

다섯째, 그동안 논의하였던 다양한 미래 교육 담론을 현실화하는데 있어서 온오프라인 수업이 좋은 도구가 될 수 있다는 것이다. 코로나19 발생 이전에도 우리 교육계에서 미래교육 담론이 풍성하게 이루어지고 있었다. 그 이유는 인공지능, 자율주행차, 사물인터넷 등 4차 산업혁명의 신기술이 등장하면서 사회의 변화가 빠르게 이루어지고 있었고, 미래 사회 모습을 예측하기 힘든 부분들이 많았기 때문이다. 미래 사회의 변화에 따라 생태교육, 다문화교육, 마을교육공동체, 학교자치, 학습공원, 거버넌스 체제 등의 다양한 미래교육 담론들이 등장했는데, 온오프라인 수업을 통해 이러한 담론들을 현실화할 수 있다. 예컨대, 마을교육공동체와 온오프라인 교육과정 운영이 만나면 현재보다 마을교육공동체 사업이 활성화될 수 있다. 예를 들어 매주 수요일은 등교하지 않지 않는 날로 정하여 오전에는 온라인 수업, 오후에는 현장 체험학습이나 동아리 활동 등을 마을에서 진행하고 이를 교육 활동 시간으로 인정할 수 있다면 현재보다 마을교육공동체 사업이 잘 이루어질 수 있을 것이다.

현재 교육부 입장에서 온오프라인 수업 정책 추진의 명분은 이러한 미래교육 담론과 밀접하게 연계되어 있다.

　아무리 이상적인 온라인 수업 환경이 가정과 학교에서 구축되었다 하더라도 대면 수업의 장점을 온라인 수업으로 온전히 구현할 수 없다. 그래서 온라인 수업의 한계를 극복하기 위해 대안으로 등장한 것이 온오프라인수업인 '블렌디드 러닝'이다. 블렌디드 수업을 교육과정 특성 상 온라인 수업으로 전개하는 것이 좋으면 온라인 수업으로, 대면 수업으로 전개하는 것이 좋으면 대면 수업으로 진행하는 것이다. 그런데 코로나 19로 인한 블렌디드 수업 현실은 코로나 확산세에 따라 1/3, 2/3 등교가 이루어지면서 블렌디드 수업이 진행되다 보니 파행적인 교육과정 운영 방식의 그럴듯한 포장 역할로 사용되고 있다. 블렌디드 수업을 코로나19 위기를 극복하기 위한 임시방편적인 도구가 아니라 미래교육 담론을 실현하기 위한 도구로 사용하려고 한다면 블렌디드 수업에 대한 진지한 연구와 실천 자세가 필요하다.

　이 책은 3Key를 중심으로 배움 중심 온라인 수업을 다루고 있다. 즉, 교수 실재감, 참여수업과 상호작용, 피드백을 중심으로 온라인 수업의 방향과 기술, 사례 등을 담고 있다. 그리고 교육과정, 수업, 평가의 차원에서 온오프라인수업(블렌디드 러닝)을 바라보고 학교 공동체가 온오프라인수업(블렌디드 러닝) 체제를 구현하는데 있어서 고민해야 할 문제를 다루었다. 이 책은 미래교육 관점에서 온오프라인수업 수업을 고민하는 사람들에게 실질적인 도움과 제안이 되리라 기대한다.

　이 책이 나오기까지 많은 분들의 참여와 노력이 있었다. 이 책의 내용은 3명의 공동 저자들 생각과 경험 뿐만 아니라 수업디자인연구소, 영훈초등학교, 별무리중고등학교 등의 고민과 실천 경험을 배경으로 하고 있다. 이 책에 도움을 주신 모든 분들께 감사드린다. 이 책의 내용은 이미 비상티스쿨원격연수원을 통해 원격연수로도 담아내었다. 무엇보다 하나님께 감사하며...

2021년 4월

저자들을 대표하여 **김현섭**

차례

미래를 여는
온오프라인 수업

제1부
3Key로 여는
배움 3.0

온라인수업

교수 실재감, 참여수업과 상호작용, 피드백을 중심으로
온라인 수업의 방향과 기술, 사례 등을 담고있다.

← →   3Key로 여는 배움 중심 온라인 수업   ☆

제1장. 배움 중심 온라인 수업의 방향

01. 온라인 수업의 고민
02. 온라인 수업의 기본 이해
03. 온라인 수업 유형과 유의사항
04. 3Key로 여는 온라인 수업

01. 온라인 수업의 고민

학생들의 불만

"네트워크가 원활하지 않아 끊길 때도 있어서 실시간 수업은 불편해요. 집 안 모습이나 나의 모습이 화면에 비치는 것에 대해 조금의 거부감이 들구요."

"선생님이 직접 수업하는 동영상이 아닌 PPT와 선생님의 말만 듣는 게 조금 지루해요."

"수업할 때 궁금한 부분을 바로 물어볼 수 없는 점이 불편해요."

"EBS는 교과서랑 안 맞아요. EBS 동영상은 학교 선생님이 설명해주는 내용이 아니기 때문에 내신 준비할 때 어려움이 있고 교과서별로 내용이 다르기 때문에 EBS 동영상만 보고 이해하기에는 어려움이 있어요"

"친구들과 직접 만나 놀고 싶어요. 하루 빨리 등교 수업이 이루어지면 좋겠어요"

온라인 수업에 대한 서울 D여고 학생들의 불만들이다. 전반적으로 볼 때,

현재 온라인 수업의 학습 효율성이 대면 수업에 비해 떨어진다는 것이다.

경기도교육연구원이 경기도 초·중·고교생 20만85명을 대상으로 한 설문 조사에 따르면, 고교생들은 원격 수업의 단점으로 '집중력이 떨어지고 인터넷 검색, 소셜미디어(SNS) 등을 자주 한다(22.8%)'를 가장 많이 꼽았다. 이어 '동아리 활동이나 체험 활동을 하지 못한다'(16.2%), '친구들과 어울릴 수 있는 시간이 줄어든다'(11.7%), '수업 이후 과제(숙제)가 많다'(11.6%), '공부를 잘하는 학생과 못하는 학생의 실력 차이가 더 벌어진다'(11.3%), '설명 중심의 수업이 많아 학습 흥미가 떨어진다'(9.7%) 등의 순으로 조사됐다. 중학생들도 인터넷 검색과 소셜미디어(22.8%)를 원격 수업의 단점으로 가장 많이 꼽았다. 다만 초등학생들은 '친구들과 어울릴 시간이 줄어든다'(24.7%), '동아리 활동이나 체험 활동을 하지 못한다'(23.5%) 등의 순으로 원격 수업의 단점을 꼽았다. 고교생들 가운데 '공부를 잘하는 학생과 못하는 학생의 실력 차이가 더 벌어진다'(11.3%), '설명 중심의 수업이 많아 학습 흥미가 떨어진다'(9.7%) 등 학력 격차와 학습 효과에 대한 우려도 많았다.[1]

[학생들이 선택한 온라인 수업의 문제점]

문제점	초	중	고
집중력이 떨어지고 인터넷 검색, 소셜미디어(SNS) 등을 자주 한다	15%	22.6%	22.8%
공부를 잘하는 학생과 못하는 학생의 실력 차이가 더 벌어진다	6.1%	10.8%	11.3%
동아리 활동이나 체험 활동을 하지 못한다	23.5%	18.1%	16.2%
사교육을 더 많이 받게 된다	2.1%	4%	7.8%
설명 중심의 수업이 많아 학습 흥미가 떨어진다	10.7%	11.1%	9.7%

---

1) 조선일보 2020.9.14

서울시교육연구정보원의 연구에서도 학생들이 온라인 수업의 문제점으로 꼽은 것들이 장시간 컴퓨터 앞에 앉아 있어야 하는 피로감, 모르는 문제가 있을 때 교사에게 바로 질문할 수 없는 불편함, 미등교로 인한 가정 내 생활에서의 게을러짐을 온라인 학습의 좋지 않은 점으로 들었다.[2]

학력 문제 : 기초 학력 부진 및 학습격차

온라인 수업 기간이 길어지면서 다양한 문제점들이 발생했다. 그중에서도 학력 문제는 우리가 심각하게 고민해야 할 문제이다. 한국교육개발원이 발행한 '코로나19 확산 시기, 불리한 학생들의 경험에 대한 질적 연구' 보고서를 살펴보면 취약 계층 학생은 학력이 떨어지고 상대적으로 더 우울해졌으며, 영양 불균형 등 다양한 부작용에 시달렸다는 분석이 나왔다. 심지어 일부 학생은 전년도에 배운 기본 교육과정도 잊는 등 퇴행 현상도 나타났다. 연구팀은 대도시, 중소 도시, 읍면 지역 등 네 지역 학생 13명과 학부모 11명, 학교와 교육청 관계자 29명, 지자체 관계자 14명 등 총 67명과 심층 면담을 진행했다. 그 결과, 지난해 등교를 중단하고 원격 수업이 이뤄지면서 한부모 가정이나 조손 가정 등 사회적으로 취약한 계층 학생들은 인스턴트 음식을 전보다 많이 먹고, 게임이나 미디어에 중독되면서 운동과 수면이 부족했으며, 대인 관계에서 문제가 많이 나타났다. 여기에 기초 학력이 떨어지고, 가정 내에 불화도 잦아지는 등 온갖 문제점이 심각한 수준으로 드러났다.

상담에 참여한 한 초등학교 2학년생은 1학년 때보다 행동이 어색하고 어눌해졌고, 또 다른 2학년생은 1학년 때 '받아쓰기'에서 100점을 받았지만 지난해 2학년 때는 글자를 제대로 쓰지도 못했다. 한 초등학교 4학년생은 '100도

---

2) 서울시교육연구정보원 교육정책연구소(2020), "코로나19로 인한 학교 수업 방식 변화가 교사 수업, 학생 학습, 학부모의 자녀 돌봄에 미친 영향 : 초등학교를 중심으로"

+80도=?' 같은 기초적인 덧셈을 하는데도 시간이 한참 걸렸고, 구구단을 잊어버린 아이들도 꽤 있었다. 연구진은 "개학이 늦어지고 원격 수업으로 대체되면서 학생들이 안정적으로 공부할 기회를 잃어버렸다"면서 "취약 계층 학생들이 특히 타격을 많이 입고 있다"고 지적했다. 취약 계층 학생들은 학원 등 사교육을 충분히 받기 어려워 학교 수업이 더 중요한데 휴교와 원격 수업 등이 수시로 반복되면서 부작용이 집중되고 있는 것이다.[3]

서울시교육청에서 주관한 초중고교 교사 1311명을 상대로 한 설문조사에서도 초등 교사의 89.8%, 중학교 교사의 83.5%, 고교 교사의 73.9%가 '원격 수업으로 인해 학력 격차가 벌어졌다'고 응답했다. 경기도의 한 중학교 교사는 "시험을 보면 70점대를 받는 중간 점수대 아이들 비율이 예년에 25명 중 10명 정도였다면 올해는 5명으로 줄었다"며 "학교에 나와 친구·교사들과 함께 공부를 했다면 잘 따라갔을 아이들이 컴퓨터 앞에 그냥 방치돼 있는 것"이라고 했다. 인천의 한 초등학교 교사도 "원격 수업이 진행될수록 부모가 신경 써주는 아이들만 열심히 해오고, 나머지 아이들은 갈수록 제대로 과제를 수행하지 못한다"며 "예년에는 한 반에 '약수와 배수' 같은 기초 개념을 몰라서 학습 부진을 겪는 아이가 10% 정도였다면 지금은 이런 아이들이 두 배 이상으로 늘어났다"고 말했다. 초등학교 4학년 자녀를 둔 김모(42)씨는 "아이가 분수의 덧셈 뺄셈을 못하고 소수도 이해하지 못하고 있다"며 "이대로 5학년으로 올라가면 진도를 못 따라갈 것 같지만 학원 보내기도 여의치 않아 걱정"이라고 했다.[4]

---

3) 조선일보 2021.2.7
4) 조선일보 2021.1.6

인터넷 중독, 스마트 기기 과의존 현상 심화

온라인 수업은 자칫 유튜브 중독 현상으로 연결될 수도 있다. 초등학생 학부모들 사이에서 자녀의 동영상 공유 사이트(유튜브) 중독을 우려하는 목소리가 커지고 있다. 교사들이 온라인 수업에서 유튜브 링크를 첨부하는 일이 많은데, 그러면서 자연스럽게 게임 등 다른 유튜브 콘텐츠를 보는 일이 많아졌기 때문이다.

온라인 수업에 활용되는 콘텐츠의 19.2%가 유튜브 자료다. 교육부가 교사 3만2133명, 초등학생 8만9487명, 중·고등학생 20만8048명, 학부모 42만2792명 등 총 75만2460명을 상대로 조사해 2021년 1월 28일 공개한 '2020년 2학기 원격 수업 관련 설문조사'에서 이같이 나타났다.

초등학교만 놓고 보면 전체 원격 수업 활용 콘텐츠의 25.3%가 유튜브 자료로 집계됐다. 'e학습터 콘텐츠' 12.9%, 'EBS 강좌' 10.9% 등으로 나타났고, 교사가 직접 개발하거나 보유한 자료를 활용한 비율은 16.1%에 그쳤다.

스마트 기기 과의존 현상도 가속화되었다. 여성가족부가 2020년 6~7월 전국 초등학교 4학년 43만8416명을 상대로 인터넷·스마트폰 이용습관을 조사한 결과에서도 6만5774명(15%)이 과의존 위험군으로 분류됐다. 2018년(5만5467명) 대비 2019년(5만6344명)에는 1.6% 증가하는 데 그쳤지만, 코로나19 사태가 벌어진 2020년에는 2019년에 비해 16.7% 급증했다.

인터넷 사용 시간이 늘어나면서 인터넷 중독 현상도 늘어나고 있다. 온라인 수업을 위해 가정마다 스마트폰과 태블릿PC 등 디지털 기기 구매가 늘어나면서 자녀들의 인터넷 사용 시간도 증가했다는 분석이다. 맞벌이 가정의 경우 자녀들이 부모의 간섭 없이 인터넷을 무분별하게 이용하는 부작용이 생기기도 했다. 실제로 한 이동통신사의 가입자 이용 패턴에 따르면 지난해 초등학생 가입자의 데이터 사용량은 약 1.8G로 전년(1.5GB)보다 20% 증가했다.

초등생 1학년이 가족 간 데이터 선물하기 기능으로 받은 데이터양도 전년보다 50% 이상 늘어났다.[5]

디지털 광고 미디어 조사업체인 '나스미디어'가 14일 공개한 '2019 이용자 조사(NPR)'에 따르면, 인터넷 검색 서비스를 이용하는 사람 중 60%가 '유튜브'를 이용하는 것으로 나타났다. 특히 10대의 경우, 약 70%가 유튜브를 통해 정보를 검색하는 것으로 나타났다. 네이버(92.4%) 다음으로 유튜브를 많이 활용하는 것이다.[6]

학부모들의 불만

"집안에서 아이들 온라인 수업을 도와주는 것이 현실적으로 쉽지 않아요. 부모로서 챙겨주어야 할 것이 많네요. 저학년의 경우, 부모가 수업이나 숙제를 챙겨주어야 할 것이 많아요."

"우리 가정은 맞벌이 부부이다 보니 집안에서 아이들을 충분히 챙겨주지 못해 어려움이 많아요."

"부모 입장에서는 EBS 콘텐츠로만 주로 수업을 진행하는 경우, 담당 선생님의 성의가 없어보여요. 학교마다 온라인 수준차가 많이 벌어져요."

"내 자녀의 경우, 하루 수업을 2시간 만에 끝마치고 나서 게임이나 딴짓하는 경우가 많아서 걱정이에요. 선생님이나 학교에 따라 온라인 수업의 수준차가 느껴져요."

학부모들도 많은 어려움을 호소한다. 특히 홈스쿨링처럼 자녀들이 학교에

---

5) 조선일보 2021.2.15
6) 지디넷 2019.3.14. zdnet.co.kr

가지 않고 하루종일 가정에서 생활하는 시간이 많아지면서 자연스럽게 자녀와의 갈등 문제도 많이 발생하고, 자녀의 생활 지도에 대하여 큰 어려움을 겪는다. 콘텐츠 활용형 온라인 수업의 경우, 학생들의 생활 리듬이 대면 수업과 달리 늦게 자고 늦게 일어나는 올빼미형 생활습관을 가지기 쉽다. 예컨대, 자녀가 10시쯤 늦잠을 자고 일어나서, 6시간 수업을 1.2배속, 1.5배속 정도로 빨리 감기 기능을 활용하여 2시간 만에 대충 듣고, 점심 식사 이후 인터넷 게임이나 SNS 활동 등 딴짓을 하는 경우가 많다. 2020년 8월 청와대 국민청원 코너에는 학부모들의 원격 수업에 대한 불만을 말하면서 초등학교 경우, 주 3회라도 의무적으로 전화 지도를 해달라는 청원까지 나왔다. 그에 따라 2020년 9월 15일 교육부에서 원격 수업 질 제고 및 교사-학생 간 소통 강화방안을 통해 실시간 雙방향형 화상 수업의 비중을 늘리겠다는 발표까지 나오게 되었다. 2021년 이후부터는 여러 가지 우여곡절 끝에 학교마다 실시간 雙방향형 수업이 대폭 확대되고 있지만 일부 학부모들의 불만은 여전한 상황이다. 이러한 자녀 생활습관지도뿐 아니라 자기주도적 학습 능력 신장과 건강 및 체력 관리, 생활습관의 관리 등도 학부모들에게 큰 걱정거리이다.[7]

그래서 학부모들은 대면 수업 확대, 실시간 雙방향형 수업 확대, 교사의 학생의 학습 이해 및 피드백 제공을 학교에게 요구하고 있다.[8]

당연히 교사들도 힘들다!

"실시간 雙방향 수업 준비를 하려면 오프라인 수업에 비해 수업 준비할 것이 더 많아요. 요즘은 밤늦게까지 수업 준비를 하는 경우가 많아요."

"실시간 雙방향 수업의 경우, 제 얼굴이 노출되는 것이 부담돼요. 혹시나 나

---

7) 중앙일보 2020.11.24
8) 서울시교육연구정보원 교육정책연구소(2020), "코로나19로 인한 학교 수업 방식 변화가 교사 수업, 학생 학습, 학부모의 자녀 돌봄에 미친 영향 : 초등학교를 중심으로"

중에 누군가 부정하게 사용할까봐 걱정이 돼요. 학생들이 딴짓하는 경우, 작은 화면으로 확인하여 통제하기 쉽지 않고요."

"우리 학교는 EBS 콘텐츠 활용형으로 통일했어요. 교사 제작 콘텐츠를 활용하면 교사마다 편차가 벌어져서 나중에 문제가 생길 것 같아서요."

"요즘은 콜센터 직원이 된 느낌이에요. 학생들이 온라인 수업에 참여했는지 확인하고, 미참여인 경우, 전화해서 참여를 독려하는 일이 주업무가 되었어요. 때로는 사채업자처럼 일부 중하위권 학생들에게 협박 아닌 협박도 해야 해요."

기존 교사 업무인 수업, 생활지도, 행정 업무 외에 생활 방역이 더해진 상황에서 온라인 수업 내실화를 위해 많은 교사들이 고민하면서 실천하고 있지만 온라인 수업에 대한 부담감은 여전하다. 서울시교육연구원 교육정책연구소에서 서울 지역 교사 573명, 학생 3549명, 학부모 3851명을 대상으로 조사한 결과를 통해서 교사들이 온라인 수업에서 경험하고 있는 어려운 점들을 정리하면 다음과 같다.[9]

- 교육부, 교육청의 온라인 수업 지침의 모호성 (4.03)
- 학생 수준에 맞는 학습 준비 (3.96)
- 자료 제작 시 저작권 문제 (3.94)
- 교사 역할에 대한 학부모, 언론의 부정적인 시선 (3.92)
- 학생들의 참여 독려 (3.90)
- 학습 과제 확인 및 피드백 (3.75)

---

9) 서울시교육연구정보원 교육정책연구소(2020), "코로나19로 인한 학교 수업 방식 변화가 교사 수업, 학생 학습, 학부모의 자녀 돌봄에 미친 영향 : 초등학교를 중심으로"

- 온라인 학습플랫폼 문제 (3.66)

- 학생들에게 학습 방법 안내하기 (3.54)

- 정보화 기기 및 프로그램 활용법 익히기 (3.31)

- 교사의 정체성에 대한 불안감 (3.23)

- 스마트 기기 문제 (3.21)

- 온라인 수업을 위한 가정환경 (3.10)

- 학부모의 비협조 (2.94)

- 원격 수업과 둘러싼 학교 내 의견 대립 (2.79)

※ 1 : 전혀 힘들지 않았다   2 : 거의 힘들지 않았다   3 : 가끔 힘들었다
  4 : 자주 힘들었다   5 : 매우 자주 힘들었다

학부모들은 실시간 雙방향형 수업을 선호하지만 이에 반해 교사들은 실시간 雙방향형 수업에 대한 많은 부담감을 가지고 있는 것도 사실이다. 부담감의 이유로는 사진 캡쳐 등 개인 정보 침해 우려, 가정의 인프라 구축(기기, 인터넷망) 미비, 학부모에게 수업이 공개되는 부담감, 학생 수준과 雙방향형 수업과의 적절성 문제, 학교의 인프라 구축(기기, 인터넷망) 미비, 콘텐츠 활용 또는 과제 중심 수업이 실시간 雙방향 수업보다 교육 효과가 좋다고 생각함, 다인수 학생 수, 기기 및 프로그램 사용의 어려움 등이 있다.

사실 준비되지 않은 상태에서 코로나19로 인하여 전면 온라인 수업이 진행되면서 교사들은 많은 어려움을 경험했다. 2020년의 경우, 코로나 상황에 따라 교육부나 교육청의 지침이 달라졌고, 지침을 학교에서 운영하기에 모호한 부분이 많았다. 등교 개학이 미루어지면서 학교 교육과정 운영 계획도 5번 이상 바뀐 경우도 많았다. 방역과 배움 사이에서 교육청 지침은 방역에 초점을 맞추어 만들어지다 보니 학교 현장에서 배움을 촉진하기 쉽지 않은 상황이었

다. 사회적 거리 두기 원칙 안에서 수업을 해야 했기에 학생 간 사회적 상호작용이 최소화될 수밖에 없었다. 학교에서는 짧은 시간 안에 온라인 수업을 위한 인프라를 구축해야 했고, 익숙하지 않은 온라인 수업 도구를 빠른 시간 안에서 익히고 활용해야 했다. 학교 안에서 구성원들과 협의하여 학습플랫폼을 선정하고 온라인 수업 유형을 선정하는 것도 쉬운 일이 아니었다. 교사 콘텐츠 활용형 수업의 경우, 처음에는 1시간 수업 동영상 콘텐츠를 제작해서 학습 플랫폼에 올리는 것도 3시간 이상의 시간이 필요했다. 콘텐츠 활용형 수업의 경우, 다인수 학생들의 학습 상황을 파악하여 일일이 전화해서 수강할 수 있도록 독려하는 것이 힘든 일이었다. 콘텐츠 활용형 수업에서 실시간 쌍방향형 수업으로 전환하는 것도 쉽지 않았다. 코로나 확산세에 따라 대면 수업으로 전환했다가 다시 온라인 수업으로 전환해야 했고, 학년별로 대면 수업과 온라인 수업이 혼합 형태로 운영해야 할 경우, 중등학교에서는 두 가지 유형의 수업을 동시에 진행해야 했다. 평가의 공정성을 중요시하는 상황에서 온라인 수업의 평가, 블렌디드 수업 평가 모형을 개발하여 적용하는 것도 힘든 일이었다. 일부 교사들의 부실한 온라인 수업 운영 문제로 인하여 전체 교사들이 다함께 사회적 비판을 받는 것도 심리적인 부담이 될 수밖에 없었다.

온라인 수업, 원격 수업, 인강 수업???

온라인 수업에 대하여 정의를 내리려면 먼저 비슷하게 사용하고 있는 원격 수업과 소위 '인강(인터넷 강의)' 수업과 비교하여 정리할 필요가 있다.

원격 수업(遠隔授業, distance learning)이란 교수자와 학습자가 직접 대면 (face-to-face)하지 않고 인쇄교재, 방송교재, 오디오나 비디오교재, 통신망 등을 매개로 하여 교수·학습 활동을 하는 것이다. 즉, 교사와 학생이 공간적으로 떨어져 있는 상태에서 이루어지는 수업을 말한다.

교육부에서 제시한 원격 수업의 개념은 다음과 같다.[10]

· 원격 수업이란 교수-학습 활동이 서로 다른 시간 또는 공간에서 이루어지는 수업 형태를 의미함
· 원격 수업은 수업의 공간적인 특성 및 시간적 특성을 기준으로 동시적 원격 수업 및 비동시적 원격 수업으로 구분 가능

---

10) 교육부(2020), "체계적인 원격 수업을 위한 운영 기준안 마련", 교육부 홈페이지(www.moe.go.kr)

원격 수업과 온라인 수업을 동일한 개념으로 사용하기도 하지만 사실 개념이 다르다. 예컨대, 교사가 학생들에게 우편으로 통신 교재를 보내서 학습을 하고 과제물을 제출하도록 해서 수업을 진행하거나 영어 회화 수업을 전화로 진행한다면 이를 원격 수업이라고 할 수 있지만 온라인 수업은 아니다.

온라인 수업은 온라인 매체를 활용한 모든 수업 형태를 말한다. 그러기에 교사와 학생이 한 공간에 있든, 분리되어 있든 상관없이 온라인 매체를 활용한다면 온라인 수업이라고 할 수 있다. 예컨대, 교실에서 교사가 학습주제를 제시하고 학생들이 노트북을 활용하여 자료를 찾아 과제를 수행한다면 이를 온라인 수업이라고 할 수 있지만 원격 수업은 아닌 것이다. 하지만 교실에서 교사가 노트북을 통해 온라인 수업을 진행하고 학생들이 가정에서 온라인 수업에 참여한다면 원격 수업이면서 동시에 비대면 온라인 수업이 된다.

김현수 외(2020)는 온라인 수업의 개념을 다음과 같이 정의한다.[11]

· 교수학습이 온라인 공간에서 동시적으로 또는 비동시적으로 이루어지는 수업
· 인터넷 접속이 가능한 사이버 공간에서 교사와 학생 간의 상호작용으로 이루어지는 수업
· 컴퓨터, 스마트폰, 태블릿 등의 매체를 기반으로 하여 원격으로 학습이 이루어지는 수업
· 학교의 교실 공간이 아닌 장소에서 시간의 제약을 덜 받으며 학습자의 의지와 선택에 따라 이루어지는 수업

대개 온라인 수업은 넓은 의미로는 온라인 매체를 통해 이루어지는 수업이고, 좁은 의미로는 원격으로 이루어지는 비대면 온라인 수업을 말한다.

온라인 수업에 대하여 이야기할 때 많이 사용하는 용어 중의 하나가 '인강'(인터넷 강의)이다. 인강은 교육방송이나 사교육업체 등에서 강사가 해당 지

---

11) 김현수 외(2020), "온라인 수업 어떻게 할까", 교육과학사

식을 일방적으로 전달하는 강의 동영상 중심의 온라인 수업을 말한다. 인강 수업은 온라인 수업 유형 중 콘텐츠 활용형 수업에 해당한다. 인강 수업은 일제학습 구조와 강의식 설명법에 근거하여 진행되는 온라인 수업이다. 그러기에 인강 수업은 강의식 설명법의 장단점을 그대로 가지고 있다.

[강의식 설명법의 장단점]

장 점	단 점
• 짧은 시간에 많은 지식을 전달할 수 있음 • 어려운 내용을 쉽게 풀어줄 수 있음 • 오개념이 적음 • 가장 경제적이고 효율적임	• 학생의 학습차를 고려하지 못함 • 학생 입장에서는 듣기만 하는 수동적인 자세를 가짐 • 학생들이 강의식 설명법에 집중할 수 있는 시간이 제한적임 • 청각형 학습자에게는 유리하지만 시각형, 체험형 학습자에게는 불리함

인강 수업은 지식 암기와 이해에는 도움이 되지만 적용, 분석, 종합, 평가 등 고차원적 사고 개발에는 한계가 있다. 인강 수업은 객관론적인 인식론 모델에 근거한 수업이지만 학습공동체 모델에 맞는 온라인 수업이 될 수 없다는 근본적인 한계를 가지고 있다.

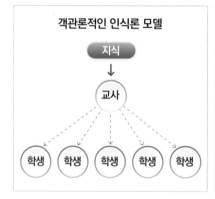

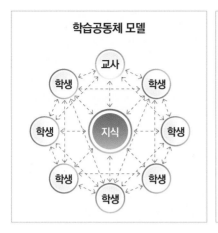

인강 수업은 온라인 수업 유형 중 콘텐츠 활용형 수업에 해당하기는 하지만 온라인 수업의 바람직한 모델이라고 보기 힘들다. 온라인 수업을 인강 수업으로 혼동하게 되면 교사와 학생 간의 상호작용과 피드백을 놓치게 되어 여러 가지 문제점이 발생할 수 있다.

온라인 수업과 대면 수업과의 차이점

비대면 온라인 수업은 대면 수업과 다른 차이점이 있다. 무엇보다 교사와 학생, 학생과 학생 간의 만남이 직접적으로 이루어지는 대면 수업 달리 비대면 온라인 수업은 온라인 매체를 통하여 이루어진다는 것이다. 그러기에 온라인 수업은 온라인 매체가 가지는 속성에 영향을 많이 받는다. 특히 수업 속 교사의 존재감이라고 할 수 있는 교수 실재감 측면에서 많은 차이가 드러난다. 대면 수업에서는 교사가 실제로 존재하기 때문에 교수 실재감이 문제가 되지 않지만 비대면 온라인 수업에서는 온라인 매체를 통해 시청각 동영상 이미지나 텍스트로 연결되기 때문에 교수 실재감이 떨어질 수밖에 없다. 온라인 수업에서 교수 실재감이 느껴지지 않으면 학생들의 학습 효과도 떨어진다.

온라인 화상 수업은 시청각 중심의 접근 수업 방식이다. 그래서 교사나 학생의 이미지가 보여지고 소리가 들리지만 직접 접촉하거나 함께 활동이나 실습하기가 어렵다. 감각적인 측면에서 시각과 청각은 자극을 주지만 후각, 미각, 촉각 등을 줄 수는 없다. 대면 수업에 비해 학생 간 상호작용도 쉽지 않다. 그래서 대면 수업에서 참여수업은 쉽게 적용할 수 있지만 온라인 수업에서 참여수업은 의도적으로 노력하지 않는 한 쉽게 적용하기 힘들다.

대면 수업에 비해 온라인 수업은 즉각적인 피드백을 하기가 쉽지 않다. 특히 콘텐츠 활용형 수업은 피드백 자체가 불가능하고, 과제수행형 수업에서는 학습 결과에 대한 피드백만 가능할 뿐 학습 과정에 대한 즉각적인 피드백이 불가능하다.

그러므로 기존 대면 수업 방식을 그대로 온라인 수업으로 옮기게 되면 학습 효과가 떨어질 수 있다. 어떤 고등학교 물리Ⅱ 담당 선생님은 온라인 수업 시 인강 모델처럼 교사 콘텐츠 활용형 수업으로 진행했다. 그런데 수업 콘텐츠 시간 분량이 50분이었다. 대면 수업 50분을 그대로 온라인 수업 형태로 옮긴 것이다. 그러다 보니 학생들이 콘텐츠 분량과 길이가 많다고 불만이 많았다. 일부 학생들은 온라인 수업 수강 시 영상 재생 속도를 높여서 대충 수강하는 현상까지 나타났다. 사실 콘텐츠 활용형 수업의 경우, 대면 수업에서 강의식 수업에 비해 집중할 수 있는 시간이 짧다. 대개 강의식 수업에서 학생들이 집중할 수 있는 시간은 연령에 비례한다. 고교생의 경우, 15-20분정도 집중할 수 있는데, 전체 동영상 길이가 50분이 되자 집중도가 떨어질 수밖에 없었다. 교사 입장에서도 상호작용이 없이 강의 중심으로 온라인 수업을 진행하다 보니 생각보다 학습 진도가 빨라 고민이 되었다. 50분 정도의 수업 동영상 콘텐츠를 분석해보니까 전시 학습 확인이 5-10분, 핵심 개념 설명이 20분, 수능 기출 문제 풀이 설명이 20-25분 정도였다. 그런데 콘텐츠 활용형 수업의 경우, 전시 학습 확인이 큰 의미가 없다. 왜냐하면 이전 수업 내용이 이미 학습플랫폼에 올라가 있기 때문에 필요하면 이전 수업 동영상을 실행하면 되기 때문이다. 게다가 물리Ⅱ 과목 특성상 수능 기출문제 풀이 부분은 상위권 학생이나 수능과목으로 물리Ⅱ를 선택한 학생들에게는 의미가 있었지만 중하위권 학생이나 수능과목으로 선택하지 않은 학생들에게는 그렇지 않았다. 이러한 경우, 핵심 개념 설명 동영상은 필수로 하고 수능 기출 문제 풀이 동영상은 선택으로 운영하면 좋을 것이다.

전반적인 온라인 수업의 장단점

먼저 온라인 수업의 장점을 정리하면 다음과 같다.

첫째, 비대면 온라인 수업을 통해서 학생의 안전과 건강을 보호할 수 있다는 것이다. 코로나 문제처럼 비대면 상황에서 안전하게 수업을 할 수 있다. 코로나 문제로 인한 온라인 수업은 대면 수업의 보조 수단이 아니라 대체 수업의 역할을 수행할 수 있었다.

둘째, 언제 어디서나 수업이 가능하다는 것이다. 콘텐츠 활용형 수업의 경우, 학습자가 원하는 시간을 선택할 수 있고, 조절이 어느 정도도 가능하다. 스마트 디바이스를 가지고 있으면 가정이나 야외에서도 학습할 수 있다.

셋째, 교실 벽을 넘어 다양한 사람들과 협력 학습이 가능하다는 것이다. 다른 학급이나 학교와도 함께 학습할 수 있다. 지구 반대편 교실에서도 동시다발적으로 협동학습을 할 수 있다.

넷째, 상시 공개 수업이 이루어지기에 교사들의 수업 기획력 향상에 도움이 된다. 교사 입장에서는 상시 공개 수업이라서 부담은 되지만 그러기에 어느 정도 긴장감을 가지고 수업에 임할 수 있다. 오프라인 수업에 비해 수업 준비할 것이 많고, 그에 따라 수업 기획력이 향상될 수 있다.

다섯째, 온라인 수업 준비를 위해 자연스럽게 교사학습공동체 활동이 활성화되는 효과가 생겼다. 오프라인 수업을 하다가 갑자기 온라인 수업을 해야 하는 상황에서는 동료 교사들끼리의 협업이 매우 중요하다.

여섯째, 고교 학점제 수업 시 재수강 보충수업이 필요한 경우, 방과 후나 방학 중에 수업 수강이 가능해질 수 있다. 소인수 과목의 경우, 온라인 과목으로 개설이 가능하다. 온라인 과목 운영은 작은 학교나 시골 학교 등에게 현실적인 대안이 된다.

일곱째, 학교 밖 자원을 적극적으로 활용할 수 있고, 시간과 비용을 줄일 수 있다. 외부 전문 강사를 일부 초빙하여 운영할 수 있고, 한번 제작하면 나중에 다시 활용하기 쉬우므로 시간과 비용을 절감할 수 있다.

여덟째, 에듀테크(Edu-Tech)가 발전할 수 있는 기회가 될 수 있다. 온라인 수업을 통해서 ICT 수업이나 스마트 수업 등 새로운 형태의 수업이 학교 현장에 자리잡을 수 있게 되었다.

하지만 온라인 수업의 문제점들이 있다.

첫째, 인성 및 사회성 교육을 하는 데 있어서 한계가 있다. 온라인 수업은 인지적 영역, 지식과 이해 등 저차원적 사고 개발에는 도움이 되지만 가치와 덕목을 다루기 힘들고, 정서적 영역과 실천적 영역이 접근이 어렵다.

둘째, 생활 지도하는 데 있어서 문제가 있다. 온라인상의 상호작용만으로는 여러 가지 학생 생활 지도 문제를 해결하기 힘들다. 스마트 기기 과의존 현상과 게임 중독 문제 등 새로운 온라인 문제가 더해지고 있다.

셋째, 온라인 수업이 학습 효과를 거두려면 개별 맞춤형 지도와 피드백 구축이 필요하다. 하지만 현실적으로 교사가 다인수 학생들을 온라인상 개별 지도한다는 것이 그리 쉽지 않다.

넷째, 음미체 과목이나 전문 교과 등 실습이 중심인 과목인 경우, 보여주기는 가능하지만 실습은 불가능하기에 교과 목표를 달성하기 힘들다. 보는 것과 실제 해보는 것은 많이 다르다.

다섯째, 유치원생이나 초등학교 저학년생, 특수 학생의 경우, 온라인 수업으로 접근하기 힘들다. 한글을 모르고, 스마트 기기를 다루기 힘든 어린 학생들의 경우, 부모의 도움없이 혼자서 온라인 수업에 참여하기 힘들다.

여섯째, 온라인 수업 체제를 구축하는 데 있어서 예산 문제와 기술적인 문제들이 있다. 온라인 수업 체제 구축과 유지에 막대한 예산이 필요하고, 보안이나 초상권 문제, 저작권 문제 등이 있다.

온라인 수업 유형의 종류

현재 온라인 수업은 크게 3가지 유형으로 구분할 수 있다. 실시간 쌍방향형 수업, 콘텐츠 활용형 수업, 과제 수행형 수업 등이다.

실시간 쌍방향형 수업의 특징과 유의사항

zoom이나 구글 미트 등의 스마트 도구를 활용하여 교사와 학생들이 실시간으로 인터넷에 접속하여 쌍방향 의사소통을 하면서 수업을 하는 방식이다. 실시간 쌍방향 수업은 대면 수업과 가장 비슷한 형태로 구현할 수 있는 수업 형태이다.

실시간 쌍방향형 수업의 장점은 교사의 실재감이 가장 높아서 학생들의 수업 집중도가 높다는 것이다. 학생 입장에서는 즉각적인 질의응답이 가능해서 학습 효과가 좋다. 수업은 가르침과 배움의 상호작용이라는 측면에서 쌍방향 상호작용을 통한 학습효과가 가능하다. 줌의 소회의실 기능을 활용하면 학생 간 모둠 활동이 가능하기 때문에 온라인 협동학습도 가능하다. 실시간 쌍방향형 수업은 기초적인 생활 지도가 가능하다. 교사가 갤러리창을 통해 학생들의 배움 상태를 실시간으로 확인하여 피드백을 할 수 있다. 학부모들이 실시간 쌍방향형 수업을 선호하는 이유는 이와 관련이 있다. 콘텐츠 활용형과 과제수행형 수업과 달리 학생들이 실시간 접속을 해야 하기 때문에 대면 수업과 동일한 생활 패턴을 유지할 수 있도록 도와준다.

하지만 실시간 쌍방향형 수업의 단점도 있다. 일단 인터넷망 연결이 불완전하거나 스마트디바이스가 좋지 않으면 원활한 수업이 쉽지 않다는 것이다. 우리나라는 다른 나라에 비해 인터넷망이 잘 구축되어 있고, 속도도 빠른 편이라 그런대로 실시간 쌍방향 수업을 할 수는 있다. 하지만 학생의 경제적 형편에 따라 스마트 디바이스를 가지고 있지 않거나 성능이 떨어지면 중간에 끊기는 현상이 생길 수 있다.

학생 입장에서는 자기 얼굴을 노출하는 것을 꺼리는 경우가 많다. 요즘처럼 초상권에 대하여 민감한 경우, 수업 장면이 녹화되어서 일부 유출될 수 있다는 것에 대한 부담감이 있다. 학생들 입장에서는 노트북의 카메라나 웹캠은 일종의 CCTV로 느껴진다. 콘텐츠 활용형 수업의 경우, 자기가 원하는 시간에 접속하면 되지만 실시간 쌍방향형 수업을 그렇게 할 수 없다. 실시간 쌍방향형 수업에서는 학생이 자유롭게 딴짓을 할 수 없기에 상대적인 불편함을 느낄 수 있다.

장시간 수업 시 학생들의 피로도가 높다. 현재 학생들 중 온라인 수업 참여 시 사용하는 스마트 디바이스를 살펴보면 노트북보다는 스마트폰 비중이 높다. 화면이 작을수록 눈의 피로도가 높다. 반대로 대형 TV 등 화면이 크면 학생 몰입도는 상대적으로 높지만 장시간 전자파에 노출되기 때문에 시력 저하 등의 문제점이 생길 수 있다. 성인들도 3시간 이상 일반 TV 시청을 하면 피로도가 느껴지는데, 3시간 이상 작은 화면으로 집중한다는 것이 그리 쉬운 일이 아니다. 그래서 일부 고교 설문 조사 결과를 보면 학생 입장에서 실시간 쌍방향 수업에 대한 만족도는 생각보다 낮게 나온다.

그리고 보안문제로 인하여 수업 중 문제가 발생할 수도 있다.

교사가 수업시간에 딴짓하는 학생들을 통제하기가 쉽지 않다. PC화면 상에 다른 창을 동시에 올려놓고 시청하거나 졸고 있어도 효과적으로 지도하기 힘들다. 게다가 교사 PC화면 상에서는 학생들의 화면을 동시다발적으로 올려놓으면 작은 창으로 올라가기에 학생 개개인의 학습 상태를 파악하기 힘들다. 또한 교사 입장에서는 대면 수업보다 교사의 수업에 대한 부담이 크다. 효과적인 실시간 쌍방향 수업을 하려면 강의식 수업을 넘어 질의응답 활동이나 모둠 활동을 시도해야 하는데, 교사가 동시다발적으로 컴퓨터 앞에서 조작을 해야 하기 때문에 그리 쉬운 일이 아니다. 게다가 판서 대신 PPT 자료를 사용해야 하고, 동영상 등을 활용하려면 일반 수업에 비해 준비해야 할 부분이 많다. 실시간 쌍방향형 수업을 강의식 수업 방법으로만 진행한다면 교사 콘텐츠 활용형 수업보다 학습효과가 떨어진다. 수업 중 실시간 쌍방향형 특성을 살려야만 의미가 있는 수업이 될 수 있다.

실시간 쌍방향 수업 모델이 다른 모델에 비해 장점이 많기는 하지만 실시간 쌍방형 수업을 위한 조건들이 충분히 갖추어지지 않으면 단점이 두드러질 수 있다. 즉, 학생 입장에서는 안정된 인터넷망과 스마트 디바이스를 가지고 있어야 하고, 교사 입장에서는 다양한 수업 자료를 갖추고 다양한 수업 방식을 시도할 수 있는 역량을 가지고 있어야 한다는 것이다.

실시간 쌍방향형 수업을 운영할 때 유의 사항을 살펴보면 다음과 같다.

질문과 피드백을 통해서 상호작용하기

실시간 쌍방향형 상호작용을 할 수 있다는 특성을 살려야 한다. 교사와 학생들 간의 상호작용을 할 수 있는 가장 좋은 방법은 질문과 피드백이다. 다양한 교육앱을 컴퓨터나 스마트폰에 깔아 놓아도 실제로 수업시간에 활용할 수 있는 앱은 제한적이다. 하지만 질문은 가장 손쉽고 학생들을 참여시킬 수 있는 강력한 도구이다. 그런데 교사들의 질문 습관을 살펴보면 주로 닫힌 질문을 사용하는 경우가 많다. 물론 닫힌 질문을 사용해야 수업 목표에 도달할 수 있지만 열린 질문을 사용해야 학생의 참여를 극대화하고 고차원적인 사고 개발을 할 수 있다. 예컨대, 교사가 "이 글 저자의 주장에 대하여 동의하니?"라고 질문하면 학생은 "예"나 "아니오"로만 대답할 수 있지만 "이 글 저자의 주장에 대하여 어떻게 생각하니?"라고 질문한다면 "찬성합니다. 그 이유는...", "반대입니다. 그 이유는...", "잘 모르겠어요. 왜냐하면..." 등등의 다양한 답변을 이끌어낼 수 있을 것이다.

수업 대화 시 심화 질문이나 확대 질문을 사용하면 좋다. 심화 질문이란 학생에게 "왜"라고 질문하는 것이다. 교사가 "동욱아, 네가 관심이 있는 것이 뭐니?"라고 질문하면 학생이 "인터넷 게임이요"라고 대답할 수 있다. 이때 교사가 "그렇구나"라고 말할 수도 있겠지만 대신 "왜 인터넷 게임에 관심이 있니?"라고 이어서 질문하면 학생 입장에서는 "제가 인터넷 게임에 관심이 있는 이유는 일단 재미가 있고, 누군가로부터 인정받는다는 느낌이 들어서요..." 등의 이야기를 이끌어낼 수 있을 것이다.

확대 질문은 생각의 너비를 열어주는 질문으로 "그리고 또 다른 이유는?" 등으로 질문하는 것이다. "동욱이는 인터넷 게임에 관심이 있다고 말했는데, 그 외에도 또 다른 관심사가 있다면?"으로 질문한다면 학생이 "저는 게임말고도 음악에도 관심이 있어요. 그래서 음악 감상을 하면서 게임을 하거나 여유있을 때 직접 작곡도 도전하고 있어요" 등의 답변을 이끌어낼 수 있다. 다른 학생에게 연결하는 것도 좋다. "동욱의 관심사는 인터넷 게임과 음악이라고 했는데, 소희는 동욱이의 관심에 대하여 어떻게 생각해?" 내지 "소희의 관심사는 무엇이니?"라고 질문하면 좋다. 대면 수업에서도 질문이 중요하지만 온라인 수업에서는 학생 참여를 유도하는 방법으로써 질문의 중요성이 더욱 크다.

수업규칙 정하기

실시간 쌍방향형 수업에서 학생들이 비디오 화면을 끄면 실시간 쌍방향형 수업의 의미가 사라진다. 그런데 일부 학생들은 수업 중 비디오 화면으로 끄려고 하는데, 그 이유는 자기의 배움 상태를 교사나 친구들에게 노출하고 싶지 않기 때문이다. 학생들에게 노트북 웹캠은 일종의 감시용 CCTV로 느껴질 수 있다. 화면을 킨 채 참여하게 되고, 오디오 기능을 통해 다른 학생들에게 학습 방해가 이루어지지 않도록 해야 한다. 이를 위해서는 온라인 수업 규칙을 학생들과 함께 협약 형태로 만들면 좋다. 학급긍정훈육법(PDC)에서는 교사가 일방적으로 수업 규칙을 제시하는 것보다 질문을 통해 학생들과 함께 수업의 약속들을 함께 만들어가는 것을 강조한다. 예컨대, "실시간 쌍방향형 수업 시 비디오 화면을 끄는 경우는 어떻게 하면 좋을까?", "특별한 이유 없이 늦게 접속한 경우는 어떻게 하면 좋을까?", "다른 학생들의 학습 활동에 방해가 되는 행동을 하거나 딴짓을 하는 행동을 하면 어떻게 할까?" 등을 질문하여 학생들의 의견을 모아 온라인 수업 규칙을 만들어 운영하면 좋다. 이러한 경우, 수업 규칙의 정당성과 일관성을 유지하는 데 도움이 된다. 그리고 기본 규칙은 학교 차원에서 논의하여 공동의 온라인 수업 규칙을 만들어 운영하면 좋다. 왜냐하면 중고교의 경우, 교사마다 수업 규칙이 다르면 형평성의 문제가 발생할 수 있고, 출결 원칙을 고수해야 하는 경우가 있기 때문이다.

다양한 온라인 수업 도구 및 오프라인 도구들을 혼합하여 사용하기

멘티미터, 띵커벨, 카훗 게임, 패들렛 등 재미있고 다양한 온라인 수업도구나 교육용 앱을 활용하면 좋다. 그런데 온라인 수업 도구뿐 아니라 기존 오프라인 수업 도구도 적극적으로 활용하면 좋다. 학생들이 학습 과제 내용을 채팅창에 쓸 수도 있겠지만 직접 공책에 써서 스마트폰으로 찍어서 올리거나 공책이나 스케치북을 활용하여 글이나 그림을 그려서 웹캠에 노출할 수도 있다. 학생들의 학습 참여도를 올리기 위해서는 글쓰기 활동을 할 때도 채팅창, 잼보드, 패들렛, 공책, 개인칠판 등 다양한 온오프 도구들을 혼합하여 활용하는 것이 좋다.

영상이 끊기거나 이상이 생길 경우를 대비하여 해당 영상 녹화 후 링크 걸기

실시간 쌍방향형 수업을 녹화하여 나중에 학습플랫폼에 올려놓고 학생들이 추후에 활용할 수 있도록 하면 좋다. 전체 수업 내용을 다 녹화하는 것보다 교사와 학생 간의 상호작용 내용을 빼고, 핵심 개념 설명이나 활동 부분만 부분으로 녹화하여 올리면 좋다. 그래야 분량의 부담도 좋고, 학생들이 나중에 복습하고자 할 때 해당 영상을 잘 활용할 수 있다. 즉, 실시간 쌍방향형 수업 내용을 녹화하여 콘텐츠 활용형 수업 영상으로 활용해보자는 것이다. 중고교의 경우, 한 교사가 여러 학급에서 동일한 수업을 해야 하는 경우가 있는데, 이때 첫 번째 학급에서 녹화한 핵심 설명 영상 부분을 다음 학급에서 화면 공유 기능을 활용하여 보여줄 수 있다. 이렇게 하면 교사는 동일한 내용을 반복하여 설명하지 않아도 되고, 다른 학급 학생들이 교사의 설명 영상을 시청하는 동안 학생들의 배움 상태를 관찰하여 교사가 피드백할 수 있어서 학생들의 학습 몰입도를 올릴 수 있다.

수업 도우미 학생을 세우고 활용하기

실시간 쌍방향형 수업 시 교사가 수업할 때 동시다발적인 활동이나 진행이 쉽지 않거나 수업 활동 보조자가 필요한 경우, 수업 도우미 학생을 선정하여 수업 활동을 돕는 역할을 수행할 수도 있다.

듀얼 모니터 및 대화면 TV 사용하기

교사가 실시간 쌍방향형 수업 시 갤러리창을 통해 학생들의 배움 상태에 지중하면 수업 내용이나 PPT수업 자료를 놓칠 수 있고, 반대로 수업 내용에 집중하면 학생들의 배움 상태 점검이 쉽지 않다. 게다가 교사가 노트북을 활용하여 수업을 하는 경우, 개별 학습 장면이 작아서 개별 학생들의 배움 상태들을 세심하게 점검하기 힘들다. 이러한 경우, 듀얼 모니터를 활용하여 수업 내용과 학생 갤러리창을 동시에 보면서 수업을 하면 좋다. 학생들의 배움 상태를 확인할 때는 대형 TV와 연결하여 수업을 하면 좋다.

테블릿(스마트 패드)을 동시에 활용하기

테블릿 PC를 활용하면 디지털 교과서와 연동하여 설명하거나 텍스트에 글씨를 쓰면서 화면 공유가 가능하다. 보조 기기로 테블릿을 동시에 연결하여 수업을 진행하면 좋다.

타이머 활용하면서 활동 시간 점검하기

타이머를 활용하면서 수업을 진행하면 강의 수업시간을 교사가 스스로 확인할 수 있고, 학생들의 학습 활동 시 적절하게 시간 관리를 할 수 있다. 인터넷 검색을 하면 손쉽게 타이머 앱을 다운받아 활용할 수 있다.

스마트폰 활용을 통해 카톡방 관리하기

실시간 쌍방향형 수업 시 학생들이 문제 행동을 하거나 돌발 상황이 벌어졌을 때 스마트폰을 활용하여 지도하면 좋다. 학부모들과 통화하거나 수업 중간 카톡이나 밴드를 활용할 때 도움이 된다.

소회의실 기능을 활용하며 모둠 활동을 운영하기

실시간 쌍방향형 수업에서 학생 상호작용을 극대화하고자 할 때 온라인 협동 학습을 실시하면 좋다. ZOOM의 경우, 소회의실 기능이 있어서 학생들을 소회의실에서 모둠 활동을 할 수 있다. 소회의실을 만들어 모둠 활동을 유도하는 것은 기능적으로 어렵지 않지만 소회의실에 학생들을 배치한다고 해서 모둠 활동이 저절로 원활하게 이루어지는 것은 아니다. 모둠 세우기 활동을 통해 모둠원들 간의 공동체 의식과 친밀성이 생겨야 모둠 학습 과제 수행 시 잘 진행될 수 있다. 그러므로 뜨거운 감자 게임 등 다양한 줌 놀이를 통해 학생들끼리 친해질 수 있는 활동을 하거나 창의력 개발 카드 등을 활용한 그림 비유 활동을 통해 학생들끼리 자연스럽게 대화 활동을 통해서 모둠 세우기 활동을 진행하면 좋다.

수업 디자인에 있어서 5분-10분 단위로 학습 구조를 전환하기

실시간 쌍방향형 수업에서 강의식 수업의 비중이 높으면 학생들의 수업 몰입도가 떨어질 수 있다. 한 가지 학습 구조만으로 1시간 수업을 진행하는 것은 분명한 한계가 있다. 그러므로 학생들의 연령이나 학습 수준 등을 고려하여 5-10분 단위로 모듈화하여 학습 구조를 전환하여 수업을 진행하면 좋다. 예컨대, 핵심 개념 설명 10분, 패들렛을 활용하여 예제 문제 풀이 5분, 소회의실을 활용한 모둠 토의 10분, 전체 학생들 앞에서 모둠별 발표 10분, 교사의 피드백 활동 및 마무리 설명 5분 등으로 학습 구조를 세분화하여 연결하여 수업을 진행하는 것이다.

콘텐츠 활용형 수업의 특징과 유의사항

콘텐츠 활용형 수업은 외부 콘텐츠 활용형 수업과 교사 콘텐츠 활용형 수업으로 구분할 수 있다. 외부 콘텐츠 활용형 수업은 교사가 기존 EBS 수업 콘텐츠나 유튜브 동영상 등을 학습 플랫폼에 올려놓고 학습하도록 하는 수업이다. 교사 콘텐츠 활용형 수업은 교사가 직접 자기 수업 동영상 콘텐츠를 제작하여 학습 플랫폼에 탑재하는 것이다.

외부 콘텐츠 활용형 수업

먼저 외부 콘텐츠 활용형 수업을 살펴보자. 장점은 검증된 콘텐츠를 활용할 수 있다는 것이다. EBS 우수 강사진이 참여하고 방송 전문 촬영 및 편집진 참여로 인하여 동영상 콘텐츠의 질을 어느 정도 확보할 수 있다. 수많은 유튜브 동영상 중 검증된 동영상을 찾아 사용할 수 있다. 교사 콘텐츠 활용형 수업은 교사가 직접 촬영하고 편집하려면 많은 노력이 필요할 뿐만 아니라 방송기술적인 차원에서 교육방송 수준으로 올리기 힘들다. 그런데 외부 콘텐츠 활용형 수업은 교사 입장에서는 기존 EBS 콘텐츠를 찾아 학습플랫폼에 링크만 걸어놓으면 되기 때문에 수업 준비에 대한 부담이 낮다. 교사 콘텐츠 수업의 경우, 교사마다 수준 차가 벌어질 수 있지만 EBS 콘텐츠 활용형 수업은 다른 교사들과의 수업과 상대적으로 비교되지 않는다. 실시간 쌍방향형 수업에 비해 안정적인 서비스가 가능하다. 또한 학생들이 원하는 시간에 접속할 수 있다. 그러기에 초창기 온라인 수업 운영 시 많은 학교들이나 교사들이 이를 선호한 것이다.

그런데 외부 콘텐츠 활용 수업의 단점은 무엇보다 교사의 실재감이 떨어져서 학습 효과가 떨어질 뿐 아니라 수업과 평가의 분리 현상이 발생할 수 있다는 것이다. 교육 본질을 회복하자는 교육과정-수업-평가-기록의 일체화 맥락에서 볼 때, 수업자와 평가자 분리 현상이 나타난다. 또한 교사의 수업 전문성과 책무성 문제가 나타날 수 있다. 모든 온라인 수업이 외부 콘텐츠 활용형 수업으로만 수업이 진행되는 경우, 학생이나 학부모 입장에서는 학교나 교사에 대한 신뢰가 떨어진다. 교사무용론, 학교무용론이 나올 수 있는 여지가 생긴다.

현재 중고교의 경우 검인정 교과서를 사용하고 있는데, EBS 수업 동영상은 개별 학교에서 사용하고 있는 교과서 체제와 불일치하여 학생들에게 혼란을 줄 수 있다. 고교의 경우, 내신 준비에 문제가 생길 수 있다. 수업자와 평가자 분리 현상으로 인하여 학생 입장에서는 시험 준비하는 것이 쉽지 않다. 고교 EBS 콘텐츠의 경우, 수능에 초점을 맞추어 진행되기 때문에 중하위권 학생들이 수강하기에 잘 맞지 않는다. 그리고 과정중심평가가 원천적으로 불가능하다.

교육방송국 입장에서도 유료 콘텐츠를 지속적으로 무료로 서비스를 하는 것이 그리 쉽지 않다. 무료 서비스를 지속한다면 교육부에서 별도의 예산 지원이 필요하게 될 것이다.

외부 콘텐츠 활용형 수업을 부분적으로 활용하는 것은 좋지만 전적으로 외부 콘텐츠 활용형 수업으로 진행하는 것은 교사의 수업 전문성과 책무성 등의 문제가 생기기 때문에 피하는 것이 좋다.

교사 콘텐츠 활용형 수업

교사 콘텐츠 활용형 수업은 교사가 직접 강의를 제작하여 학습 플랫폼에 올려놓는 수업 방식이다. 교사가 직접 수업부터 촬영, 편집까지 하기 때문에 수업 기획력과 전문성 향상에 도움이 된다. 학생들 입장에서는 외부 콘텐츠 활용형 수업이나 EBS 강의와 달리 실제 담당 교사가 강의하는 것이므로 교사의 실재감을 경험하는 동시에 신뢰도를 형성할 수 있고, 강의 수준도 학생들에게 맞추어 준비되기 때문에 학습 효과가 높다. 실시간 쌍방향형 수업에 비해 가정의 인터넷망이 불완전해도 원하는 시간을 선택하여 수강할 수 있다는 점에서 학생들의 안정적 수업 참여를 확보할 수 있다는 장점이 있다.

하지만 교사가 초상권 문제 등으로 인하여 자신의 얼굴을 직접 노출하는 것을 꺼려, PPT나 한글 파일 화면을 띄우고 교사의 목소리만 녹화하여 강의를 올리는 경우가 많다. 이때 많은 학생들이 지루함을 느끼고 결과적으로 수업 몰입도와 학습 효과가 떨어지게 된다. 온라인 수업의 특성상 교사의 IT 역량과 더불어 외모와 목소리가 부각되기 마련이다. 그래서 일부 학교에서는 교사 간 수업 콘텐츠가 비교될 수 있다는 우려 때문에 교사 콘텐츠 활용형 수업을 금지하는 경우도 있다. 그러나 이러한 조치는 교사 간 위화감을 줄일 수 있겠지만 학생 입장에서는 오히려 불만을 가질 수 있다. 또한 아무리 좋은 수업 콘텐츠라고 해도 EBS 수업 콘텐츠에 비해 상대적으로 촬영 장비나 편집 기술이 떨어진다.

외부 콘텐츠 활용형이나 교사 콘텐츠 활용형은 기본적으로 강의식 수업, 즉 일제학습 구조로 이루어지기 때문에 일제학습의 장단점을 그대로 갖는다. 일제학습은 짧은 시간에 정확하고 많은 분량의 학습 내용을 다수의 학생들을 대상으로 수업할 수 있어 경제적이라는 장점이 있다. 반면 학생의 입장에서는 교사와의 상호작용이 이루어지지 못하는 상황에서 수동적인 학습 태도를 갖게 될 수밖에 없다. 또한 강의식 수업에 집중할 수 있는 시간이 매우 제한적이라 긴 수업 시간을 견디기 어렵다. 학습심리학적 연구 결과에 따르면 중학생의 경우 약 15분, 고교생의 경우 약 18분 정도라고 하는데, 강의 시간이 길수록 학생들의 몰입도는 상대적으로 떨어졌다. 결국 일제학습은 기본적인 지식을 이해하는데는 도움이 되지만 분석, 종합, 평가, 비판적 사고를 배우기에는 한계가 있는 것이다.

교사 콘텐츠 활용형 수업을 운영할 때 유의사항을 살펴보면 다음과 같다.

교사가 직접 출연하기

교사가 직접 출연하여 수업을 진행하는 것이 좋다. 교사가 등장하지 않고 PPT만 보여주면서 목소리로만 설명하면 학생들의 집중도가 떨어지기 때문인데, PPT만 보여주면 학생 입장에서는 PPT 내용을 1-2초 정도 대충 훑어보고 딴짓하기 쉽다. 학생들에게는 정적인 PPT 화면보다 동적인 교사의 모습을 보면서 눈을 맞추는 것이 훨씬 더 집중력을 유지하기에 좋다. PPT가 수업 보조 자료에 불과하다는 것을 명심해야 한다. 교사와 학생 간의 상호작용과 의사전달의 측면에서 교사와 학생이 직접 화면을 통해 얼굴과 표정을 보면서 대화하듯이 수업을 진행하는 것이 학습 몰입도를 올려주는데 큰 도움이 된다.

메라비언 법칙을 고려하여 교사가 텐션을 올려서 말하기

소위 '메라비언의 법칙'이 있다. 미국의 심리학자 메라비언이 사람들이 대화할 때 의사전달이 어떻게 이루어지는지를 분석했다. 그 연구 결과 말의 내용, 메시지는 7%에 불과했고, 발음, 역량, 톤 등의 청각적인 요소는 38%, 용모, 표정, 제스처 등의 시각적인 요소는 55%를 차지한다는 것이 드러났다.[12]

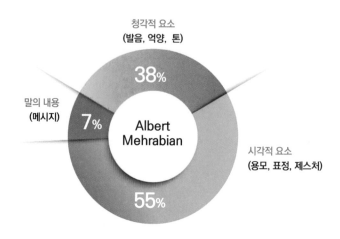

메라비언 법칙은 말의 내용과 행동(청각, 시각)이 다를 때, 행동이 우선이라는 것을 의미한다. 그리고 의사전달에 있어서 청각적, 시각적 요소가 많은 영향을 미친다는 것이다. 이러한 메라비언 법칙을 고려할 때 교사 콘텐츠 활용 수업 시 시각적인 요소와 청각적인 요소를 고민하면서 동영상 콘텐츠를 제작하는 노력이 필요하다. 예컨대, 외모를 바꿀 수는 없어도 어두운 배경 화면과 대비될 수 있는 화려한 의상을 통해서 변화를 줄 수 있다. 차분하고 느리게 말

---

12) 데이브 핑 외(2008), "마음을 여는 경청 기술", 국제제자훈련원

제1부 3Key로 여는 배움 중심 온라인 수업

하는 것보다 텐션을 올려서 교사가 말을 할 때 약간 빠르게 말하고, 톤을 높여서 말하는 것이 좋다. 대개 동영상 촬영 시 대개 교사가 빈 교실에서 혼자서 촬영하다보니 조용하게 이야기하는 경우가 많다. 하지만 이러한 방법보다는 많은 학생들 앞에서 수업을 한다고 가정하여 수업을 하면서 동영상 촬영하는 것이 더 좋다.

동영상 편집 도구를 잘 활용하기

윈도우 무비메이커, 곰믹스, 뱁믹스, OBS 스튜디오, 프리미어 프로 등 다양한 동영상 편집 도구를 잘 익혀서 활용하면 좋다. 수업 동영상 편집을 할 때는 가급적 사용하기 간단하고 무료로 활용할 수 있는 동영상 편집 도구를 활용하면 좋다. 실시간 쌍방향형 수업 도구인 zoom을 활용하여 녹화하면 별도 편집을 할 필요없이 PPT 화면을 배경 화면으로 활용하여 수업 동영상을 제작할 수 있다.

동영상 제작에 있어서 완벽주의 자세를 버리기

오랫동안 플립 러닝(거꾸로 수업)을 한 선생님들의 공통적인 의견은 동영상 자체가 핵심은 아니라는 것이다. 대개 교육방송 콘텐츠 활용형 수업을 모델로 삼으면 교사 콘텐츠 활용형 수업 시 제작하는 데 많은 시간과 에너지가 든다. 아무래도 전문 촬영진과 편집진의 노력으로 만들어진 교육방송 콘텐츠를 교사 개인이 그대로 구현한다고 하면 부담이 클 뿐 아니라 학습 효과도 노력만큼 성과로 이어지지 않을 수 있다. 완벽하게 교사가 동영상을 제작, 편집하려면 많은 시간과 노력이 필요하다보니 정작 피드백을 놓칠 수 있어서 소기의 학습효과를 거둘 수 없는 경우도 발생한다. 그러므로 교사 콘텐츠 제작 시 완벽주의 자세를 버리고 편안하게 대충(?) 촬영하여 편집하는 것이 좋다.

나만의 아카이브(디지털 기록소)를 구축하기

　교사 콘텐츠 제작 시 많은 시간과 에너지를 투입하여 제작했지만 나중에 콘텐츠를 분실하거나 관리가 잘 이루어지지 않으면 손해가 발생할 수 있다. 그러므로 교사 콘텐츠를 노트북에만 저장하지 말고, 별도의 개인 클라우드에 올려놓거나 유튜브 개인 채널에 비공개로 설정하여 올려놓는 것도 좋다. 공립학교 교사의 경우, 다른 학교로 전근할 수도 있으므로 자기가 제작한 교사 콘텐츠를 체계적으로 관리하여 활용할 수 있도록 노력하는 것이 좋다.

과제 수행형 수업과 혼합하여 운영하기

　콘텐츠 활용형 수업은 지식 전달에는 좋지만 적용이나 실천, 복습을 하기에는 한계가 있다. 그러므로 과제 수행형 수업으로 연결하여 운영하면 좋다.

과제 수행형 수업의 특징과 유의사항

　과제 수행형 수업은 교사가 학습과제를 제시하면 학생들이 해당 과제를 수행하여 그 결과를 학습플랫폼에 올려놓고 교사가 이에 대하여 피드백하는 수업 방식이다.

　과제 수행형 수업은 일단 교사 입장에서는 준비하기가 쉽다. 수업 동영상을 따로 준비하지 않고 학습지를 제작해서 올리거나 과제만 제시하면 되기 때문이다. 학생들이 수동적으로 강의를 듣는 것이 아니라 학생들이 과제를 직접 수행해야 한다는 점에서 학습 효과가 높다. 직접 익히고 연습할 수 있는 기회를 제공하기에 학생들이 지식과 기술을 익히는데 도움이 된다. 적절한 피드백이 뒷받침되면 과제수행형 수업은 의미가 있다.

　과제 수행형 수업의 문제점은 자칫 학생 입장에서는 배운 것은 별로 없는데 숙제만 늘어나는 것처럼 느낄 수 있다는 것이다. 과제 난이도에 따라 학습 효과가 달라질 수 있다. 높은 난이도 과제를 제시하면 중하위권 학생들이 과제 수행하기가 힘들다. 반대로 낮은 난이도 과제를 제시하면 상위권 학생들이 흥미를 잃어버리기 쉽다. 과제 자체가 학습 수준이나 학습 유형 특성별로 구성되어 개인 맞춤형 과제로 제시되어야 효과적일 수 있다. 그런데 다인수 학급인 경우, 교사가 학생들 과제 수준에 따른 개별 피드백하는 것이 쉽지 않다. 실제로 과제 수행형 수업의 경우, 어떤 교사는 밤늦게까지 과제를 확인하여 피드백을 하지만 어떤 교사는 과제 제출 여부만 확인하고, 과제에 대한 피드백없이 대충 넘어가는 경우도 있다. 음미체 수업의 실기 활동, 전문계 고교의 실습 과목 등에서는 적용하는데 한계가 있다. 과제 수행형 수업에서 피드백이 빠지면 학습 효과가 가장 낮은 수업 유형이다.

과제수행형 수업을 운영할 때 유의 사항을 살펴보면 다음과 같다.

효과적인 온라인 학습지 앱을 잘 선택하여 운영하기

온라인 학습지 앱으로 구글 설문지, 라이브 워크시트, 티쳐 메이드 등이 있다. 구글 설문지는 간단하게 학습지로 활용할 수 있고, 구글 클래스룸에서 연동하여 사용할 수 있고, 피드백하기 좋다.

라이브 워크시트(www.liveworksheets.com)는 기존 종이 학습지 형태로 그대로 구현이 되고, 다양한 텍스트를 탑재할 수 있다. 실시간 결과를 바로 확인할 수 있고, 대면 수업에서도 스마트폰을 통해서 사용할 수 있다. 학습지 제작이 쉽고, 학생 피드백 기능이 있다.

Lesson 5. The Team Behind the Team - Listen and Talk -	학번		No.1
	이름		

▶ 빈도 묻고 말하기	▶ 제안이나 권유하기
A: **How often** do you exercise? B: I exercise **once a week.**	I **suggest** you exercise more often.

p.84 대화를 듣고 빈칸을 채우세요.

1 ▶ ━━━━━━━━━━

B: How [   ] do you [   ] basketball?
G: I play [   ] [   ] [   ], but I want to play more often.
B: I [   ] you join my basketball club. We play three [   ] a week.
G: That [   ] good! It'll be [   ] to play with you.

2 ▶ ━━━━━━━━━━

B: I don't swim [   ]. How about you, Kate? [   ] often do you swim?
G: I swim four times [   ].
B: That often? [   ], it'll be fun [   ] together today.
G: Yes, but [   ] we swim, [   ] we do stretching exercises.

티쳐메이드(teachermade.com)는 pdf나 jpg 파일에 구글설문지 기능을 넣어 온라인상의 보고서를 만드는 플랫폼이다. 무엇보다 구글 클래스룸과 연동이 되어 점수나 제출 관련 관리가 용이하고 다양한 문제 출제 기능(드롭박스, 오지선다형, 단답형, 답잇기, 핫스팟 등)이 있어서 모든 교과목에서 간단한 학습지로 활용이 가능하다. 구글 클래스룸을 이용하지 않고 구글 계정이 없더라도 사용할 수 있다. 라이브 워크시트와 기능이 비슷하지만 라이브 워크시트보다 간단하게 활용할 수 있다.

구글 파워포인트 활용하기

구글 파워포인트를 활용하여 슬라이드를 학습지 형태로 만들어 학생 수만큼 복사하여 학습지 형태로 활용하면 좋다. 구글 파워포인트는 기존 파워포인트에 비해 공유 문서 형태로 교사와 학생들이 동시다발적으로 작성이 가능하다는 장점을 가지고 있다. 자동적으로 타임라인이 형성되기 때문에 작성자와 시간이 기록되어서 무임승차자나 일벌레 학생을 줄일 수 있다. 그리고 구글 클래스룸에 연동되기 때문에 자료 검색 시 용이하고 학습 포트폴리오 방식으로 사용할 수 있다.

패들렛이나 잼보드 등을 활용하여 학생들의 생각을 기록하고 발표, 피드백하기

패들렛(padlet.com)이나 잼보드(edu.google.com/jamboard)는 일종의 온라인 메모지(포스트잇)로서 글, 그림, 사진, 링크 주소 등 다양한 텍스트를 탑재할 수 있고, 자기 활동 내용뿐 아니라 다른 학생 활동 내용도 동시다발적으로 비교하여 볼 수 있다. 무료로 활용할 수 있고, 스마트폰에서도 사용하기 좋다. 패들렛이나 잼보드는 대면 수업의 개인칠판이나 모둠칠판 기능을 온라인 수업에서 구현할 수 있다. 패들렛의 경우, 댓글을 달거나 별점을 주는 기능이 있어서 피드백하기에도 좋다. 패들렛은 다양한 형식으로 제공되기 때문에 다양한 수업 활동을 진행할 수 있다.

학생 결과물이나 과정을 인증 사진이나 동영상으로 올리기

음미체 과목이나 가정·기술의 과목이나 전문계 고교 실습 교과의 경우, 다양한 학습 과제 활동을 인증 사진으로 찍어서 학급 밴드에 올릴 수 있고, 학습 과정을 스마트폰을 활용하여 사진이나 동영상을 찍어서 보낼 수 있다.

피드백 활동

구글 설문지, 라이브 워크시트, 티쳐메이드 등 온라인 학습지 앱마다 피드백 기능이 있다. 이를 잘 활용하면 학생들의 학습 효과를 올리는 데 도움이 된다.

[온라인 수업 유형 분석]

유형		장점	단점
실시간 쌍방향형		• 오프라인 수업을 온라인에서 가장 가깝게 재현함 • 쌍방향 소통이 가능함 • 기초적인 생활 지도가 가능함 • 학생들의 수업 집중도가 높음	• 오프라인 수업보다 교사의 수업에 대한 부담이 큼 • 실시간 생활지도의 한계가 있음 • 교사와 학생의 초상권 문제, 보안 문제가 있음 • 인터넷이 불완전하거나 스마트 기기 성능이 좋지 않으면 운영하기 힘듦 • 학생 입장에서도 장시간 수업 시 피로도가 있음
콘테츠 활용형	EBS 등 콘텐츠 활용형	• EBS 등의 우수 강사와 전문편집진 참여로 인한 콘텐츠의 질이 확보됨 • 교사 입장에서 활용하기 쉬움 • 다른 교사와 상대적으로 비교되지 않음 • 안정적인 서비스가 가능함	• 교육과정-수업-평가의 분리 현상이 생김 • 교사의 수업 전문성과 책무성 문제가 있음 • 검인정 교과서의 경우, 교재가 맞지 않음 • 일방통행형 수업(강의식 수업)이 됨 • 무료 서비스의 한계가 있음
	교사 콘텐츠 활용형	• 콘텐츠 구성 및 제작과정을 통한 교사의 전문성이 증대됨 • 학생들의 학습 효과와 반응이 좋음, 학생 선호도가 높음 • 실시간 쌍방향형 수업에 비해 안정적인 운영이 가능함	• 교사의 준비 부담이 큼 • 교사가 직접 출연 시 초상권 문제가 있음 • 교사의 목소리만 나오고 PPT만 보여주는 경우 학습 효과가 떨어짐 • 교사별 수준 격차 발생 우려가 있음 • EBS 등에 비해 제작 도구가 열악함 • 일방통행형 수업이 될 수 있음
과제 수행형		• 교사 입장에서 제작하기 쉬움 • 학생들의 참여와 연습 기회를 제공함 • 적절한 피드백이 있으면 학습 효과가 높음	• 배우는 것은 별로 없다고 느끼면서 숙제만 느는 것 같은 느낌, 학생들의 숙제 부담이 큼 • 중하위권 학생들에게 불리(과제 난이도를 낮추면 상위권 학생에게 불리)함 • 피드백이 없으면 학습효과가 낮고 교사에 대한 신뢰가 떨어질 가능성이 있음 • 피드백 수준이 높으면 교사가 소진될 수 있음

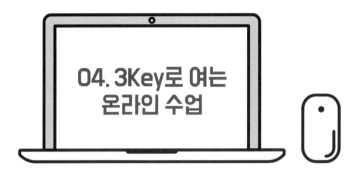

04. 3Key로 여는
온라인 수업

배움 중심 온라인 수업을 위한 3가지 핵심 열쇠(key)

온라인 수업 유형마다 각기 장단점이 있기 때문에 어느 수업 유형이 더 좋다라고 쉽게 단정짓기 힘들다. 오히려 수업 유형보다 더 중요한 것은 3가지 핵심 열쇠이다. 배움을 살리는 온라인 수업을 위해서는 교수 실재감, 학생 참여 및 상호작용, 피드백의 3가지 핵심 열쇠를 교실에서 잘 활용할 수 있어야 한다.

교수 실재감

교수 실재감(Teaching presence)이란 '학생이 선생님이 어딘가에 존재한다고 느끼고, 학생이 그 속에 속해 있다고 느껴서 학습을 가능하게 하는 것'이다.(개리슨 외, 2000)[13]

즉, 교수 실재감은 수업 속 교사의 존재감을 드러내는 것을 의미한다. 대면 수업에서는 실제로 존재하고 있기 때문에 교수 실재감이 중요하지 않지만 온라인 수업에서는 온라인 매체를 통해 간접적으로 만나는 것이기 때문에 학생 입장에서는 교사의 존재감이 잘 느껴지지 않을 수 있다. 학생 입장에서는 수업 속에서 교사의 존재감이 느껴져야 학습에 몰입할 수 있다. 그러기에 콘텐츠 활용형 수업이라 하더라도 외부 콘텐츠 활용형 수업보다 교사 콘텐츠 활용형 수업이 학생 입장에서 더 친근하게 느껴지고, 학습 몰입에 도움이 된다. 비슷한 수준의 수업 콘텐츠라면 외부 강사보다는 실제 담임 교사의 수업에서 학생들이 집중할 수 있다. 교사 콘텐츠 활용형 수업이라고 해도 교사가 직접 출연하지 않고 PPT 화면만 띄워서 목소리만 입력하여 수업을 하는 것도 학생 입장에서는 수업에 몰입하기 쉽지 않다. 한 교사는 초창기 온라인 수업에서 교사 콘텐츠 활용 수업을 진행했는데, 직접 콘텐츠를 만들고 확인했더니 자신의 목소리가 마음이 들지 않아서 본인의 목소리 대신 더빙 프로그램을 이용하여 인공지능을 활용한 성우 목소리로 음성을 입력하여 진행했다. 2주 뒤 학생들에게 피드백을 받았더니 성우 목소리보다는 교사의 목소리를 듣고 싶다고 해서 직접 본인의 목소리로 콘텐츠를 제작하여 운영했다. 다시 2주 뒤 학생들의 의견을 확인했더니 역시 "선생님 목소리가 좋다"고 말해서 이후부터는 자신감을 가지고 콘텐츠를 제작했다. 이러한 사례는 교수 실재감의 의미를 알면

---

13) 수업과성장연구소에서는 개리슨의 '교수 실재감(Teaching presence)' 개념을 바탕으로 '교사의 실재감(Teacher presence)'신을진(2020), "온라인 수업, 교사 실재감이 답이다", 우리학교

쉽게 이해할 수 있다.

교수 실재감은 교사와 학생 간의 관계를 통해서 나타난다. 메시지(message)와 메신저(Messenger)는 구분되지 않는다. 예컨대, 학생이 영어 선생님을 좋아하면 영어도 좋아질 수 있지만 영어 선생님이 싫으면 영어도 함께 싫어질 수 있다. 학생은 지식을 교사를 통해서 접하기 때문에 교사의 호감 정도가 지식의 수용성에 영향을 미친다. 교사와 학생과의 관계는 서로 좋아하는 감정을 가지고 있는 친밀한 관계를 넘어 신뢰적 관계에 도달해야 한다. 여기에서 신뢰성이란 교사가 학생을 사랑하고 존중하고, 학생이 교사의 권위에 순종하고 따르는 것을 말한다. 교사와 학생의 관계가 신뢰적 관계에 있으면 친밀성은 자연스럽게 다가오지만 반대로 친밀한 관계라고 해서 꼭 신뢰성을 담보하는 것은 아니다. 친밀성은 상대적으로 짧은 시간 안에 형성할 수 있지만 신뢰성은 시간을 두고 자연스럽게 형성된다. 친밀성은 교사와 학생과의 좋은 감정을 공유하는 것에 초점을 두지만 신뢰성은 교사의 수업 역량이 뒷받침되어야 이루어질 수 있다. 교사가 학생들과 함께 놀거나 대화를 지속하면 친밀해질 수 있지만, 교사가 수업을 잘하지 못하면 학생들에게 신뢰를 얻기 힘들다. 특히 대상 학생이 고학년일수록 더욱 그러하다. 초등학생은 잘 가르치지 못해도 잘 대해주는 선생님을 선호할 수 있지만, 고등학생은 학생들에게 까칠하게 행동해도 수업을 잘하는 선생님을 더 선호할 수 있다. 그러므로 교사가 친밀한 관계부터 시작하여 자연스럽게 신뢰적인 관계로 발전할 수 있도록 노력해야 한다. 교사와 학생과의 친밀성 형성에 도움이 되는 것이 모둠 세우기 활동과 학급 세우기 활동이다. 모둠 단위나 학급 단위에서 다양한 놀이와 대화 활동을 통해서 친밀성을 세우는 노력이 필요하다.

온라인 수업에서도 대면 수업과 마찬가지로 학생들이 친밀성을 바탕으로 교사를 신뢰해야 학습효과를 높일 수 있다. 어떤 학생이 '우리 선생님 수업은 재미도 없고 수업 내용도 그저 그래'라고 생각한다면 온라인 수업에서도 수업에 몰입하기 힘들다. 교사 콘텐츠 활용형 수업이라고 해도 수업 내용이 부실하다면 학생 입장에서는 외부 콘텐츠 활용형 수업을 더 선호하게 될 것이다. 그러므로 온라인 수업에서는 교사가 교수 실재감이 나타날 수 있도록 의식적으로 노력해야 한다.

교수 실재감을 높이기 위해서 다음과 같은 노력을 기울이면 좋다.[14]

· 화상회의 프로그램에서 반드시 비디오를 켜고 서로 얼굴을 볼 수 있게 한다.
· 전체 참여자가 한 화면에 보일 수 있도록 인원을 편성하고 화면 설정값도 조정한다.
· PPT와 교사, 학생을 자주 번갈아서 보여준다.
· 교사는 학생과 1:1 소통을 자주 한다.
· 학생들의 이름을 불러준다.
· 채팅창이나 다양한 교육용 앱을 이용해 학생이 실시간으로 참여하게 한다.
· 교사의 제스처나 멘트를 연구하여 실행한다.

학생 참여

학습효과를 올리려면 대면 수업과 마찬가지로 온라인 수업에서도 학생들이 수업에 적극적으로 참여할 수 있도록 유도해야 한다. 강의식 수업 방식에 근거한 소위 '인강' 스타일의 콘텐츠 활용형 수업은 상위권 학생들에게는 유리한 수업 방식이다. 하지만 중하위권 학생들에게는 상대적으로 불리한 수업 방식이다. 학습 유형론 관점에서 온라인 수업 방식을 살펴보면 좀 더 명확하게 드러난다. 기존 콘텐츠 활용형 수업(인강)은 청각형, 시각형 학생들에게는

---

14) 월간 HR Insight, 2020.09.11

유리하지만, 체험형 학생들에게는 불리하다. 또한 다중지능이론 입장에서 볼 때도 언어적 지능과 논리수학적 지능, 공간적 지능, 자성 지능이 발달한 학생들에게는 유리하지만, 신체적 지능, 음악적 지능, 대인지능, 자연이해 지능이 발달한 학생들에게는 상대적으로 불리하다.

학습효과는 학생들의 학습 행동 방식과 관련이 깊다. 미국 행동과학연구소에서 발표한 '학습 피라미드'를 살펴보면 수업 방법에 따라 학습 효과가 달라진다는 것을 좀 더 명확하게 알 수 있다.

학습 피라미드(Learning Pyramid)

평균 기억율
(Average Retention Rates)

수동적 학습방법 (Passive Teaching Method)	5%	수업듣기(Lecture)
	10%	읽기(Reading)
	20%	듣고 보기(Audio-Visual)
	30%	시연하기(Demonstration)
참여적 학습방법 (Participatory Teaching Method)	50%	집단토의(Group Discussion)
	75%	연습(Practice)
	90%	가르치기(Teaching Others)

Adapted from National Training Laboratories, Bethel, Maine

24시간이 지나고 나서 수업 방법에 따라 학생의 학습 효과를 측정했더니 강의식 수업에서 듣기만 한 경우는 5% 정도만 기억에 남았다. 읽기만 한 경우는 10%, 시청각 수업에서 보고 듣는 경우는 20%, 시연하는 것을 보는 경우는 30% 정도의 효과가 있었다. 그에 비해 자기 생각을 말하는 토의 토론 수업에서는 50%, 실제 실습이나 연습을 한 경우는 75%, 자기가 이해한 것을 다른 친구들에게 설명한 경우는 90% 정도의 효과를 거두었다. 즉, 학생 입장에서는 듣기(청각) 〈 읽기(시각) 〈 보면서 듣기(시각 및 청각) 〈 말하기 〈 체험하기(촉각) 〈 가르치기(시각, 청각, 촉각 등의 종합) 순서로 학습 효과가 높다는 것이다. 다시 말해 학생이 가만히 듣거나 보는 것을 넘어 생각하고 표현하고 실습하고 자기가 이해한 것을 다른 사람들에게 말할 수 있도록 해야 한다는 것이다.

이러한 사실은 온라인 수업에서도 마찬가지이다. 또래 가르치기를 통해 학습 효과를 올리려면 온라인 협동학습이나 온라인 동료 교수법을 사용하면 좋다. 실시간 쌍방향형 수업 시 zoom의 소회의실 기능 등을 활용하여 모둠 활동을 진행할 수 있다. 동료 교수법을 활용하여 학생이 또래 교사가 되어 수업 영상을 만들어 수업을 진행하고 교사가 피드백하는 방식으로 온라인 수업을 진행할 수 있다.

온라인 수업에서도 참여수업을 지향해야 한다. 온라인 참여수업은 대면 수업에서 검증된 참여수업 모형들을 온라인 수업으로 구현하는 방향에서 운영할 수 있다. 또한 온라인 수업 환경에 맞게 새롭게 개발된 참여수업 방식으로 접근할 수도 있다.

대면 기반 온라인 참여수업	· 온라인 하브루타 수업 · 온라인 문제중심 수업 · 온라인 협동학습 · 온라인 토의토론 수업 등
온라인 기반 참여수업	· 가상체험 학습 · 인공지능 활용 수업 · 코딩수업 · 온라인 방탈출 게임 등

대면 기반 온라인 참여수업은 온라인 협동학습, 온라인 하브루타 수업, 온라인 토의 토론 수업, 온라인 문제 중심(PBL) 수업, 온라인 프로젝트 수업 등이 있다. 예컨대, 토의토론 수업은 원래 대면 수업에서 개발된 수업 방식이지만 온라인 수업에서도 가능하다. 책을 읽고 실시간 쌍방향형 수업에서 직접 토의 토론 활동을 할 수 있고, 과제수행형 수업에서 채팅창이나 게시판을 통해 서면(텍스트) 중심으로 토의 토론 글을 써서 올릴 수도 있다.

온라인 기반 참여수업은 가상체험 학습(VR, Virtual Reality), 인공지능 활용 수업(AI, Artificial Intelligence), 코딩(Coding) 수업, 온라인 방탈출 게임, 온라인 퀴즈 게임 등이 있다. 가상 체험 학습, 인공지능 활용 수업, 코딩 수업 등은 당장 학교에서 구현하기 쉽지 않지만 온라인 방탈출 게임이나 온라인 퀴즈 게임 등은 쉽게 학교 수업에서 활용할 수 있다. 온라인 방탈출 게임은 김정식 수석교사가 개발한 수업 방식으로서 구글 설문지를 토대로 퀴즈 문제를 모두 풀어야 퀴즈방을 탈출할 수 있도록 구성한 것이다.[15] 대개 온라인 학습지에서 퀴즈 문제 풀기 활동은 정오답과 상관없이 순차적으로 풀어가지만 온라인 방탈출 게임은 한 문제라도 틀리면 원점으로 돌아가 1번 퀴즈부터 다시 풀 수 있도록 하였다. 학생들 입장에서 무한 반복되는 패턴에서 벗어나 탈출하고자 하는 마음을 들게 하고, 반복을 통해 완전학습을 추구한다는 점에서 학습 효과가 좋다.

---

15) 김정식 허명성의 과학사랑 https://sciencelove.com/2459

온라인 퀴즈 게임과 관련한 앱으로 띵커벨(tkbell.co.kr)이나 카홋게임(ka-hoot.com) 등이 있는데, 형성평가나 복습을 할 때 유용하게 활용할 수 있다.

대개 온라인 수업 시 강의(콘텐츠 활용형) 이후 복습 퀴즈(과제수행형)로 연결하는 경우도 있는데, 이때 복습퀴즈 대신 배움일지를 써보게 하는 것도 좋다. 배움일지란 학생이 오늘 배운 것 중에서 이해한 것, 이해하지 못한 것, 더 알고 싶은 것, 수업 소감 등을 간단하게 기록하는 것이다. 학생들의 메타인지 역량을 강화할 수 있는 좋은 방법으로서 학습에 도움이 된다.

과제수행형 수업 시 교과 특성에 맞게 다양한 학습활동을 과제로 제출할 수 있도록 하는 것이 좋다. 과학실험, 노래, 악기연주, 춤, 줄넘기, 그림 그리기 등 학습 과제 수행 과정을 스마트폰을 활용하여 사진이나 영상을 촬영하여 제출하도록 하도록 하면 좋다.

온라인 수업의 특성을 잘 이해하면 대면 수업에서 시도하기 힘든 수업 방식을 구현할 수 있다. 팀티칭 수업이나 외부 전문가 초청 수업, 다른 학급 내지 다른 학교와의 협력 프로젝트 수업 등이 그러하다. 대면 수업에 비해서 온라인 수업은 팀티칭 수업을 하기가 좋다. 동료 교사와 함께 팀티칭 수업을 디자인하여 운영하면 좋다. 외부 전문가 초청 수업도 동영상을 스마트폰으로 촬영하여 콘텐츠 활용형 수업에서 활용할 수 있다. 실시간 쌍방향형 화상 수업 도구를 활용하여 강사가 이동하지 않고 원격 수업 형태로 진행하기 쉽다. 다른 학급 학생들의 학습 결과물을 공유하거나 다른 학교 학생들과 협력 프로젝트 수업을 온라인 수업으로 진행할 수 있다.

피드백

일반적으로 피드백(feedback)이란 '개선을 위한 정보를 주다'라는 의미이다. 제어공학용어로써 입력과 출력이 있는 시스템에서 출력된 결과를 입력 측에 되돌려 출력한다는 의미로, 결과에 대한 원인을 시작점에 반영하여 조정한다는 것이다. 즉, 출력된 결과를 다시 입력(원인) 측에 되돌려 출력하는 과정을 뜻한다.

교육 활동에서 피드백은 교수학습 과정과 결과에서 형식적, 비형식적 평가 활동을 통해 학생의 다양한 학습에 대한 증거를 수집하고 분석 및 해석한 후, 교사와 학생에게 학습의 개선과 향상을 위한 정보를 제공하는 것이다.[16] 즉,

---

16) 김선, 반재천(2020), "과정 중심 피드백", AMEC

학생의 성장과 학습목표 도달을 위해 학생의 학습 상황을 점검하고 교사가 학생에게 적절한 반응을 통해 학습목표에 도달할 수 있도록 도와주는 것이다. 그래서 피드백은 칭찬하고 오류를 지적하는 것을 넘어 학생이 학습목표에 도달할 수 있도록 학습 방향을 제시하고, 학습 동기를 유발하고, 학생 스스로 자기 문제를 해결할 수 있도록 도와주는 행위이다. 피드백을 통해 학생의 행동만 수정하는 것이 아니라 교사도 학생의 학습 증진을 위해 자기 교수학습 방법을 조정하게 된다.

사실 피드백은 대면 수업과 온라인 수업 모두 중요하다. 그런데 온라인 수업에서 피드백이 더 주목을 받는 이유가 있다. 대면 수업은 의식적으로 노력하지 않아도 자연스럽게 피드백 활동이 이루어지기 때문에 큰 문제가 되지 않지만, 온라인 수업에서는 의식적으로 노력하지 않으면 피드백 활동이 잘 이루어지기 힘들고, 학습 효과에도 큰 영향을 미치기 때문이다. 그런데 대면 수업과 달리 온라인 매체를 통해 비대면으로 만나야 하는 온라인 수업에서 피드백은 현실적으로 많은 어려움이 있다. 그래서 온라인 수업에서는 피드백을 위한 구조화된 접근과 의도적인 노력이 필요하다.

온라인 수업의 피드백은 온라인 수업 수강 여부 확인 등을 통해 학생들의 출결 상태를 확인하는 것부터, 학생들의 온라인 학습 과제 상태나 학습 정도를 확인하고, 이를 토대로 구체적인 칭찬과 보완책을 제시하는 과정을 포괄한다. 이를 통해 학습목표와 학생의 배움 상태 사이의 거리감을 줄일 수 있도록 구체적인 대안을 제시할 수 있어야 한다.

온라인 수업의 피드백 방식은 그 전달 방법에 따라 구두 피드백, 서면 피드백, 시연 피드백 등이 있다.[17] 구두 피드백은 교사와 학생 간의 언어적 상호작용과 대화를 통해 이루어지는 것으로 실시간 쌍방향 수업에서 많이 활용할 수

---

17) 맥밀란(2020), "교실 평가의 원리와 실제", 교육과학사

있다. 서면 피드백은 문자를 통해 피드백하는 것으로, 과제수행형 수업에서 많이 활용할 수 있다. 가령 SNS 대화, 게시판 댓글, 설문 조사 앱, 1:1 채팅, 메일 주고받기, 워드 프로세서의 메모 기능 활용 등을 통해 실행할 수 있다. 시연 피드백은 교사가 실제 시범을 보이는 것으로서 실험, 실습, 실기 활동을 할 때 적합한 방법이다. 음악, 미술, 체육, 기술가정 과목 등에서 실시간 쌍방향형 수업이나 과제수행형 수업을 할 때 좋다.

그런데 그동안 현실적으로 온라인 수업에서는 피드백 활동이 잘 이루어지지 못했다. 그 이유는 교사들이 그동안 수업에 있어서 피드백의 중요성을 잘 인식하지 못했기 때문이다. 초창기 온라인 수업 도입 단계에 교사들은 온라인 수업 도구를 익히기에도 정신없었고, 인강을 기반으로 한 콘텐츠 활용형 수업을 주로 했었다. 그런데 콘텐츠 활용형 수업과 과제수행형 수업의 결과, 자기 관리 역량이 뒷받침되지 못하는 학생들이 제대로 온라인 학습을 하지 못하였고, 중위권 학생들의 하향화 현상이 나타나면서 학습 격차 문제가 발생하자 피드백의 중요성이 새롭게 부각된 것이다.

교사들이 피드백의 중요성을 안다고 해서 피드백이 잘 이루어지는 것은 아니다. 대면 수업에 익숙한 교사들이 전면 온라인 수업에서의 다양한 피드백의 유형과 방법에 대하여 잘 몰랐기 때문에 피드백을 잘하기 힘들었다. 무엇보다 다인수 학급에서 피드백을 하는 것이 교사 입장에서는 큰 부담이었다. 초창기 온라인 수업 운영에 있어서 콘텐츠 활용형 수업의 경우, 학생들이 수강했는지 여부를 확인하고 일일이 전화하여 수강을 독려하는 것도 쉽지 않았다. 하루종일 학생들에게 전화를 하며 개별적으로 점검하는 방법은 무척 힘들었고, 전화를 회피하는 학생들이나 학부모들로 인하여 교사의 스트레스가 가중됐다. 실시간 쌍방향형 수업이나 과제수행형 수업 시 과제를 확인하고 일일이 댓글을 달거나 SNS나 전화를 하려면 많은 시간과 에너지가 필요하다. 예컨대, 한 학생의 글을 읽고 댓글을 단다면 최소 2-3분의 시간이 필요하다. 그런데 한 학급에 20명이라고 가정하면 1시간 온라인 수업 후 1시간 이상의 피드백 시간을 확보해야 하는데, 이는 현실적으로 쉽지 않다. 초등학교의 경우, 한 교사가 모든 과목을 가르쳐야 할 때 수업 준비 시간도 부족한 상태에서 수업 시간만큼의 별도의 피드백 시간을 확보하는 것은 거의 불가능하다. 마찬가지로 중고등학교의 경우, 한 교사가 자기 담당 과목을 수강하는 학생 수가 수백 명이 넘는 경우가 많은데, 이때 개별 맞춤형 피드백을 한다는 것 자체가 쉽지 않다. 그래도 일부 교사들은 열정적으로 세밀하게 피드백 활동을 하기도 했지만, 피드백 과정에서 너무 많은 시간과 에너지를 쏟아붓다 보니 결국 소진되어 나중에는 용두사미형 피드백 방식으로 그치게 되는 경우가 많았다.

　그러므로 온라인 수업에서 내실있는 피드백을 하려면 다음과 같은 현실적인 노력이 필요하다.

지속가능한 피드백 수준과 모형 개발

　학생 연령과 학습 의지와 수준, 해당 과목의 특성, 학습 주제와 성격, 수업 모형, 학생의 학습 유형, 교사의 교수유형 등에 따라 피드백 방법은 다양하다. 그래서 표준화된 온라인 피드백 모형을 개발하여 제시하는 것은 현실적으로 힘들다. 하지만 피드백의 기본 원칙은 존재한다. 그중의 하나가 지속가능한 피드백 방식을 견지해야 한다는 것이다. 세밀한 피드백 방식은 학습 효과가 높지만 교사의 피로도가 높아서 지속하기 힘들다. 출결만 확인하는 수준의 피드백 방식은 교사 입장에서는 편하지만, 학습 효과가 낮아서 문제가 된다. 결국 양극단 사이에서 절충점을 찾아야 한다. 교사 입장에서는 피로도가 높지 않아야 지속가능한 피드백을 할 수 있다. 학생 입장에서는 자기 학습 과제에 대한 피드백이 지속적으로 이루어져야 학습 효과를 유지할 수 있다. 예컨대, 패들렛에 기록한 학생의 글에 대한 피드백을 할 때 교사가 모든 학생들의 글을 읽고 댓글을 달아주려면 많은 시간과 에너지가 필요하다. 반대로 패들렛에 학생 글 탑재 여부만 확인하면 교사 입장에서는 간단하지만 반대로 학생들의 학습 효과가 낮다. 이러한 경우, 패들렛에 올린 학생 글을 읽고 교사가 서술형 댓글 대신에 평점이나 별점을 달아줄 수 있다. 글 내용이 좋으면 별 3개, 보통이면 별 2개, 보완이 필요하면 별 1개를 달아주는 것이다. 그렇다면 교사 입장에서는 시간과 에너지가 상대적으로 적게 들지만 학생 입장에서는 자기 글의 수준을 파악할 수 있기 때문에 학습 동기 유발을 어느 정도 가질 수 있다.

모든 수업시간에서 교사가 세밀하고 꼼꼼하게 피드백하는 것이 아니라 학습 주제와 학생들의 학습 상황에 따라 유연하게 피드백하는 것도 좋다. 즉, 세밀한 피드백이 필요한 수업인 경우에만 선택적으로 세밀한 피드백 방법을 사용하면 좋다. 그리고 수업 전이나 수업 후 피드백 방식보다 수업 중 피드백 비중을 늘려 진행해야 교사가 피드백에 대한 부담을 줄일 수 있다. 가급적 수업시간 안에 피드백 활동을 해야 교사가 어렵지 않게 지속가능한 피드백을 유지할 수 있다. 그러므로 교사가 수업을 디자인할 때 수업 중 피드백 시간을 포함하여 운영하는 것이 좋다.

동료 학생 상호 피드백 활용

피드백의 주체를 교사로 국한할 필요가 없다. 피드백의 궁극적인 목적은 학습 목표 도달이므로 이에 어긋나지 않게 피드백이 이루어지면 된다. 동료 학생들의 피드백은 효과적인 피드백 방법 중의 하나이다. 동료 학생 피드백을 활용하면 교사 입장에서도 피드백의 부담을 줄일 수 있는 현실적인 방법이 될 수 있다. 다만 동료 학생 피드백이 잘 이루어지려면 교실이 학습공동체로서 안전하고 상호 신뢰할 수 있는 공간으로 만들어야 한다. 다른 학생들의 실수를 지적하고 비난하는 것이 아니라 다른 학생들의 존재를 그대로 인정하고 격려하고 함께 공부하는 협력적 문화를 만들 수 있어야 한다. 이를 위해서는 동료 학생 피드백 방법을 구체적으로 알려주고, 다른 친구들에게 상처를 주지 않도록 안전장치를 만들어야 한다. 그리고 교사 피드백과 동료 학생 상호 피드백을 동시다발적으로 운영하는 것이 좋다.

피드백의 방식에 대한 약속

피드백은 가급적 수업시간 안에 이루어지는 것이 좋다. 수업 전이나 수업 후 피드백 시간이 많으면 교사 입장에서는 부담스러울 수밖에 없다. 그런데 콘텐츠 활용형 수업은 수업 중 피드백이 불가능하고, 과제수행형 수업은 수업 후 피드백 부담이 크다. 그에 비해 실시간 쌍방향형 수업은 수업 중 피드백을 하기가 좋다. 그러므로 실시간 쌍방향형 수업에서 수업 과정에서 충분한 피드백 시간을 확보하여 수업을 운영하는 것이 필요하다. '덜 가르치고, 더 많은 피드백을 제공하라'는 격언을 기억할 필요가 있다. 즉, 티칭을 줄이고, 피드백 시간을 늘리는 방식으로 접근하는 것이 필요하다. 그래서 지식의 양을 줄이고, 지식을 심화하거나 활용할 수 있는 방향으로 수업 디자인을 하는 것이 좋다.

온라인 수업에 있어서 피드백 방식에 대한 약속을 미리 학생들과 협의하여 약속을 정하여 운영하는 것이 필요하다. 실시간 쌍방향형 수업 시 수업 중 피드백의 방법, 과제수행형 수업 시 과제 제출 방법과 사후 피드백 방법, 동료 학생 피드백 방법 등에 대하여 구체적으로 약속하는 것이다. 즉, 실시간 쌍방향형 수업 시 질문이나 소감 등을 댓글로 기록하는 방법, 과제수행형 수업 시 댓글이나 SNS, 메일, 전화로 피드백하는 구체적인 방법과 규칙 등에 대하여 약속하는 것이다.

즉각적인 피드백

피드백을 할 때는 타이밍도 중요하다. 기본적으로 즉각적이고 구체적인 피드백을 해 주는 것이 좋다. 뒤늦게 피드백이 이루어지면 학습 리듬을 놓쳐 학습 동기 유발이나 문제해결에 있어서 한계가 있기 때문이다. 다만 기초 지식과 이해 등 저차원적 사고 능력에 대한 피드백은 즉각적이고 정답을 제시하는 피드백 방식이 좋고, 적용, 분석, 종합, 평가 등의 고차원적 사고 능력과 관련한 피드백은 즉각적이지만 시간적 여유를 가지고 생각할 수 있도록 해야 하고, 학생들이 해답을 스스로 찾아갈 수 있는 비계식 피드백으로 진행하면 좋다.

온라인 학습지 제작 시 피드백 기능 활용하기

온라인 학습지 앱을 살펴보면 피드백 기능이 대부분 탑재되어 있다. 이러한 피드백 기능을 적극적으로 활용하여 온라인 학습지를 제작하여 활용하면 교사의 피드백에 대한 부담감을 현실적으로 줄여준다. 구글 설문지의 경우, 설정에 들어가 퀴즈를 누르고 퀴즈로 만들기를 클릭하면 손쉽게 피드백 기능을 넣어서 학습지를 만들 수 있다. 퀴즈 옵션에 들어가 정답의 경우에만, 오답의 경우에만, 둘의 경우 모두 등에 따라 피드백 의견을 입력할 수 있고, 개별 피드백도 가능하다.

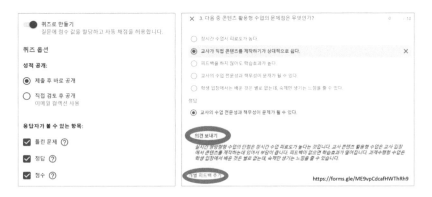

　제1부 3Key로 여는 배움 중심 온라인 수업

인공지능 기술을 활용한 개별 맞춤형 피드백 체제 구축

최근 민간교육기업을 중심으로 인공지능기술에 기반한 온라인 학습지 서비스가 이루어지고 있다. 예컨대, 학생이 수학 학습지 문제를 풀다가 모르는 문제를 스마트폰으로 촬영해 앱을 통해 보내면, 인공지능(AI)이 문제를 분석해 곧바로 같은 유형의 문제 풀이 영상을 보내준다. 인공지능기술을 통해 학생 개별 맞춤형 피드백이 이루어지고 있는 것이다.

교육부나 교육청에서 온라인학습플랫폼(LMS) 구축 시 인공지능 기술을 활용한 피드백 체제를 구축하면 좋을 것이다. 온라인 토의 토론 수업을 강조하는 미네르바 대학의 경우, 온라인 토론 참여 횟수와 태도에 대하여 모니터하고 피드백할 수 있는 피드백 체제를 온라인 학습플랫폼에서 구현할 수 있도록 하였다. 간단한 피드백은 인공지능 기술을 활용하여 수행할 수 있다면 교사들의 온라인 수업 부담을 줄이고 학생들의 학습 효과를 올리는 데 도움이 될 것이다.

3Key 관점에서 바라본 온라인 수업 유형 분석

교수 실재감

먼저 교수 실재감을 기준으로 온라인 수업 유형을 평가해보면 실시간 쌍방향형 〉 교사 콘텐츠 활용형 〉 외부 콘텐츠 활용형 〉 과제수행형 수업이 될 것이다. 그런데 교사 입장에서는 가장 손쉬운 온라인 수업 유형은 외부 콘텐츠 활용형 수업이나 피드백 활동이 없는 과제수행형 수업이다. 그러다보니 교사 입장에서는 사서 고생할 것인가, 편하게 수업을 할 것인가라는 딜레마 상황에 빠지기도 하였다.

학생 참여

학습심리학 측면에서 학습 효과가 높은 학습 행동은 듣기 〈 보면서 듣기 〈 말하기 〈 체험하기 〈 또래 가르치기 순서이다. 학생들의 참여 방식이 평면적인 접근보다 입체적 접근이 더 효과적이다. 이러한 학생 참여 정도에 따라 온라인 수업 유형을 평가하면 실시간 雙방향형, 과제수행형 〉 교사 콘텐츠 활용형, 외부 콘텐츠 활용형이 될 것이다.

피드백

피드백에 따라 온라인 수업 유형을 평가하면 실시간 雙방향형, 과제수행형 〉 교사 콘텐츠 활용형, 외부 콘텐츠 활용형이 될 것이다.

결국 학생 참여나 피드백이 없으면 가장 학습효과가 낮은 온라인 수업 유형은 과제수행형, 콘텐츠 활용형 수업이다. 그리고 실시간 雙방향형 수업이지만 강의식 수업으로만 진행하거나 학생들이 비디오 화면을 모두 꺼버린다면 콘텐츠 활용형 수업보다 학습효과가 낮을 것이다. 그러므로 온라인 수업 유형보다 더 중요한 것은 어떤 유형이든 간에 3Key가 얼마나 드러나고 있는가의 문제이다. 온라인 수업의 성공 여부는 '어떠한 유형과 도구를 사용했는가'가 아니라 학생의 배움이 어느 정도인지에 달려있다.

교육목표분류학체계학과 온라인 수업 유형

온라인 수업 유형을 블룸의 교육목표분류체계학에 따라 분석하면 다음과 같다.[18]

---

18) 앤더슨의 신목표분류체계학에서는 종합과 평가의 순서를 바꾸고, 종합 대신 창조로 대체하였다. 이러한 신목표분류체계학에 따라 온라인 수업 유형을 연결하여 설명할 수 있다.
유영식(2020), "수업 잘하는 교사는 루틴이 있다". 테크빌교육

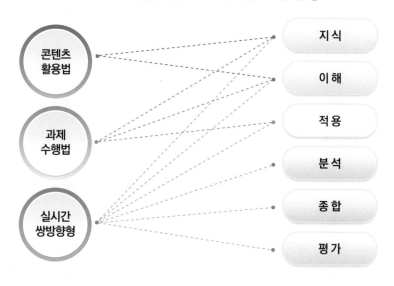

교육목표분류체계학과 온라인 수업 유형

콘텐츠 활용형 수업은 지식과 이해에 도움이 된다. 과제수행형 수업은 작용과 실천하기에 좋다. 실시간 쌍방향형 수업은 지식과 이해 뿐 아니라 적용, 분석, 종합, 평가 등 고차원적인 사고 역량을 기르는데 좋다.

현실적인 온라인 수업 모델 : 복합형 모델

3가지 온라인 수업 유형 중 가장 학습 효과가 높은 것은 실시간 쌍방향형 수업이라고 할 수 있다. 하지만 반복 재생 불가, 장시간 수업 시 피로감 등 실시간 쌍방향형 수업의 문제점도 있다. 그러므로 한 가지 유형만으로 수업을 진행하는 것보다 여러 가지 온라인 수업 유형을 복합적으로 결합하여 운영하는 것이 좋다.[19]

---

19) 교육부(2020.8.6), "2020학년도 2학기 학사운영 세부 지원방안"
   권정민(2020), "최고의 원격 수업 만들기", 사회평론아카데미

콘텐츠 활용형 + 과제수행형

교사의 강의 영상을 보고 나서 온라인 학습지를 통해 퀴즈 활동을 하는 것이다. 가장 일반적으로 많이 사용하는 방법이다. 영화나 유튜브 영상을 보고 소감문을 쓸 수 있다. 과제를 수행하는 방법, 즉 과정적인 지식을 콘텐츠 활용형으로 진행하고 나서 실제로 과제수행형으로 과제를 만들어갈 수 있다. 예컨대, 빵을 만드는 과정이 담긴 유튜브 영상을 보고 나서 실제로 학생들이 가정에 빵을 만들어 빵을 만드는 과정이나 결과물을 인증 사진이나 동영상으로 촬영하여 제출하는 것이다.

콘텐츠 활용형 + 실시간 쌍방향형

교사가 실시간 쌍방향형 수업으로 진행하면서 부분적으로 콘텐츠를 삽입하여 진행하는 것이다. 예컨대, 교사가 먼저 실시간 수업으로 학생들의 출결을 확인하고 학습목표를 제시한 다음 강의 영상이나 유튜브 영상 등을 중간에 보여주고, 이에 대하여 실시간 수업으로 질의응답 및 피드백 활동으로 마무리하는 것이다.

과제수행형 + 실시간 쌍방향형

독서를 미리 과제로 읽은 다음 실시간 쌍방향형 수업에서 토의토론 활동을 진행할 수 있다. 이와 반대로 실시간 쌍방향형 수업으로 수학 기본 개념을 익히고, 예제 문제를 풀이하고 나서, 과제수행형으로 수학 심화 문제를 풀이할 수 있도록 과제수행형 수업으로 연결할 수 있다.

실시간 쌍방향형 + 콘텐츠 활용형 + 과제수행형

3가지 유형을 모두 결합하여 운영할 수 있다. 예컨대, 교사가 출결 확인과 기본 개념 이해를 실시간 쌍방향형 수업으로 하고, 개념과 관련한 심화 내용의 사례를 유튜브 동영상(콘텐츠 활용형)을 보여주고 나서, 이번 학습 주제와 관련한 자기 생각을 패들렛이나 잼보드에 글로 기록하거나 온라인 학습지 문제들을 풀어볼 수 있도록 하는 것이다. 즉, 학습 주제와 특성에 따라 그에 맞는 온라인 수업 유형과 활동을 선택하여 운영하는 것이 좋다.

무엇보다 어떠한 수업 유형을 결합하여 운영하든지 간에 학습 효과를 올리려면 교수 실재감, 학생 참여, 피드백의 3Key를 반영할 수 있어야 한다. 그중에서도 특히 피드백이 잘 뒷받침되어야 한다.

← → **3Key로 여는 배움 중심 온라인 수업** ☆

제2장. 온라인 수업의 준비

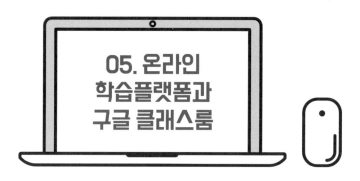

나만의 온라인 수업 철학을 세우자!

온라인 수업을 하다 보면 자연스럽게 생기는 생각이 있다. 대면 수업에 중요시했던 교사의 수업 철학이 그대로 온라인상에서 재현시켜보고자 고민하면서 노력을 하게 된다는 것이다. 대면 수업에서 협동학습을 열심히 실천하는 교사는 온라인 수업에서도 협동학습을 실천하려고 하지만 반대로 대면 수업에서 협동학습을 실천하지 않는 교사가 온라인 협동학습을 위해 노력하지는 않는다. '그렇다면 교사로서 나는 평소 수업에서 어떤 교수 방법에 초점을 맞추고 있고 어떠한 교육철학을 강조하고 있는가?'

교사마다 수업 철학이 다르겠지만 자기 수업철학을 세우는 데 있어서 학생의 배움 관점에서 다시 한번 성찰할 필요가 있다. 한번은 초등학교 4학년 학생들에게 "너희들이 생각하는 좋은 수업은 무엇이니?"라고 물어본 적이 있다. 학생들이 기록했었던 내용들 중 기억에 남는 몇 가지는 '핵심적인 내용들을 다루며 팀워크가 중요한 수업', '교훈을 남기면서 쉽게 설명해 주는 수업',

'웃음이 많이 있고 마음에 와닿는 수업', '법칙을 발견하는 수업' 등 초등학교 4학년이라고 말하기에는 상상을 뛰어넘는 교육학적 정의들이 많이 나오고 있었다. 이런 학생들을 보면서 교사인 나 자신이 가지고 있는 좋은 수업은 무엇인가를 고민하면서 필자(김대권)의 수업 철학을 정리했다. 그래서 나온 나름대로의 정의가 있다.

> "존중과 신뢰적인 관계를 바탕으로 진정한 교감과 다양한 촉진을 일으킬 수 있는 협력적 방법들이 적용되어 학생들뿐 아니라 교사의 삶 가운데도 긍정적인 변화를 줄 수 있음을 기대할 수 있게 해 주는 수업이다."

좋은 수업은 첫 번째 관계를 세우는 일이라고 생각한다. 교사와 학생 그리고 학생과 학생 간의 관계를 위해서 서로 존중하는 문화를 만들고 그 관계를 바탕으로 해서 상호작용을 뛰어넘는 감정의 나눔까지 가능한 진정한 교감을 할 수 있는 교실 그리고 다양한 촉진을 일으킬 수 있는 협력적인 방법들이 이 안에 녹아들면서 비단 오프라인뿐만 아니라 온라인상에서도 이 협력적인 방법들이 어떻게 높아지게 할 것인지를 고민하는 수업! 결국은 학생들만 바뀌는 게 아니라 교사의 삶도 긍정적으로 바뀌는 긍정적인 변화를 서로 기대하게 하는 수업이 좋은 수업이라고 생각한다. 이러한 바탕이 세워지니 온라인 수업에서도 좋은 수업에 대한 생각을 하나씩 녹아들게 하려는 노력들이 이어지고 있는 것을 알게 된다. 온라인 수업을 진행하는 교사들도 나에게 이것만큼은 꼭 놓치지 않겠다고 생각하는 핵심 원리를 가지고 들어갈 필요가 있겠다. 온라인 학습을 하면서 교사와 학생을 위해 꼭 필요하다고 생각하는 '온라인 학습의 4 원리'는 아래와 같다.

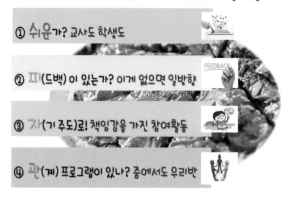

✓ **만들기 쉬운 피자인감(관)?**

① 쉬운가? 교사도 학생도

② 피(드백)이 있는가? 이게 없으면 일방향 FEEDBACK

③ 자(기 주도)로! 책임감을 가진 참여활동

④ 관(계) 프로그램이 있나? 줌에서도 우리반

피자를 연상하면서 "만들기 쉬운 피자인가?"를 외치면 4가지 원리가 나오게 된다.

쉬운가?

학생들에게 좋기는 한데 각 가정에서 부모의 도움 없이 온라인 수업을 못할 정도라면 부담감과 피로감이 늘 쌓이게 될 것이다. 교사에게 있어서도 수업용 콘텐츠를 만들기 위해서 몇 시간씩 걸린다면 쓰면 좋긴 하겠지만 결국은 다 포기하고 말게 된다. 학생에게도 교사에게도 온라인 교육이 쉽게 접근할 수 있고 쉽게 바로 그 자리에서 사용할 수 있어야 한다.

피드백이 있는가?

교사들이 학생들과 수업을 할 때 피드백이 없으면 전통적인 수업으로 갈 수밖에 없다. 그래서 이러한 일방향으로 가는 수업은 전통적인 수업을 단지 온라인 도구만 사용해서 시행되는 것이기 때문에 방 안에서 수업하는 학생들에게 또 다른 어려움을 주는 것이라 할 수 있다.

자기주도적으로 책임감을 가지고 할 수 있는 활동이 있는가?

학생들에게 TV를 보듯 수업하는 것이 아닌, 학습 내용과 관련된 할 일이 있어야 한다. 수업이 진행되는 동안 학생들 각자가 책임감을 가지고 수업을 함께 세워간다는 마음을 주면서 자기 주도적으로 채워가는 체험을 점차 증진시킬 필요가 있다.

관계 프로그램이 있는가?

온라인상에 있고 학생들은 방에서 수업하고 있지만 온라인상에서도 한 학급이고 하나의 공동체라는 것을 느끼게 해야 한다. 이를 위해서는 관계 세우기 활동이 필요하다. 관계를 위한 프로그램을 위해서 최소한 매 주 한 번은 시간을 만들 수 있어야 한다.

온라인 수업의 단계

온라인 수업 활용 역량을 기준으로 온라인 수업의 단계를 다음과 같이 나눌 수 있다.

기 본	중 급	고 급
기본적인 수업 진행 - 줌 기능 활용하기	쉬운 어플리케이션 적용 - 패들렛 - 띵커벨	깊이있는 어플리케이션 적용 - 구글 클래스 활용 - 라이브 워크시트

기본 단계

줌의 기본 기능만 충실히 이용해서 수업을 하는 단계를 기본 단계라고 할 수 있겠다. 채팅도 사용하고, 학생들에게 화이트보드도 한번 써보게 하고, 또 소그룹 회의도 하면서 기본적인 줌의 기능과 교사의 수업 PPT를 활용한 수업 진행을 할 수 있다.

중급 단계

사용하기 쉬운 어플리케이션을 1~2개를 접목시키면서 수업 진행을 하는 것을 중급 단계라고 할 수 있다. 많이 사용하고 있는 패들렛이나 띵커벨 등을 사용하면서 수업 진행 중에 학생들의 참여를 더 다양하게 하려는 노력을 시도한다고 볼 수 있다.

고급 단계

다양하고 다소 복잡한 어플리케이션을 적용하는 수업을 고급 단계라고 할 수 있겠다. 구글 클래스나 라이브 워크시트 등의 외국산 어플리케이션을 적용하는 것을 예로 들 수 있겠다.

무엇보다 온라인 학습에서 우리 교사들의 목표는 그래도 '중급반까지는 한 번 가 보자'라는 도전을 드리고 싶다. 기본적인 줌(zoom) 기능만으로 학생들의 참여를 줄 수 있으나 온라인 수업에서의 참신성과 조금 더 적극적인 참여를 위해서는 쉬운 어플리케이션 몇 가지는 적용해 보는 것을 추천한다.

온라인 수업의 문제점

온라인 학습을 하다보면 오프라인 수업과 마찬가지로 여러 가지 문제점을 발견하게 된다. 많은 학자들에 의해서도 밝혀지고 있는 교사들에게 다가오는 현장의 목소리를 들어보면 공감능력, 학력, 집중력 문제가 대표적이라고 할 수 있다.

공감 및 소통능력

온라인 수업의 문제점 첫 번째는 공감 능력에 대한 이슈이다. 뉴욕타임즈 2020년 4월에 나온 "왜 줌 수업이 끔찍한가?(Why zoom is terrible?)" 이라는 제목의 기사가 나온 적이 있다. 이 기사의 핵심은 지속적인 온라인 수업은 아이들의 공감 능력을 방해한다고 하는 것이다. 우리가 평상시 대화를 할 때는 미소를 짓거나 손을 움직이는 등의 비언어적인 소통이 차지하는 비율이 무려 55%나 차지한다. 하지만 온라인 수업의 경우는 어떠한가?

온라인 수업에서 학생들과 교사 모두 수업 시 가슴에서 머리까지만 보이는 것이 대부분이다. 최대의 단점은 상대방의 얼굴 근육의 움직임을 정확히 파악하기가 어렵다. 무엇보다 카메라의 해상도가 낮으면 더더욱 그렇다고 할 수 있다. 여기서 파생되는 상대방의 상태를 깊이 느끼지 못하는 것들이 이어지면서 대면 소통이 이어질 때 공감 능력이 방해된다고 하는 것이다. 학생들은 온라인 수업이 길어지면 길어질수록 상대방이 지금 어떤지에 대해서 생각을 못하거나 아니면 많은 오개념을 가지게 되고 그런 현상이 우리 교실에 현실로

다가올 수 있다는 것이다.

또 다른 기사는 내셔널 지오그래픽에서 나온 내용이다. 온라인 피로증후군 이라는 기사인데, 핵심은 온라인 수업을 계속할 경우, 학생들의 공감 능력뿐만 아니라 소통하는 능력에 문제가 생긴다고 말하고 있다. 상대방의 감정을 정확하게 파악하지 못하면서 대면 활동처럼 정확한 전달이 되는 소통을 하는데 어려움을 가지게 된다는 것이다.

인지신경학자인 매뉴얼 울프는 'READER, COME HOME' 이라는 책을 통해 "디지털 읽기를 계속할 경우 종이책을 읽을 때 구축된 뇌의 '깊이 읽기 회로'가 사라지고, 이에 따른 깊이 읽기의 결과물인 비판적 사고와 반성, 공감과 이해 등을 인류가 잃어버릴 수 있다"는 것을 증명해 보이기도 했다. 뇌의 가소성(可塑性) 때문에 한번 디지털 읽기에 최적화된 뇌 회로는 좀처럼 예전으로 돌아가려 하지 않는다는 것인데 앞으

로의 교실에서 고민해야 할 문제가 아닐 수 없겠다.

학력

온라인 수업을 장기간 실시한 교사들의 입에서 이구동성으로 토로하는 문제 중 하나는 학력의 격차가 심해진다는 것이다. MIT에서 나왔던 기사를 살펴보면 스마트폰 활용 수업을 진행한 학급의 읽기 점수 평균이 일반적인 대면 수업을 실시한 학교보다 평균점수가 14점이나 낮았다는 결과를 제시했다. 특히 대학생의 경우, 디지털 기기를 수업에 활용한 학생들의 시험 점수가 일관되게 떨어지는 것을 확인할 수 있었다. 높은 집중력과 깊은 이해와 치밀한 분석을 요구하는 내용을 디지털 매체로 전달하기에는 부적합하다는 것이다. 우리나라에서도 학력 저하 및 격차 문제가 사회적 문제로 대두되었다.

집중력

진학사에서 2020년 온라인 수업 시기에 학생들을 대상으로 해서 설문조사를 한 적이 있다. 온라인 개학 이후 고등학생들의 50% 이상은 온라인 수업 자체에 대해 부정적인 답변을 했다. 가장 첫 번째 이유로 집중이 제대로 되지 않는다는 것이었다. 교사들 입장에서는 특히나 온라인상에서의 집중을 위해서 어떤 노력을 해야 하는지 고민이 필요하다. 가정에서 온라인 수업에 참여하려고 할 때 가족들, 주변 환경, 전자파 등의 집중을 못하게 하는 요소들이 너무 많다. 하루종일 9시부터 3시까지 쉬지 않고 온라인 수업을 참여한다고 할 때 육체적인 피로감 정신적인 스트레스가 상당할 것이다.

온라인 수업의 문제점 극복 방안

공감능력 세우기

온라인 수업에서의 공감능력 증진을 위해서는 무엇보다 학생들 자신이 자신의 마음 속 감정을 충분히 나눌 수 있는 대상과 시간이 필요하다. 교사들은 온라인으로 수업만 하는지, 아니면 학생들 한 명 한 명의 감정 상태가 어떠한지를 파악하면서 수업을 진행하는지 성찰할 필요가 있다. 1교시 수업하기 전 학생들이 온라인 수업을 대기하고 있을 때 자신의 감정을 동시다발적으로 나눌 수 있는 장을 마련할 필요가 있다. 교사뿐만 아니라 다른 친구들도 나에 대한 정보를 파악할 수 있게 하면서 소통의 작은 장을 열어주는 것이 학급 운영 측면에서도 큰 도움이 된다. 감정에 대한 나눔뿐 아니라 욕구 나눔까지 이어지면 좋지만 시간적으로 어렵다면 감정 나눔만큼은 진행하면 좋다.

『훌륭한 교사는 무엇이 다른가?』의 저자 토드 휘태커는 '먼저 마음을 얻어라, 그 다음에 가르쳐라.'라고 언급하면서 지시와 훈육으로 아이들의 문제행동을 고치려고 노력하기 전에 먼저 마음을 얻어야 함을 강조했다. 또한, 학생들은 교사가 신뢰할 만한 사람이라는 믿음을 가진 후에야 자신이 좋아하는 교사의 모습을 본받으려 노력을 하게 된다. 학생들의 감정이 표출되는 순간마다 교사가 어떻게 그것에 대해 대처하는지 그 모습과 태도는 무의식 중에 자연스럽게 학급 운영 시스템 가운데 자리 잡게 되는 것이다. 이러한 공감 수업은 학습적인 부분을 다루는 것보다 우선되어야 할 부분이라고 할 수 있다.

학력 보완하기

우선 학력 문제와 관련해서는 온라인 수업과 대면 수업이 똑같지 않기 때문에 어느 정도의 한계를 인정할 필요가 있다. 다만 조금이라도 학력 격차를 줄이기 위해서 우리가 할 수 있는 최선의 노력이 필요하다. 학력 문제를 해결하는 데 있어서 핵심은 피드백이라고 생각한다. 온라인 수업 상황에서 체계적인 피드백 체제를 구축하여 운영하는 것이 필요하다. 학력을 보완하기 위한 방법 중의 하나는 수업 이후 형성 평가를 실시하고 그에 맞는 피드백을 하는 것이다. 특히 교육용 앱 중에서 구글 설문지, 카훗 게임, 퀴즈앤, 띵커벨, 멘티미터 등의 다양한 프로그램들을 교사 개인의 선호도에 맞게 적절히 사용하면 좋겠다.

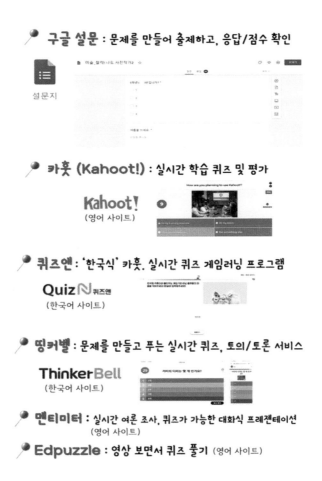

📌 **구글 설문** : 문제를 만들어 출제하고, 응답/점수 확인

설문지

📌 **카훗 (Kahoot!)** : 실시간 학습 퀴즈 및 평가

Kahoot!
(영어 사이트)

📌 **퀴즈앤** : '한국식' 카훗. 실시간 퀴즈 게임러닝 프로그램

Quiz N 퀴즈앤
(한국어 사이트)

📌 **띵커벨** : 문제를 만들고 푸는 실시간 퀴즈, 토의/토론 서비스

ThinkerBell
(한국어 사이트)

📌 **멘티미터** : 실시간 여론 조사, 퀴즈가 가능한 대화식 프레젠테이션
(영어 사이트)

📌 **Edpuzzle** : 영상 보면서 퀴즈 풀기 (영어 사이트)

무엇보다도 학생들의 학력을 알아보는데 제작 및 분석에 시간이 많이 걸리는 프로그램보다는 한글 워드에서 작성한 문제 그대로를 쉽게 옮기는 것이 가능하고, 실시간으로 링크만 올리면 학생들이 쉽게 문제를 풀고, 풀이에 대한 분석을 바로 해주는 어플리케이션을 활용하면 좋겠다.

집중력

① 오감 자극하기

시각·촉각·청각 한 번에 사용해야 기억력을 향상시키는 데 도움이 된다. 온라인 강의를 들을 때는 주로 청각과 시각적인 자극을 사용하기 때문에 학습된 정보가 장기기억으로 넘어가기 어려워진다. 대면 수업은 교실에서 시각뿐 아니라 다양한 감각을 자극시키는 참여수업이나 활동 수업을 진행할 수 있지만, 온라인 수업은 그 한계가 있다. 그러므로 온라인 수업 시 다양한 감각을 활용할 수 있도록 학생 참여를 유도하는 노력이 필요하다.

② 노트 필기나 메모하기

평상시 수업을 할 때 노트 필기하는 습관을 갖게 하거나 최소한 학습지를 별도로 만들어 정리를 도와주는 경우가 많다. 노트 필기는 온라인 수업 시 간과하기 쉬운 것 중 하나인데, 노트 필기는 지식습득과 이해력 향상뿐 아니라 고차원적 사고를 체계적으로 세워주는데 도움이 된다. 코넬 노트법, 비주얼 싱킹, 마인드맵 등 다양한 노트 필기 방법을 온라인 수업에서도 활용할 수 있도록 하는 것이 좋다.

③ 다양한 표현

교사들이 온라인 수업 시 채팅창이나 소회의실 기능 등 일정 기능만 사용하는 경우가 많다. 하지만 온라인 수업에서 아날로그 형식의 표현 방법이 오히려 학생들의 오감을 자극하는 데 도움이 된다. 때로는 발표도 하게 하고, 손을 들어보게도 하고, 보드판에 글을 써 보게도 하면서 다양하게 표현을 할 수 있도록 해주는 것이 좋다.

④ 관엽식물을 모니터 앞에 두기

실시간 쌍방향형 수업 중 전자파의 노출은 장기간 지속되는 아이들의 건강에도 문제가 되는 것이 사실이다. 특별히 관엽식물이 전자파를 없애는데 도움이 된다는 연구 결과가 있다. 모니터와 학생과의 거리를 유지하도록 지도하면서 관엽식물을 책상 위에 올려놓는 것을 제안하는 것도 좋다.

⑤ 체조하기

매일 온라인 수업 중에 아주 간단한 체조는 학생들의 긴장 완화와 스트레스를 푸는 데 도움이 된다. 이를 위해 교사의 수업 중간에 수업 PPT 안에 체조하기 장면을 넣어서 집중력 향상에 도움이 될 수 있도록 해보는 것도 좋다. 인터넷에 gif 파일 형식의 간단한 스트레칭 파일이나 유튜브상의 간단한 체조 영상을 틀어 줘도 될 것이다.

⑥ 5분에 한 번 피드백하거나 오감을 자극하기 (5분에 한 번)

학생이 동영상에 집중하는 시간은 30초에 불과하다고 한다. 그러므로 대면 수업에서 칠판에 판서를 하며 수업을 하듯이 온라인 수업에서도 교사가 주어진 PPT의 글만 띄워 놓는 것이 아니라 펜으로 글자를 써 주는 것도 학생들의 시각을 더 자극시키며 집중력에 도움이 된다는 연구가 있다. 5분 정도마다 한 번씩 오감 중 하나의 자극을 주어 활동을 하거나 표현을 할 수 있는 수업을 진행하면 좋다. 자칫하면 피곤함으로 채워질 수 있는 수업이 5분 마다 자극을 하여 학생들의 잠을 깰 수 있게 할 것이다.

⑦ 대면 수업시간보다는 짧은 수업

우리나라의 경우, 초등학교는 40분, 중학교는 45분, 고등학교는 50분 정도 진행하고 쉬는 시간 10분을 갖고 있다. 그런데 경험적으로 볼 때, 대면수업보다 시간을 운영하는 것이 학생과 교사 모두에게 오히려 더 효과가 높았다. 교육과정 개정 시 온라인 수업에 맞는 시간 조정도 필요하다고 생각한다.

온라인 수업을 위한 학생 준비

효과적인 온라인 수업을 위해서 학생들이 함께 준비해야 할 부분들도 있다. 학생들은 학습 계획을 검토해야 한다. 가령 온라인 수업을 들을 때 집에서 혹은 특별한 공간에서 참여할지 생각해야 한다. 본인의 시간표에 따라 어떤 수업을 어떤 시간에 참여할지 결정하는 과정도 필요하다. 어떻게 배울지를 교사와 함께 상의할 수 있다면 더욱 좋을 것이다. 교사는 학생들에게 이런 것들을 자세하게 안내해야 하고 학생들이 어디서, 언제, 어떻게 참여할지 결정한 바를 알려달라고 요청해야 한다.

구체적인 수업 준비 단계에서는 교사가 미리 공지한 실시간 쌍방향 수업을 위한 어플이 자신이 사용하는 스마트 기기와 호환되는지 여부를 확인하거나, 수업에서 사용할 소프트웨어가 잘 세팅되어 있는지도 미리 체크할 필요가 있겠다.

온라인 수업을 위한 학부모 준비

온라인 수업을 위한 생활 규칙을 만들기

　온라인 수업을 위한 생활 규칙을 가정에서 만들 필요가 있다. 수업 규칙은 교사의 주도하에 운영되겠지만 나머지 생활 영역으로 학부모가 신경을 써야 한다. 규칙적인 생활 리듬을 유지하기 위해 자녀와 함께 온라인 생활규칙을 함께 만들어 운영하면 좋다. 특히 장시간 게임을 하는 것을 금지하거나 학습 이외 사이트에 접속하지 않도록 통제하는 것이 필요하다. 실시간 쌍방향형 수업 시 비디오를 끄지 않고 참여하지 않도록 관리하는 것도 필요하다. 그리고 콘텐츠 활용형 수업 시 자녀의 학습 진도율을 정기적으로 확인하는 것도 필요하다. 과제수행형 수업 시 과제 수행 정도를 확인하고 도와주면 좋다.

온라인 수업을 위한 공부방 및 환경 만들기

　사람은 환경에 영향을 받는다. 최적화된 공간에서 온라인 수업에 참여할 수 있도록 공간을 정비할 필요가 있다. 자기 방 내지 별도의 공간을 정해 최적화된 학습 공간을 꾸미는 노력이 필요하다. 스마트폰 대신 노트북으로 온라인 수업 참여를 할 수 있도록 지원하는 것도 필요하다. 실시간 쌍방향형 수업을 원활하게 운영하기 위해서는 최신형 학습 노트북을 마련해 주어야 한다. 줌, 패들렛 등 기본적으로 많이 활용되는 교육용 앱을 자녀들이 잘 활용할 수 있도록 도울 수 있어야 한다.

온라인 수업을 위한 학습코칭을 시도하기

　자녀의 학습동기를 점검하고 공부 철학을 세울 수 있어야 한다. 공부가 사회적 성공 도구가 아니라 자아실현과 사회에 기여할 수 있는 도구라는 것을 자녀에게 인식시킬 수 있어야 한다. 그리고 자녀의 학습 진도율을 확인하고, 과제수행형 수업 시 학습과제 완성 정도를 확인하여 도울 수 있어야 한다. 가정에서 온라인 학습을 효과적으로 하기 위해서는 시간 관리가 매우 중요하다. 자녀와 함께 학습플래너를 작성하여 학습플래너 내용과 실제 생활을 비교하여 점검하면 좋다. 하루 일정이 마무리되고 수업 내용에 대하여 알게 된 것, 이해가 잘 되지 않는 것, 더 알고 싶은 것 등을 배움일지로 기록하도록 하는 것도 좋다.

자녀와 대화하는 시간을 정기적으로 가지기

온라인 수업기간 동안 학부모와 자녀가 함께 할 수 있는 시간이 길다. 학습 관리에만 집중하다 보면 부모와 자녀와의 관계가 깨질 수 있다. 그러므로 촛불 가족 대화 모임 등 가족 간 대화시간을 정기적으로 가지는 노력이 필요하다.

이러한 온라인 수업 시 학부모 준비 사항을 잘 정리하여 학기 초 교사가 학부모들에게 안내해주면 좋을 것이다. 교사와 학부모 사이의 좋은 관계가 형성되어야 온라인 수업도 잘 진행될 수 있다.

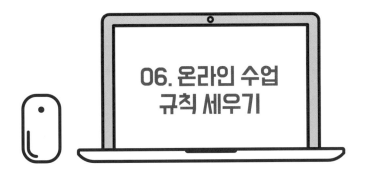

온라인 수업에서도 수업 규칙이 필요할까?

효과적인 교실 관리의 가장 효과적인 것 중의 하나는 교실 규칙을 만드는 것이다. 학생들에게 교실 생활과 수업에서 필요한 것들을 알려주고, 교실이 안전하고 예측 가능한 공간이 될 수 있도록 해야 한다.

온라인 수업 환경에서도 마찬가지로 온라인 수업 규칙이 중요하다. 예컨대, 실시간 비디오 화면을 꺼버리거나 콘텐츠 활용형 수업 시 수강하지 않거나 과제수행형 수업 시 과제를 제대로 제출하지 않으면 학습 효과를 거둘 수 없다.

교사는 학급 규칙과 규칙을 잘 지키거나 지키지 않았을 때의 과정(절차)을 모두 사용해야 한다. 규칙과 절차의 수와 종류는 수업마다, 그리고 학년마다 다르지만, 학생들이 서로를 대하는 방법, 수업할 때의 최소한의 예의, 그리고 수업에서 말하는 방법 등 모든 학년에게 적용될 수 있는 규칙과 절차가 있기 마련이다.

온라인 수업 규칙을 만드는 데 있어서 가장 중요한 것은 교사가 학생들에게 규칙을 만들어서 전달하는 것이 아닌 학생들 스스로가 규칙을 세우는 데 참여하게 하고, 의견을 나누는 과정을 충분히 갖게 하는 것이다.

'훌륭한 교사는 문제를 처리하지 않고 오히려 방지한다.'(스탠리 손스, 1998). 기본적인 온라인 수업 규칙은 온라인 수업의 질서를 위해 기본적으로 필요한 것이다. 규칙을 세울 때 아래 5가지 원칙을 지키면 좋겠다.

1. 이 규칙들이 각자의 책임과 연관됨을 알게 한다.
2. 규칙을 지키겠다는 헌신이 요구된다.
3. 서로의 합의로 만든 규칙을 세워본다.
4. 규칙은 복잡하지 않고 간단해야 한다.
5. 존중이 가장 기본적인 방향이다.

지켜야 할 온라인 수업 규칙 샘플

온라인 수업에서의 규칙은 크게 수업 전 크게 규칙, 수업 중 규칙, 기타 규칙으로 나눌 수 있겠다. 규칙을 만들 때 조심해야 할 것은 온라인 수업을 하기도 전에 미리 만들어서 배포하는 것보다는 온라인 수업을 한 두 번 하고 나서 수업 전, 수업 중, 수업 후를 통해 교사들과 학생들이 요청하고 싶거나 불편했던 점들을 생각하고 있는 시점에서 나눔이 이루어지게 하는 것이다.

제1부 3Key로 여는 배움 중심 온라인 수업

[수업 전 규칙]

등교 때와 같이 일어나서 준비하기

온라인 학습을 하면서 집이기 때문에 늦잠을 자거나 세수도 하지 않은 상태에서 부모님 등에 밀려 겨우 들어오는 아이들을 발견하게 된다. 등교 수업과 똑같은 분위기를 만들어주는 것을 부모님께도 말씀을 드려야 하며 일어나자마자 접속하는 것이 아니라 미리 일어나서 준비를 해야 한다는 것을 약속으로 정할 필요가 있다. 이 부분은 부모님께도 분명히 전달되어야 할 내용이다.

책상 주변 정리하기

온라인 수업에서 아이들의 모습에는 사실 각자의 집 안이 보인다. 한 번은 러닝셔츠만 입고 있는 아빠의 모습이 다른 아이들에게 노출된 적도 있고, 정리되지 않은 옷들이 보인 적도 있다. 접속하기 전에 카메라를 쭉 봤을 때 내 모습이 어떤지 미리 확인하는 여유를 갖도록 하는 게 좋다.

단정하게 옷 입기

학교에 가는 것처럼 똑같이 지금 상황에서 수업에 참여하고 있다는 것을 지속적으로 상기시킬 필요가 있다. 세수도 하고 교복이 있으면 교복도 입을 수 있는 것을 권장한다. 교사의 복장 역시 아이들에게 노출되기 때문에 신경을 쓰는 것이 좋겠다.

과거 온라인 수업을 하고 난 후 아이들에게 '온라인 수업에서 어른들은 모르는 나만의 비밀'이라는 글을 쓰게 한 적이 있다. 재미있게도 그 글 가운데 바지를 입지 않고 수업을 한 적이 있다고 한 학생이 있었다. 문제는 이 학생이 준비물을 가져오라고 할 때 바로 일어나서 노출될뻔한 적이 있었다는 것이다.

집중할 수 있는 장소 찾기

수업이 진행될 때 거실에 있는 모니터 앞에 있는 학생들도 꽤 있다. 왜냐하면 부모님의 요청 사항 때문에 그렇다. 우리집 아이가 너무 집중을 하지 않는 것 같다고 느끼는 부모님은 거실에서 수업 장면을 모니터하시려는 분들이 있게 마련이다. 하지만 공부에 집중할 수 있는 장소를 꼭 만들어놓고 온라인 수업을 참여할 수 있도록 해주는 것이 필요하다.

바른자세로

학생들 중에 온라인 수업 도중 턱을 괴고 있거나 아니면 옆으로 누워서 수업에 참여하는 학생들이 의외로 많다. 온라인 수업도 '선생님이 준비한 수업'이기 때문에 절대로 눕거나 엎드려서 참여하지 않음을 상기시켜야 한다. 일례로 어떤 여학생의 경우 자기 침대 옆에 누워 수업을 듣기도 했다. 이럴 때 교사는 수업의 규칙을 다시금 명확히 함으로써 학생들이 온라인 수업도 대면 수업과 똑같은 마음가짐으로 들어야 한다는 메시지를 지속적으로 전할 필요가 있다.

수업시간 지키기

교사가 안내한 시간 5-10분 전에는 미리 접속할 수 있도록 최소한 몇 분 전에는 온라인 수업에 들어올 수 있도록 한다. 수업시간이 되면 겨우 접속하는 학생들도 있다. 보통 학생들이 늦게 들어올 경우, 교사는 무슨 일이 있는지 반드시 연락을 해야 하는 일이 생기게 마련이다. 부모님과도 깊이 이야기되어야 할 규칙이라고 할 수 있다. 늦게 들어올 경우, 선생님과 친구들이 기다려야 된다. 공동체의 일원으로 배려하는 학급 문화를 위해서도 필요한 규칙이다.

[수업 중 규칙]

접속 시 음소거

온라인 수업 초기에는 수업이 시작되자마자 부모님에게 혼나는 소리, 아파트 안내 방송, 집 전화 소리 등 많은 소리를 경험한 적이 있다. 온라인 수업에 접속한 뒤에는 음소거 버튼을 눌러서 오디오 크기가 되는 것을 꼭 확인해야지 된다. 이는 학생들보다는 교사가 음소거 버튼을 눌러 통제하는 것이 좋겠다고 할 수 있다.

얼굴 보이기

초등학교 고학년 이상인 경우, 자꾸 자신들의 얼굴을 가리려 하는 경향성이 있다. 또한, 일부러 머리카락만 보이게 하거나 천장을 보이게 하는 경우도 있다. 그 이유는 노트북의 웹캠이 학생 입장에서는 일종의 CCTV처럼 느껴지기 때문이다. 일부 학생들은 태블릿 PC로 접속할 때 자기도 모르게 비디오가 자동으로 꺼지는 현상이 발생되기도 한다. 부득이한 경우를 제외하고는 비디오를 켜 놓고 수업을 해야 하는 것이 기본적인 예절임을 가르쳐 줄 필요가 있겠다. 가슴에서 얼굴까지 보이도록 약속을 정하는 것이 필요하다.

동영상 보거나 게임하지 않기

온라인 수업 도중에 컴퓨터 이중 화면을 켜서 다른 사이트에 들어가 유튜브나 게임을 틀어놓고 동시다발적인 수업을 하는 학생들이 있다. 컴퓨터 웹캠 사각지대에서 스마트폰으로 딴 짓을 하는 경우도 있다. 이러한 문제를 해결할 수 있는 방법 중의 하나는 교사가 수시로 질문을 하거나 학생들에게 다양한 학습 활동을 통해 참여를 유도하는 것이다. 채팅창에 글도 남기고, 발표도 하고, 보드판에 남기기도 해서 딴짓을 하기 힘들게 만드는 것이 좋다.

고운 말 바른 말

바르고 고운 말 그리고 표준어를 사용할 수 있도록 아이들과 함께 약속을 한다. 특별히 채팅창에 글을 남길 때 보면 가끔은 안 좋은 말을 쓰거나 상대의 기분을 나쁘게 하는 말, 그리고 비속어를 남발하는 학생들도 있다. 온라인상에서의 생활 지도 및 학교폭력과도 연결되는 부분이기 때문에 이를 어기게 되면 별도의 생활 지도를 하도록 해야 한다.

함부로 사진을 다른 곳에 올리지 않아요.

온라인 수업의 영상이나 교사가 수업하는 장면을 캡처하거나 몰래 녹화를 시도하는 학생과 학부모들도 있다. 이러한 행동은 명백한 초상권과 저작권을 침해하는 행동임을 지도해야 한다.

언제든지 질문하기

궁금한 것이 발견되었을 때는 언제든지 손들기 기능을 활용하여 표시할 수도 있고, 별도의 표지판을 사용할 수도 있다. 내성적인 학생들은 온라인상에서의 공개적인 질문을 부담스럽게 생각하는 경우도 있기에 수업 후 남아서 별도의 질문을 받거나 채팅창에 질문을 올려놓도록 하는 것이 좋다.

친구들끼리의 개별 채팅 금지

수업시간에 채팅창을 열어 놓을 경우, 친구에게 개별적인 메시지나 부정적인 말을 통해 문제가 발생하기도 한다. 교사가 처음부터 끝까지 채팅방을 계

속 열어 놓은 경우, 학생 간 개인 메시지를 보내 문제가 될 수 있다. 그러므로 채팅이 필요할 때만 열어 놓는 것을 권장한다.

[기타 약속]
교사의 유튜브 링크 노출 최소화 및 학생들의 수업 링크 공유하지 않기

콘텐츠 활용형 수업에서 유튜브 영상을 사용할 때 다른 영상들이 추천 영상이 뜨거나 광고가 연결되어서 문제가 되는 경우가 있다. 그러므로 수업 영상 링크 주소만 올려주는 것보다 PPT 안에 직접 영상을 넣어 줘서 보여주는 게 훨씬 효과적이다. 부모에게 도움을 요청해서 예방 프로그램을 깔아 놓아서 불필요한 영상에 접속하지 않도록 노력하는 것도 좋다.

또한, 우리 반 수업 링크나 회의 아이디를 다른 사람에게 공유하면 안 된다. 가끔 엉뚱한 사람들이 수업에 들어오기도 하는데, 이는 게시판을 통해 학생들에게 안내된 링크나 수업 아이디와 패스워드가 노출된 것이다. 이런 일이 생기지 않도록 약속을 미리 정해 놓을 필요가 있다.

즐겁게 참여합시다.

모두가 즐겁게 참여하도록 하도록 유도하면 좋다. 온라인 수업에서 좋은 분위기를 유지하기 위해서는 교사가 먼저 긍정적인 에너지, 얼굴 표정, 목소리 톤을 가지고 수업에 임하는 노력이 필요하다.

[별무리고교 실시간 쌍방향형 온라인(ZOOM) 수업 규칙 사례]

· 학생이 수업에 참여하지 않았을 경우, 수업시간에 학생에게 연락하지 않고, 교사는 수업에 참여하지 않은 학생의 상황을 연락 담당자에게 전달한다. 담당자는 출결 사항에 등록하고 부모에게 통보한다.
· 학생들은 반드시 수업 시작 전에 해당 수업 링크를 접속한다.
· 마이크와 영상을 이용하여 수업을 방해하거나 수업 중간에 퇴장하지 않도록 한다.
· 계정에 40분 제한 시간이 있을 경우, 40분 이전에 재접속을 하도록 한다.
· 온라인 수업 시수를 40분으로 하고, 반드시 쉬는 시간을 가진다.

학생들과 함께 만드는 온라인 수업 규칙

교사가 일방적인 규칙을 제시하면 일부 학생들은 그 규칙에 대하여 반발하거나 소극적인 저항을 할 수 있다. 학급긍정훈육법에서는 질문을 통해 학생들과 함께 수업 규칙을 만들 것을 제안하고 있다. 온라인 수업에서 문제가 되는 상황들을 질문으로 만들어 학생의 의견을 학습지로 기록하여 이를 모아서 논의하면서 온라인 수업 규칙들을 만들면 좋다.

[수업규칙을 위한 질문 사례]

· 실시간 쌍방향형 수업 시 비디오를 끄는 경우는 어떻게 할까?

· 콘텐츠 활용형 수업 시 주어진 기간 안에 접속하지 못한 경우는 어떻게 할까?

· 과제수행형 수업 시 과제 제출을 하지 않거나 늦게 제출한 경우는 어떻게 할까?

· 온라인 수업 시 다른 학생에게 피해를 주는 행동을 하거나 딴짓하는 경우는 어떻게 할까? 등

방법1 1단계 : 학습지에 우리 반 온라인 수업 규칙 작성해 보기

2단계 : 소회의실에 들어가서 우리 반에 필요한 규칙 나눔 갖기

3단계 : 정리하기

방법2 1단계 : 교사는 수업 전, 수업 중, 기타 규칙이라는 PPT 틀을 만들어 놓기

2단계 : 주석 작성에 생각하고 있는 규칙 입력하기

3단계 : 정리하기

출결과 관련된 사항은 학교 차원에서 동료 교사들과 함께 논의하여 온라인 수업을 위한 기본 규칙을 정하는 것도 필요하다. 왜냐하면 중고등학교의 경우, 교사마다 수업 규칙이 다르거나 수업 규칙에서 요구하는 수준과 방식이 다르면 학생 입장에서는 혼란을 경험하거나 형평성 문제를 제기할 수 있기 때문이다.

수업 규칙 만들기는 좋은 울타리를 만들어서 안전하게 보호받는 수업과 학

급을 만들고자 하는 데 그 목적이 있다. 질서 세우기 활동과 함께 관계 세우기 활동을 통해 좋은 관계 안에서 질서를 세울 수 있도록 해야 한다. 학급 규칙이 만들어졌을 경우, 학부모들과도 공유가 이루어질 수 있도록 해야 한다.

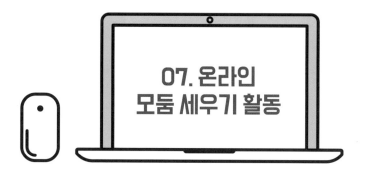

07. 온라인 모둠 세우기 활동

관계 세우기 활동이란?

온라인 수업에서도 대면 수업과 마찬가지로 교사와 학생, 학생과 학생 사이의 관계를 잘 세워나가는 노력이 필요하다. 온라인 수업이든 대면 수업이든 상관없이 관계의 바탕 위에서 배움이 이루어지기 때문이다. 특히 온라인 협동학습의 경우, 관계 세우기 활동을 매우 중요하게 생각한다. 예컨대, 줌(zoom)의 소회의실 등을 활용하여 실시간 쌍방향형 수업에서 모둠을 구성하고, 모둠 안에서 토의할 수 있도록 하는 것이 기능적으로는 그리 어렵지 않다. 모둠을 구성하여 소회의실 공간에 배치가 되었다고 학생들끼리 자연스럽게 토의토론이 이루어지는 것은 아니다. 모둠원 간의 친밀성과 공동체의식을 공유해야만 온라인 모둠 활동이 잘 이루어질 수 있다. 관계 세우기 활동은 모둠 단위의 정체성과 친밀성을 세우는 모둠 세우기 활동(Team-Building)과 학급 단위의 정체성과 친밀성을 세우는 학급 세우기 활동(Class-Building)이 있다.[1]

관계 세우기 활동들은 놀이 활동과 대화 활동으로 구분될 수 있다. 대개 남

---

1) 케이건(2001), "협동학습", 디모데

학생들은 놀이를 통해서 친해지기 쉽고, 여학생들은 대화 활동을 통해 친해지기 쉽다. 그래서 관계 세우기 활동은 놀이와 대화 활동을 적절하게 섞어서 교실에서 활용하면 좋다.

관계 세우기 활동을 할 때 다음과 같은 원칙들을 고려하여 진행하면 좋다.

관계 세우기 활동은 정기적으로 실시하면 좋다.

학기 초 1, 2번 정도 실시하거나 모둠 구성 직후에만 하는 것이 아니라 1주일에 1-2번 정도 정기적으로 실시하면 좋다. 관계 세우기 활동은 5분 내지 10분 정도 짧은 시간이라도 의도적으로 시간을 배정하여 실시하면 좋다.

밝고 재미있는 분위기로 진행하면 좋다.

다른 사람들에 대하여 배려와 존중을 하면서 즐겁게 진행될 수 있으면 좋다. 다른 사람을 비하하거나 짓궂은 장난으로 흐르지 않도록 해야 한다.

쉬운 주제와 내용으로 진행한다.

너무 어렵거나 진행하기 복잡하면 학생들이 흥미를 잃어버릴 수 있다. 모든 학생들이 손쉽게 참여할 수 있도록 배려하는 노력이 필요하다.

가급적 모두가 승(Win))-승(Win) 할 수 있는 게임을 활용하면 좋다.

부분적으로 경쟁 요소를 사용할 수는 있지만, 경쟁이 너무 지나쳐서 모둠 간 관계가 틀어지지 않도록 해야 한다. 가급적 모두가 승-승할 수 있는 방향으로 진행하면 더욱 좋다.

온라인 수업에서는 관계 세우기 활동이 대면 수업보다 더 중요하다. 왜냐하면 온라인 매체를 통해 간접적으로 친구들을 만나기 때문에 의도적으로 서로의 존재감을 확인하고 관계를 세워가야 온라인 수업 안에서 사회적 상호작용이 원활하게 진행될 수 있기 때문이다.

모둠 세우기 활동

모둠을 구성할 때는 동질 집단보다는 이질 집단으로 구성하면 좋다. 친한 학생들끼리 모둠을 구성하다 보면 성적이 비슷하거나 성향이 비슷한 학생들끼리 모이기 쉽다. 성적이 비슷한 학생들끼리 모둠을 구성하면 모둠 간의 학습 격차가 벌어지기 때문에 교사가 모둠 관리하기가 힘들 뿐 아니라 성적이 낮은 학생들끼리 모둠을 구성한 경우, 또래 가르치기 효과를 거두기 힘들다. 성향이 비슷한 학생들끼리 모여서 내성적인 학생들끼리 모둠 구성이 이루어지면 모둠 활동 자체가 잘 진행되지 못할 수 있다. 동성 친구끼리 모둠을 구성하면 남학생들로만 구성된 모둠이 여학생들로만 구성된 모둠에 비해 모둠 활동이 잘 진행되지 못하기도 하다. 그래서 모둠 구성 시 성적, 성격, 성별, 인종 등 다양한 학생들끼리 모둠을 구성하면 좋다. 모둠 구성 시 4인 1모둠이 좋다. 3인이나 5인이면 짝 활동시 애매한 경우가 생길 수 있고, 6인 이상이면 모둠 내 무임승차자나 일벌레 학생이 나오기 쉽다.

그런데 이질 집단으로 모둠 구성이 이루어지면 쉽게 말해 친하지 않은 학생들끼리 모둠 구성이 이루어진다. 이러한 상태에서 모둠 학습 과제로 진행되면 서로 서먹한 상태에서 모둠 과제 활동 자체가 잘 이루어지지 못하게 된다. 그래서 모둠 세우기 활동은 매우 중요하다.

모둠 세우기 활동의 목적은 다음과 같다.

· 모둠원 간 친해지기

· 모둠 정체성 세우기

· 협동하려는 의지 심기

· 서로 도와주기

· 개인차 인정 및 존중하기

· 즐거움 공유

모둠원 간에 친해지고 공동체 의식이 생기면 서로 협동하려는 마음과 의지를 가질 수 있고, 개인차를 인정하고 존중할 수 있다. 발표를 잘하는 학생, 글을 잘 쓰거나 그림을 잘 그리는 학생, 다른 친구를 칭찬하거나 격려를 잘하는 학생, 꼼꼼하게 챙기는 학생 등 각자의 특성을 인정하고 자기가 잘할 수 있는 부분으로 모둠의 성공에 함께 기여할 수 있도록 하는 것이다. 이를 통해 서로 도와주고 그 과정에서 즐거움을 누릴 수 있다.

온라인 모둠 세우기(Team-Building) 활동

모둠 이름 및 모둠 구호 만들기

모둠의 이름과 구호를 만드는 활동

1. 소회의실(zoom)에서 모둠원들이 각자 자기가 좋아하는 단어를 쓰고 그 이유를 말한다.
2. 모둠원들이 좋아하는 단어를 조합 내지 연상되는 단어로 모둠 이름을 정한다.
3. 모둠 이름에 맞추어 간단한 구호를 만든다.

그림 비유(포토 스탠딩) 활동

그림이나 이미지 사진 등을 활용하여 어떤 주제에 대하여 이야기하는 활동

1. 자기의 상태를 표현할 수 있는 이미지 사진을 인터넷 검색하여 패들렛에 올린다.
2. 한 학생이 자기 이미지 사진을 보여주면 나머지 모둠원들이 이미지 선택 이유에 대하여 간단히 추측하여 이야기한다.
3. 이미지 사진을 선택한 학생이 이미지를 선택한 이유를 말하고, 자기 선택 이유와 가장 비슷한 학생에게 별점을 부여한다.

4. 돌아가며 위의 행동을 진행한다.

이때 창의력 그림카드(스마트폰용)을 다운받아 활용해도 좋다.[2]

(https://sciencelove.com/2352)

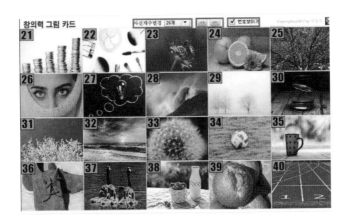

---

2) 김정식 허명성의 과학사랑 사이트(sciencelove.com)에 들어가면 온라인 수업에서 유용하게 사용할 수 있는 앱 등을 무료로 다운받아 활용할 수 있다. 예컨대, 온라인 회전추첨판을 이용하면 무작위로 학생을 선택할 때 도움이 된다. (https://sciencelove.com/2519)

하얀 거짓말 찾기

나의 이야기 가운데 진실이 아닌 것을 맞춰보는 활동

1. 학습지에 자기소개에 대한 퀴즈를 만든다.
2. 소회의실에 접속해서(4명 1팀) 모둠원 한 명이 문제를 낸다.
3. 나머지 친구들은 거짓이라고 생각되는 문장을 찾아낸다.

준비물 : 학습지 내지 개인칠판

학급 세우기(Class-Building) 활동

모둠 세우기 활동만 강조하면 모둠원끼리는 상호 협력이 잘 이루어질 수 있지만, 모둠과 모둠 사이에는 경쟁 관계로 흐를 수 있다. 즉, 모둠 안에서는 협동이지만, 모둠 간에는 경쟁일 수 있다. 모둠을 넘어 학급 공동체 구성원들이 공동체 의식을 가지고 수업에 임할 수 있도록 해야 한다. 모둠 세우기 활동의 단점을 보완시켜주는 활동이 학급 세우기 활동이다. 학급 세우기 활동은 학급 구성원들의 공동체 의식과 협동하고자 하는 의지를 다질 수 있도록 한다. 학급 구성원 간에 친밀성을 올리고, 서로 도와주고, 즐거움을 공유할 수 있도록 하는 것이 학급 세우기 활동이다. 다양한 학급 세우기 활동을 통해 다양한 모둠 세우기 활동들을 학급 단위 활동으로 전환하여 운영하면 학급 세우기 활동이 될 수 있다.

온라인 학급 세우기(Class-Building) 활동

휴지 전달하기

**온라인상에서 마치 휴지가 옆으로 이동하는 것처럼
영상을 꾸미는 미션 활동**

1. 교사가 줌 화면 배치를 캡쳐하여 아이들에게 보여준다.
2. 화장지를 전달하는 순서를 정해준다.
3. 왼쪽 위에서 오른쪽 아래까지 지그재그로 연결해서 전달해
   주는 연습을 해본다.
4. 녹화를 해서 보여준다.

준비물 : 두루마리 화장지

※ 이와 유사한 활동이 뜨거운 감자 게임이다. 뜨거운 감자가 있다고
   가정하고 행동을 취하면서 다른 친구의 이름을 부르고 가상의
   뜨거운 감자를 던지는 게임이다.

누구의 어린 시절?

**친구들의 어린 시절을 관찰하고 누구의 어린
시절인지를 맞춰보는 활동**

1. 패들렛의 담벼락을 생성한다.
2. 학생들이 미리 준비한 어린 시절 사진을 업로드한다.
3. 다른 친구들의 사진을 보고 누구인지 댓글을 단다.
4. 마지막에 정답을 공개한다.

준비물 : 패들렛, 어린시절 사진

바뀐 것은 무엇인가?

줌 화면 끄기 기능을 통해 끄기 전 모습과 변장한 모습의 차이를 말해 보는 활동

1. 한 학생을 지명하고 자세히 관찰하게 한다.
2. 1분의 시간(영상을 보여주거나 음악을 틀어 줌)을 주고 분장을 하거나 환경을 바꿔보고 그 바뀐 것을 맞춰본다.

· 화면 끄기 전에 Ctrl + PrtScn 누르고 저장한 사진을 PPT로 띄워서 보여주기
· 각 모둠별로 소회의실에서 회의하기

해당자만 손들기(내가 좋아하는 것과 같은 사람들 모여라)

우리 반 학생들이 어떤 것을 좋아하고 어떤 공통분모가 있는지 질문을 통해 알아보는 활동

1. 모둠원 한 명씩 우리 반 학생들에 대해 궁금한 질문을 한다.
2. 해당자는 줌에 있는 손들기 버튼을 클릭하거나 ox판의 o 를 들어준다.
   (예, 우리 반에서 어제 된장국을 먹은 사람은 손 들어줘)

· 좋아하는 것을 말하고 같은 것을 좋아하는 사람을 찾아보게 할 수도 있다.

머리 위에서 그림 그리고 보여주기

머리 위에서 그림 그리기 활동은 무척이나 어려운데 이를 통해 엉뚱한 그림을 서로 나누며 웃음꽃을 피워보는 활동

1. 선생님이나 친구들 중 한 명이 주는 그림 주제를 정해준다.
2. 학생들은 보드판 또는 A4지를 머리 위에 두고 그림을 그리기 시작한다.
3. 선생님의 신호에 맞춰 카메라 앞에 보여준다.
4. 친구들의 그림을 보면서 소감을 나눈다.

준비물 : 마커, 보드판 또는 A4지

말하면 다 나와!

집에서 수업을 하는 특징을 살려서 10초 안에 선생님이 요청하는 물건을 가져오게 하는 활동

1. 선생님이나 친구들 중 한 명이 원하는 물건이나 미션을 준다.
2. 학생들은 정해진 시간 동안 선생님이 원하는 물건을 가져온다.
3. 서로의 물건을 확인해 보고 소감을 나눈다.

예) 빨간색 가져오기
    부모님 신고 있는 양말 가져오기
    냉장고에서 과일 가져오기 등

돌아가며 감정 나누기

자신의 감정을 표현하면서 서로에 대하여 관심과 배려를 가질 수 있도록 하는 활동

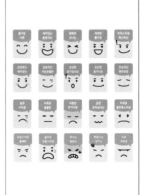

1. 미리 감정카드를 화면으로 보여준다.
2. 자기에 해당하는 감정을 선택하고 그 이유를 채팅창이나 패들렛에 기록한다.
3. 돌아가며 자신의 감정을 이야기한다.

· 창의력 그림 카드 프로그램을 다운받아 감정격려카드를 넣어서 교사가 활용하면 좋다.
  (https://sciencelove.com/2218)
  (www.sooupjump.org)

학급 발표회

자기가 잘하는 것을 준비하여 온라인에서 학급 발표회를 진행하는 활동

1. 학생들의 공연 동영상을 받는다.
2. 해진 날짜에 공연 동영상을 순서에 맞게 보여준다.
3. 친구들이 채팅창이나 패들렛에 소감들을 라이브로 올린다.

가족도 직접 참여할 수 있도록 하면 좋다.

질문 샤워

질문을 통해 전체 학생들 앞에서 자기를 소개하면서
질문의 방법을 배우는 활동

1. 교사가 패들렛 캔버스 양식으로 창을 만든다.
   (캔버스: 자유롭게 콘텐츠를 이동할 수 있는 기능)

2. 자기소개와 관련한 질문을 패들렛에 기록하여 올릴 수 있도록 한다.
   (예: "내가 좋아하는 음식은?", "내가 최근 인상적이었던 사건이나 경험은?" 등)

3. 한 학생이 선정되면 해당 학생이 여러 가지 질문들 중 자기가 마음에 드는 3가지 선택하여
   그 질문에 대한 자기의 생각을 말한다.

4. 이야기 후 3가지 질문 중 가장 마음에 드는 질문을 선택하고 그 질문을 만든 학생에게 간단하게 보상을 한다.

준비물 : 패들렛

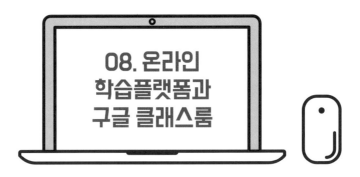

온라인 학습플랫폼

　온라인 수업에 있어서 학습의 효율성뿐만 아니라 학습자의 극대화된 배움과 적절한 성장을 촉진하기 위해서는 온라인 학습플랫폼(LMS)을 잘 선정하여 운영할 필요가 있다. 학급마다, 과목마다 온라인 학습플랫폼이 다르면 학생들이 온라인 수업 시 많은 혼란과 번거로움을 경험해야 한다.

　온라인 학습플랫폼은 기차역을 생각하면 된다. 보통 기차역에서 기차를 탈 때 상행선으로 가는 기차를 탈 수 있는 플랫폼이 있고 하행선으로 가는 기차를 탈 수 있는 플랫폼이 있다. 그 정해진 플랫폼에 어떤 특성의 기차들이 정차하여 기능을 수행하는지의 성격에 따라 여객용 기차가 들어올 수도 있고 화물용 기차가 들어갈 수도 있고 레일을 보수하는 보수용 그 기차가 들어올 수도 있다. 이처럼 온라인 학습플랫폼이라는 것도 학습을 촉진할 수 있는 여러 가지 학습 자료, 공지사항, 동영상 링크, 소프트웨어, 어플리케이션, 평가지 등 다양한 콘텐츠들을 접할 수 있는 온라인상의 가상공간을 온라인 학습플랫폼이라고 할 수 있다.

현재 온라인 학습플랫폼으로 EBS 온라인 클래스, e 학습터, 네이버 밴드, 구글 클래스룸, 네이버 밴드 등이 있다.

온라인 학습플랫폼 비교

여러 가지 서비스가 되고 있는 온라인 학습플랫폼의 특징을 비교하면 다음과 같다.[3]

[공공 학습플랫폼 비교]

구분	EBS 온라인 클래스	e 학습터	위두랑
출결 확인	댓글로 출석 체크 가능	학습방에 들어가면 자동 체크	설문조사 또는 과제기능을 활용하여 체크
진도율 확인	영상별 진도율 확인 가능 영상 속도 조절 가능 영성 건너뛰기 가능	영상별 진도율 확인 가능 1차 영상 시청 완료시까지 영상 건너뛰기 불가능 링크 및 과제는 열람시 자동 이수	학생별 학습활동 내역 조회 및 엑셀 파일 다운로드로 진로 확인 가능
과제물 등록	가능	가능	가능 과제 평가 기능 과제 제출자 및 미제출자 확인 가능
평가문항 제작	객관식, 주관식 문항 제작 및 채점 가능	객관식, 주관식 문항 제작 및 채점 가능 틀린 문항 다시 풀기 가능	설문 기능으로 문항 제작 가능 학생별 답변 결과 관리 가능

3) 교육부 공식블로그 (https://if-blog.tistory.com/10222)

[민간 학습플랫폼 비교]

구분	구글 클래스	MS팀즈	네이버 밴드	카카오톡
출결 확인	구글 클래스	댓글 및 팀즈와 출석 체크 가능	게시된 출석체크 글에 학생이 버튼 클릭	게시된 출석체크 설문에 학생이 버튼 클릭
진도율 확인	댓글 및 구글 미트로 출석체크 가능	학생별 학습활동 내역 조회 가능 영상별 진도율 확인 가능	영상별 진도 확인 가능	영상별 진도율 확인 불가능
과제물 등록	영상별 진도율 확인 불가능	클래스 과제, 모둠 고제 등록 가능 루브릭 및 과제 평가와 관리 가능 과제제출자 목록 확인 가능	가능 비밀댓글 기능으로 개별 제출 가능	가능 1:1 채팅방 개별 제출 가능
평가문항 제작	퀴즈 기능으로 객관식, 단답형 문항 제작 가능 설문지 기능으로 중간 기말고사 가능	객관식, 주관식 문항 제작 및 채점 가능	설문 기능으로 문항 제작 가능	투표 기능으로 문항 제작 가능
실시간 쌍방향형 수업	구글 미트	팀즈	라이브(일방향) 채팅의 그룹콜 기능으로 음성 쌍방향형 가능	일방향만 가능 메시지 내지 채팅 가능

학교에 따라 학교 교육과정과 온라인 수업 운영 방식에 가장 잘 부합하는 학습플랫폼을 선정해서 선생님들이 함께 공유하여 사용하면 좋다. 다만 온라인 플랫폼을 정하는 몇 가지 기준들을 고려하여 선택하면 좋다.

온라인 수업을 진행하면서 출석 체크 확인이 손쉽게 이루어질 수 있는 것이 중요하다. 대개 온라인 학습플랫폼에서는 출석 체크 기능이 있는데, 가급적 교사가 출석 체크하기 쉬운 것이 좋다. 교사들이 올린 영상들의 진도율을 쉽게 확인할 수 있으면 좋다. 과제물 등록이 다양하게 이루어지고, 다양한 평가 문항 제작이 잘 이루어지며 좋다. 영상 삽입이 쉽고 사용 용량이 넉넉하면 좋다. 실시간 쌍방향형 수업이 잘 이루어지면 좋다. 만약 실시간 쌍방향형 수업이 어렵다면 줌 등의 실시간 쌍방향형 도구를 병행하여 활용할 수 있어야 한다. 모바일 지원도 잘 이루어져야 스마트폰으로 수강하는 학생들에게도 도움이 될 것이다.

현재 콘텐츠 활용형 수업에 최적화된 온라인 학습플랫폼은 공공 학습플랫폼이다. 실시간 쌍방향형 수업과 과제수행형 수업에 유리한 온라인 학습플랫폼은 민간 학습플랫폼이다. 하지만 공공 학습플랫폼에서도 최근 실시간 쌍방향형 수업이 가능하도록 서비스 개선이 이루어지고 있다. 최근 각 온라인 학습플랫폼마다 기능이 업데이트되고 있는 추세여서 온라인 학습플랫폼과의 비교가 큰 의미가 없어지고 있는 상황이다. 또한 새로운 온라인 학습플랫폼이 등장하고 있는데, 이러한 경우, 서비스가 안정적으로 이루어지는데 다소 시간이 필요하다. 학교에서 온라인 학습플랫폼을 한번 선정하여 운영하다가 중간에 바꾸기 쉽지 않으므로 처음 선정할 때 장단점을 잘 비교하여 신중하게 선택하는 지혜가 필요하다.

구글 클래스룸

현재 많은 학교들이 사용하고 있는 온라인 학습플랫폼은 구글 클래스룸이다. 구글 클래스룸은 다국적 기업인 구글에서 운영하고 있는 온라인 학습플랫폼이라 일단 안정적이고, 대용량 자료에 대한 지원이 잘 이루어지며 무료로 사용할 수 있다. 게다가 구글 설문지, 파워포인트, 문서, 잼보드 등 다양한 교육용 어플리케이션 지원이 가능해서 많은 학교에서 선택하고 있다. 교육현장에서 학생들에게 정보를 공지한다든지 과제를 제시한다든지 설문지를 배포한다든지 혹은 그룹을 만든다든지 학생들의 자료를 모아둔다든지 혹은 프레젠테이션이 필요하다든지 한글 문서 형태로 문서를 꾸려서 평가에 반영을 한다든지 이런 것들을 다 할 수 있도록 해준다. 또한 구글 드라이브에 있는 다양한 자료를 구글 클래스룸으로 끌어올 수도 있고, 구글 클래스룸에서 일어나고 있는 어떤 학습 과정이나 학생들의 요청을 지메일(G-mail)로 공지할 수 있고, 혹은 선생님이 과제를 제시하거나 혹은 평가를 제시했을 때 그 공지가 학생들의 이메일로 호환되어서 거의 실시간으로 학생들이 능동적으로 수업에 참여할 수 있도록 돕는 앱들이 다 들어 있다. 학습과 관련한 다양한 기능 앱들이 유기적으로 연계되어 활용할 수 있다.

구글 클래스룸의 기능

　구글 클래스룸으로 관리할 수 있는 수업의 사례를 다음과 같이 제시할 수 있다. 별무리학교에서는 농사 수업, 세계관, 캄보디아의 개교하는 학교를 돕는 쏘번(크멜어로 '꿈'이라는 뜻) 프로젝트, 철학 수업(생각의 탄생), 인문학 글쓰기, 이타적인 자서전 쓰기, 천문 관측 수업(개밥바라기) 등이 있다. 별무리학교에서는 이러한 다양한 수업을 구글 클래스룸에서 진행하고 있다. 선생님들이 다양한 과목을 만들어서 학생들을 초대하고, 학생들이 이곳에 참여하면서 과제를 중심으로 활동을 하고 있다.

구글 드라이브

　구글 클래스룸 기능 중에서 구글 드라이브는 강력한 교육 도구이다. 구글 드라이브는 일단 자동 저장 기능이 있어서 자료 입력 중간에 자료가 사라지는 것을 방지할 수 있고, PC 뿐 아니라 스마트폰 등 다양한 스마트 기기와 연동하여 자료를 활용할 수 있다. 별무리학교가 구글 클래스룸을 사용한 지 약 10년인데, 10년 동안 이루어졌던 교육활동의 흔적이 구글 드라이브에 모두 저장되어 있다. 모든 학생의 프로젝트 결과물, 학생들이 만들었던 프레젠테이션 자료, 프로젝트를 홍보하기 위한 동영상 등 모든 자료들이 구글 드라이브에 저장되어 있다. 최근 별무리학교에 통일교육과 관련한 사람들이 방문했는데, 별무리학교의 통일교육 실천 사례를 알고 싶다고 해서 구글 드라이브에 '통일교육'을 검색했더니 지난 10년 동안 이루어졌던 통일교육 관련 자료들이 다 검색되어 나왔다. 그동안 학생들이 썼던 통일교육과 관련된 학교 행사, 노바 프로젝트(탈북자 아이들과 함께 동해안을 200㎞ 자전거를 타면서 그 학생들과 함께하는 행사), 프로젝트 홍보 영상, 크라우드 펀딩을 시도했던 기록, 이 프로젝트에 참여하는 시점부터 전체 과정 참여 이후 소감문, 학생들이 주도해서 통일교육을 지역 자치단체의 행사로 진행하고 전문가 초청 수업 자료 등이었다. 외부에서 온 통일 교육 관련자들도 수많은 통일 교육 자료 내용에 놀라워했다. 구글 드라이브는 탁월한 저장 기능 때문에 검색어와 관련된 모든 자료들을 손쉽게 열람할 수 있을 뿐 아니라 학생 개별 학습 과정과 결과물도 손쉽게 찾아볼 수 있다.

구글 설문지

　구글 설문지는 온라인 학습지로 활용하여 형성평가를 할 수 있다. 또한 구글 설문지를 통해 학생 및 학부모 대상 교육 만족도 설문 조사를 할 수 있다.

온라인 플랫폼(구글 설문지)

별무리학교의 경우, 학기가 마칠 때마다 학생과 학부모들을 대상으로 교육 만족도 조사를 정기적으로 실시하고 있다. 2020년 1학기 온라인 실시간 쌍방향 수업을 진행했는데, 학기말에 온라인 설문조사를 하고 나서 그 결과를 토대로 2학기 온라인 수업 운영시 반영하였다. 그래서 학생과 학부모들의 교육 만족도가 상대적으로 높게 나올 수 있었다. 학생과 학부모들의 의사소통 수단으로서 구글 설문지 기능을 잘 활용한 것이다.

실시간 쌍방향형 수업 도구, 구글 미트

구글 클래스룸에는 실시간 쌍방향 화상 수업을 진행할 수 있는 구글 미트 (Google Meet)가 있다. 구글 미트는 연락처에게 메시지를 보내고, 동영상 또는 음성 통화를 무료로 걸고, 사용자 한 명과 대화하거나 그룹 대화에 참여할 수 있다. 하지만 구글 미트보다는 줌(zoom)이 더 익숙하고 사용하기 좋다면 주 링크 주소를 올려서 연동하여 수업을 진행할 수 있다.

온라인 학습관리시스템 구축 가능

구글 클래스룸을 통해 학습정보를 학생들에게 제공할 수 있다. 구글 클래스룸은 게시판 기능도 있고, 등록기능도 있고, 과제물을 등록할 수 있는 기능도 있다. 학생들이 선생님이 등록한 과제물에 대해서 자기 평가를 한다거나 선생님에게 질문을 하는 것이 가능하다. 이러한 과정을 거쳐서 학습과정 안내, 학습의 준비, 시작, 과정, 그리고 마무리된 과정 등 최종 평가까지 가능하다.

특히 고교 학점제의 경우, 성공적으로 운영하려면 과목 개설, 장소 선정, 과목 신청 및 관리 등등 온라인 학습관리시스템이 필요하다. 이때, 구글 클래스룸을 활용하여 무료로 온라인 학습관리시스템을 구축하여 유용하게 활용할 수 있다.

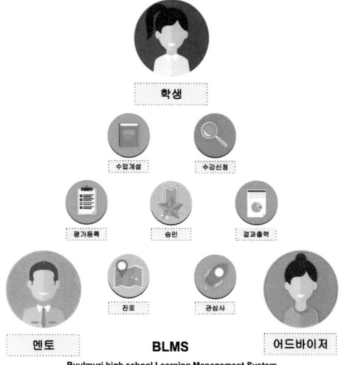

구글 클래스룸의 활용법

구글 클래스룸 계정 만들기

먼저 구글 클래스룸에 들어가서 계정을 만들어야 한다.

학급 구성 및 수업 개설

사용자란에 학급 학생들을 초청하여 등록하게 하면 학급 단위의 운영이 가능하다. 학생들을 초청하는 방법은 학교에서 구분한 학생 계정을 통해 이메일로 통보하면 학생은 이메일을 확인하여 학급 클래스룸에 등록하면 된다.

학급 구성 및 수업 개설 방법은 다음과 같다.

· '+' 버튼 / 수업 개설 클릭

· 수업 이름 정하기

· 부제 달기

· 제목 정하기

· 강의실 선택

· 만들기 클릭

카테고리 사용

· 스트림

학생들이 클래스룸에 접속하면 가장 먼저 눈에 들어오는 곳이 스트림 카테고리이다. 간단한 공지나 또는 줌으로 실시간 쌍방향 수업을 진행할 때 링크를 공지할 때 유용하다. 수업 자료로 사용할 동영상을 업로드하거나 유튜브 링크를 학생들에게 공지할 때 사용하면 매우 유용하다.

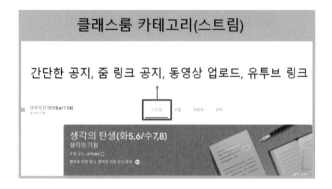

수업 개설

만들기 버튼을 클릭하면 과제, 퀴즈 과제, 질문, 자료도, 게시물 재사용 등의 하위 카테고리가 활성화된다. 가장 많이 이용되는 곳은 과제 제출란이다. 평가지가 첨부된 과제 제출이 가장 많고 이전의 자료를 재사용하는 경우도 가능하며, 구글 앱스에 존재하는 모든 자료를 첨부물로 재사용 및 수정사용이 가능하다. 공유하는 자료가 학생들이 각자 해결하는 과제일 경우는 '학생별로 사본 제공'이라는 조건을 반드시 제시해주어야 한다. 그렇지 않으면 공유된 자료를 모든 학생들이 수정할 때마다 다른 내용으로 바뀌어 각각의 대답을 확인할 수가 없다.

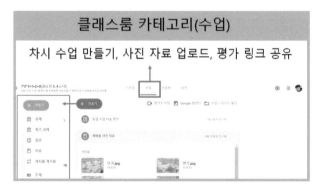

사용자

사용자 카테고리를 사용하여 이 수업에 참여하고 있는 교사들과 학생들 상황을 알 수 있다. 어떤 교과목의 경우, 팀티칭 협력 프로젝트 수업으로 운영할 수 있다. 예컨대, 별무리학교의 쏘번 프로젝트 수업에서는 국제교육개발협력 전문가, 국제교육개발협력 관심자, 국제교육개발협력 현장가 총 세 명의 교사들로 구성되었다. 학생들은 교육학 관심자, 사범대 및 교대 진학 희망자, 유아교육 관심자, 국제교육발전협력 경험자 총 25명의 학생들이 참여했다. 사용자에 등록된 학생들의 이름 목록은 온라인 수업 과정에서 출석부로 활용이 될 수 있다.

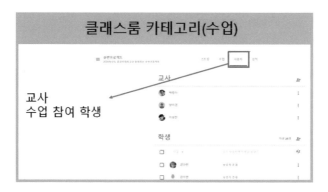

학생 초대

클래스룸 등록 초대에 응하지 않은 학생들도 파악할 수 있는데, 그런 학생들에게 다시 한번 초대하는 이메일을 보낼 수가 있다.

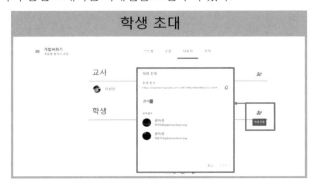

학생과 교사를 초대하는 방법은 위의 그림처럼 맨 오른쪽에 사람 모양 옆에 플러스 버튼을 누르면 학교 계정으로 등록된 교사나 학생의 이름을 쓰면 이름이 자동으로 나타난다.

평가

수업을 개설하는 과정에서 가장 중요한 것이 평가다. 성적 카테고리에서 평가 과정과 결과를 어떻게 진행할 것인지 학생들에게 공지할 수 있고, 교사가 평가를 수행한 횟수에 대한 내용도 점수화하여 등록할 수 있다. 평가에 응하지 않은 학생은 '누락됨'으로 표시된다.

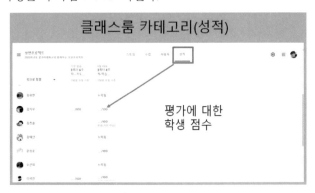

평가계획에 대해서도 학생들에게 공지할 수 있다. 성적 카테고리에 있어서 지필시험, 수행평가, 서술평가의 성적 반영 비율을 공지하고 이것을 어느 시점에 어떻게 할 것이라고 안내해 놓으면 나중에 교사가 학생들의 성취도를 입력했을 때 학생들이 그것을 참고할 수 있게 된다.

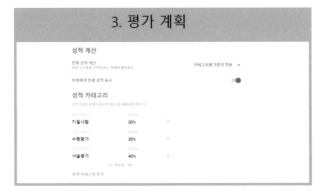

구글 미트(Google Meet, 구 행아웃(Hangouts))

각각의 클래스룸은 실시간 쌍방향 수업을 진행할 수 있는 '구글 미트(Google Meet)'가 활성화되어 있다. 교사가 클래스룸을 만드는 순간 클래스룸의 고유한 '구글 미트' 링크가 활성화된다. 주로 줌에 문제가 생겼을 때를 대비한 백업 시스템으로 사용하는 경우가 많다.

과제 제시

학생들에게 과제를 제시할 때는 교사가 직접 구글 다큐멘터리에서 문서를 작성하여 줄 수 있는 방법이 좋다. 교사가 이미 구글 드라이브에 파일을 갖고 있다면 그곳에 저장되어 있는 내용을 과제로 줄 수도 있다. 구글 드라이브에 교사들이 만들어놓은 포맷이나 이미 제시했던 과제가 있을 때 이를 그대로 사용해서 쓸 수 있다는 장점이 있다.

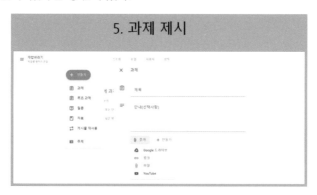

퀴즈 및 시험

퀴즈 및 시험을 볼 때는 구글 설문지를 활용하면 가장 좋다. 단답식부터 오지선다, 서술평가, 논술평가 등 다양한 평가를 진행할 수 있다.

실시간 화상 수업

스트림을 통해 실시간 화상 수업 링크를 공유하여 수업에 참여할 수 있도록 도와줄 수 있다.

구글 클래스룸 연동 앱

구글 클래스룸에는 많이 알려진 구글 설문지, 프레젠테이션 외에도 잼보드, 어스, 아트 앤 컬쳐 등의 어플리케이션들이 연동되어 있다. 잼보드는 패들렛처럼 활용할 수 있는 도구로서 다양한 텍스트를 올려놓고 기록하거나 피드백하기 좋다. 위성지도 서비스인 어스를 활용하여 사회과, 과학과 수업에서 유용하게 활용할 수 있다. 아트 앤 컬쳐는 가상체험을 통해 박물관 방문을 할 수 있고, 미술, 음악 수업 등에서 가상체험 형태로 간단한 체험 및 실습을 할 수 있어서 이를 재미있게 활용할 수 있다. 유튜브를 통해서 다양한 영상을 활용할 수도 있다.

09. 온라인 수업 도구(3tool)

온라인 접착식 메모지, 패들렛

　온라인 수업 시 몇 가지 도구(tool)를 잘 활용하면 온라인 수업을 풍성하게 운영할 수 있다. 여러 가지 온라인 수업 도구 중 대표적인 것 중의 하나가 패들렛(www.padlet.com)이다. 패들렛(Padlet)이란 하나의 작업공간에 많은 사람들이 동시에 들어와서 접착식 메모지를 붙여 놓는 작업이 가능한 웹 애플리케이션으로 등교 수업에서 칠판에 붙이는 메모지를 웹상에서 함께 하는 작업장이라고 생각하면 된다. 메모지를 가지고 수업시간에 할 수 있는 거의 모든 활동이 가능하며 사진, 동영상, 링크 등 다양한 첨부가 되어서 수업시간활용도가 높다고 할 수 있다.

패들렛의 특징

패들렛은 대면 수업에서 사용하는 개인 칠판과 모둠 칠판 기능을 대신할 수 있다. 패들렛이 온라인 수업에서 활용하기 좋은 많은 장점을 가지고 있다.

· 온라인 수업을 할 때 모든 학생들의 결과물을 한 번에 볼 수 있어서 좋다.

· 학생들의 활동 자료를 보고 과제물 검사를 할 수 있다.

· 학생들은 과제물을 별도로 사진을 찍어서 올리지 않아도 되기 때문에 편리하다.

· 결과물을 파일이나 인쇄로 출력할 수 있는데, 무엇보다 인쇄된 고급 책처럼 받아볼 수 있는 게 특징이다.

· 학생 투표와 댓글 기능이 있어서, 의견을 공유하거나 피드백하기에 좋다.

· 학생과 교사 모두에게 사용법이 쉽다.

· 스마트폰으로도 작동이 잘 이루어진다.

· 교사는 로그인을 해야 하지만 학생들은 별도의 로그인을 하지 않아도 사용 가능하다.

· 무료로도 이용 가능하다.

무엇보다 패들렛은 자유로운 의사소통의 장을 열 수 있다. 패들렛 담벼락 생성을 통해 누구나 자유롭게 익명 또는 실명으로 의견을 남기고 댓글을 달아 의사소통 가능하다. 사진, 파일, URL 링크 주소 공유 등을 통해 글뿐만 아니라 다양한 형식의 파일을 공유하며 의견 나눔을 실현하게 한다. 자유 의견 작성, 모둠별 구분, 찬성 vs 반대 의견 구분 등 유형별 의사소통이 가능하다.

온라인 학습에서의 수행 평가 도구로의 활용이 가능하다. 작성 시기를 알 수 있어 학생들의 활동 과정 및 결과물을 기록하여 보관할 수 있고 학생 결과물에 대한 피드백 자료로도 활용이 가능하다. 온라인 학습에서의 피드백이 중요함을 지각하는 교사라면 자유롭게 패들렛 게시물에 댓글을 달아 의견을 남겨 동료 평가, 교사 평가가 가능한 패들렛을 사용하게 될 것이다.

패들렛의 가입

① 홈페이지(www.padlet.com) 접속

② 화면 왼쪽 가운데 '가입' 버튼 클릭

③ 기존 아이디가 있는 경우 화면 오른쪽 상단 '로그인' 버튼 클릭

④ 기존 '구글, 마이크로소프트, 애플' 아이디 및 개인 이메일 주소로 가입 가능

⑤ 스마트기기 내 어플리케이션 스토어에서 '패들렛' 또는 'Padlet' 검색하여
   설치하기

패들렛 만들기

① Makeapadlet 클릭

② 새 유형 및 기존 템플릿에서 선택 가능

   · 새 유형(왼쪽): 벽(Wall), 캔버스(Canvas), 지도(Map), 채팅(Backchan-
nel) 등 7가지 유형 제공 → 미리보기(Preview) 가능

③ 기존 템플릿(오른쪽); KWL 차트, 북마크, Q&A 등

담벼락

담벼락이란 메모지를 붙일 수 있는 벽 또는 화이트보드로 하나의 가상 작업 공간(파일)이다. 무료 버전에서는 담벼락을 1인당 5개(교사 인증 시)까지 만들 수 있다.

· 담벼락

벽에 메모지를 붙이는 양식으로 벽돌처럼 차례차례 붙여진다. 물론 위치를 조정할 수 있지만 위치는 항상 규칙적이고 일정하게 붙여진다. 자신의 자리에 의견을 제시하는 파킹랏으로 이용이 가능하다. 언제든 글을 쓰거나 작품을 사진을 찍어 올리거나 결과물을 올렸을 때 상호 피드백을 해줄 수 있는 파킹랏으로 사용할 수 있다.

예시1.

3학년 사회과

우리 고장에서 소개하고
싶은 장소의 사진과
소개글을 올려 보기

예시2.

교사 모임 시간에 댓글로
롤링페이퍼 써 주기

· 캔버스

벽면에 붙인 메모지를 겹치게 하거나 임의로 배치가 가능하다. 이동이 편리
하다. 포스트 연결을 통해 관련성을 표시할 수도 있다.

예시1.

브레인스토밍 연결하기

예) 00초등학교하면
　　떠오르는 것은?

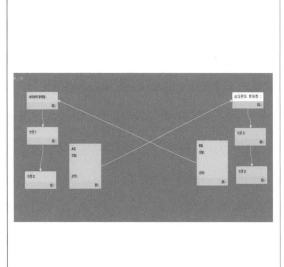

예시2.
토론학습 틀로 사용하기
① 토론 팀을 나눈다.
　(찬성과 반대)
② 소회의실에 들어가서
　각 팀의 주장과 근거
　작성하기
③ 패들렛 틀에 주장과 근거
　작성하기
　(각 팀의 기록이 작성,
　각 팀의 포스트잇 색깔을
　구분하기)
④ 소회의실에서 상대팀
　주장과 근거에 대한 반박
　준비하기
⑤ 홀수로 미리 정해진
　판정단의 판단 듣기

· 스트림

　메모지가 읽기 쉽게 위에서 아래로 한 줄로 정렬한다. 직관적으로 보기 쉽지만 양이 많아지면 페이지의 길이가 길어져서 오히려 가독성이 떨어진다. 스마트폰에서 편리하게 사용이 가능하다.

예시1.
학부모 공개수업 소감 나눔
(한 가지 주제이기 때문에
스크롤 기능으로 읽기가
편리하다)

· 그리드(격자)

벽과 유사하지만 약간의 차이가 있다. 벽은 메모지 간 같은 여백을 두고 메모지 간의 간격을 일정하게 유지하지만 격자는 메모지의 크기와는 상관없이 제일 큰 메모지를 기준으로 나란하게 격자 모양으로 메모지를 유지한다.

예시1.
방학 이야기 작성하기
(언제, 어디서, 있었던 일,
소감, 관련 사진)

· 선반

학생들에게 모둠활동이나 개별 자료를 취합할 때 가장 유용한 패들렛이다. 모둠별의 수와 이름을 정해주면 해당하는 모둠에 가서 자료를 붙이게 지도하여 관리하기에 가장 쉽다.

예시1.
먹고 싶은 음식 분류
(분류되어 있는 음식류에서
자신이 먹고 싶은 음식
사진과 이유를 기록하기)

예시2.
모둠별 의견 기록하기

예시3.
국어 수업: 감각적 표현에
어울리는 이미지 찾아보기

· 백채널

마치 채팅을 하듯이 중앙 하단에 창이 있어서 그곳에서 메모장을 선택하고 작성하면 일렬로 배치된다. 짧은 시간 동시에 접속하여 의사소통을 할 때 유용하다.

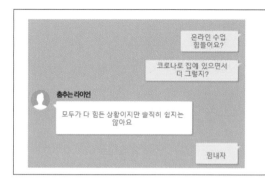

예시1.
카카오톡 대화처럼
선생님이 제시한 주제에
대해 단체창에서
이야기하듯 답변을
주고받기

· 지도

전 세계 지도가 나오면서 패들렛을 연동하여 표기할 수 있다. 지도를 이용한 사회과 수업을 할 때 유용하다.

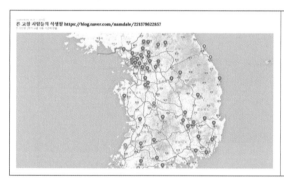

예시1.
사회 수업: 다른 고장
사람들의 식생활 조사 – 그
고장의 대표 음식 지도 위에
사진과 안내글 올려보기

예시2.
창체 수업: 꼭 가보고 싶은
여행지 기록하기

· 타임라인

시간적인 순서가 있거나 절차가 필요한 곳에 사용하면 좋을 것 같다. 예를 들어 역사 시간 왕들의 순서나 가정 과목의 요리 매뉴얼, 과학 과목의 실험 순서 같은 것을 정리하기에 적당하다.

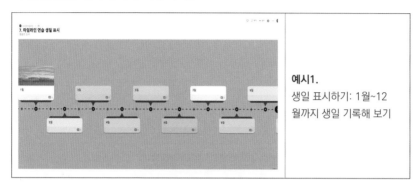

예시1.
생일 표시하기: 1월~12
월까지 생일 기록해 보기

예시2.
역사적 사건 순서대로
기록해 보기

패들렛의 공유

각 패들렛에 들어가서 왼쪽 상단의 공유를 누르면 각 패들렛의 공유 설정을 할 수 있다. 링크 공유나 QR코드 공유는 물론 다양한 방법으로 공유할 수 있는 방법을 결정할 수 있고, 다양한 형태로 저장하고 인쇄기능도 지원한다.

패들렛 활용 수업 사례

· 온라인 글쓰기

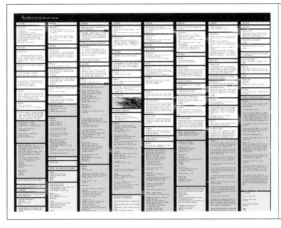

[진행 방법]

① 30일 동안 집중해서 쓸 주제를 정한다.

② 매일 학생들에게 '글쓰기 미션'을 제시한다.

③ 학생들은 그날의 미션을 반영하여 글을 쓴다.

④ 당일 밤 12시까지 패들렛에 글을 올린다.

⑤ 30일 마무리를 한 뒤에 교사가 개별 피드백을 한다.

· 수업 후 질문 및 소감 남기기

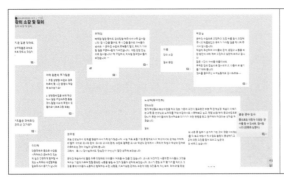

온라인 수업의 특성상 학생들이 수업 후에는 질의 사항이 있는데 바로 다음 수업으로 가야만 하는 경우에 질문 패들렛을 상시로 운영하면서 피드백을 주면 좋다.

· OX 퀴즈

[진행 방법]
① 교사는 패들렛 배경
　화면으로 OX판을
　설정한다.
② 학생들은 자신의 얼굴
　사진을 하나씩 만든다.
③ 교사의 질문에 맞는 'O'
　나 'X'쪽으로 자신의
　사진을 이동시킨다.
④ 정답을 발표한다.
⑤ 학생들은 자신의 이름
　옆에 점수를 기록한다.

· 객관식 퀴즈

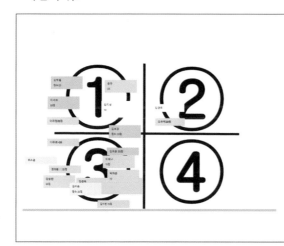

[진행 방법]
① 교사는 패들렛
배경화면으로 선택판을
설정한다.
② 학생들은 자신의 얼굴
사진을 하나씩 만든다.
③ 교사의 질문에 맞는
번호로 자신의 사진을
이동시킨다.
④ 정답을 발표한다.
⑤ 학생들은 자신의 이름
옆에 점수를 기록한다.

· PDF 파일로 인쇄하기

공유 기능에서 PDF 저장을
클릭하면 잡지처럼 예쁜
결과지를 만들 수 있다.

온라인 설문조사와 워드 클라우드, 멘티미터

멘티미터란?

'멘티미터'(https://www.mentimeter.com)는 설문 조사를 하고 참여자의 응답을 한눈에 볼 수 있는 유용한 쌍방향 온라인 수업 도구 중 하나이다. 웹사이트에서 교사와 학습자가 서로 상호작용하는 도구로 학생들이 별도의 가입이나 앱을 통하지 않고 수업에 참여할 수 있게 해준다. 워드 클라우드, 투표, 객관식 및 주관식 설문 등을 진행할 수 있으며 교사에게는 이용하기 쉽고 학생들의 빠른 의견을 수렴할 수 있는 장점이 있다.

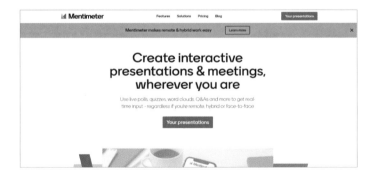

· 로그인

　－ 교사 : 이미 가지고 있는 구글 아이디로 로그인을 할 수 있다

　－ 학생 : 로그인 필요 없이 링크 또는 해당 사이트에 들어와 코드번호만 입
　　　　 력하면 학생들의 의견을 작성하거나 투표를 할 수 있다.

· 멘티미터 장점

　－ 별도의 앱을 설치하지 않아도 된다.

　－ 중복 투표(설문)이 가능하다.

　－ 학생은 회원가입 및 ID가 필요없다.

　－ 실시간으로 피드백을 공유할 수 있다.

멘티미터 활용법

1. 새로운 프레젠테이션 만들기를 누르면 위의 화면이 보인다.
2. 오른쪽 상단 위에 있는 SHARE의 링크를 학생들에게 보내면 학생들이 바로 사용할 수 있는 시스템이다.
3. 온라인 수업을 할 때 Present를 누르면 전체화면이 보인다.
※ 슬라이드를 많이 사용하려면 유료 버전을 사용해야 한다.

멘티미터 유용한 대표 메뉴 – 워드 클라우드

① 설문메뉴에서 워드 클라우드를 클릭한다.

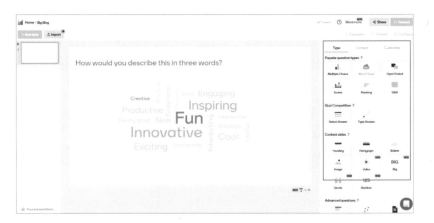

② 선택한 설문유형과 관련된 항목들이 입력되며 기준정보를 입력한다.

· Your question : 질문명 입력하기

· Entries per participant : 1인당 최대 답변을 몇 개까지 가능한지 설정하기(default : 3개)

· Extras : 1개의 단말기에서 복수로 참여할 수 있는지 설정하기

③ 우측 상단에 위치한 [Present] 버튼을 통해 설문을 생성 완료한다.

④ 설문을 완성한 뒤에 상단에 노출되고 있는 URL과 7자리 코드를 학생(참여자)에게 공유한다. 학생들은 멘티미터(https://www.menti.com) 주소로 들어가서 작업을 하게 된다.

Please enter the code

12 34 56

Submit

The code is found on the screen in front of you

부여된 핀번호를 입력합니다.

⑤ 설문을 완성한 뒤에 상단에 노출되고 있는 URL과 7자리 코드를 학생(참여자)에게 공유한다. 학생들은 멘티미터(https://www.menti.com) 주소로 들어가서 작업을 하게 된다.

우리 샤인반하면…?

재미
햇빛 밝음 자유
샤인처럼 웃는얼굴 미소 「 초록
멋진 재밌는 **웃음** OO 인사 사랑
샤인 친절 먹방
빛 행복한 기쁨
행복 기쁨
선생님 환상

김대권

사인반
웃긴 **잘생긴**
친절한 미소 **식빵맨** 재밌는
재미 **웃음** 발냄새
재미있는 개그맨
재미있는수업 담요
샤인 스마일 좋은친구 쩡쟁이

즐거운 온라인 퀴즈 활동, 띵커벨

띵커벨이란?

띵커벨(https://www.tkbell.co.kr)은 온라인 상에서 학생들과 퀴즈게임 형태로 상호작용할 수 있게 해주는 국산 교육용 앱이다. 카훗게임 등 퀴즈를 풀 수 있는 많은 프로그램이 있지만 국내에서 개발된 띵커벨은 수업시간에 교사가 실시간으로 문제를 출제하면 학생들이 동시에 답하고, 그 결과를 바로 확인해서 결과가 나오는 전형적인 퀴즈게임 프로그램이다. 장점은 게임 요소를 집어넣어 학생들의 긴장감을 유지시키고, 재미있게 참여하게 할 수 있다는 점이다. 무엇보다 학생들은 회원가입 없이 참여할 수 있다는 장점이 있다.

띵커벨 활용법

온라인 실시간 퀴즈 만들기 뿐 아니라 토의 토론하기, 한국형 패들렛인 띵커보드 등 다양한 서비스가 제공되고 있다.

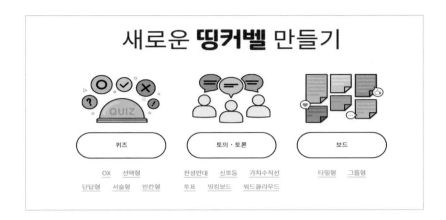

띵커벨의 대표 메뉴 – 퀴즈 만들기

퀴즈 유형 선택을 할 수 있고, 질문 입력에 유튜브 링크나 이미지를 넣을 수 있다. 또한 문제마다 제한 시간을 주거나, 학생들의 이해를 위해 해설에 미디어를 추가할 수도 있다.

다른 사용자가 만들어 공유한 것을 학급, 학년으로 검색하여 '라이브러리'에서 볼 수 있고 이를 수정해서 사용할 수도 있다.

과제 메뉴를 클릭하여 학생들이 활동할 때 옵션과 주소를 생성할 수 있게 된다. 방 번호를 배정받으면 학생들에게 방 번호를 알려주고 함께 접속해서 사용할 수 있는데, 문제 섞기 및 선택지 섞기 기능을 이용하면 좀 더 유용하게 사용할 수 있다.

문제를 풀고 난 뒤에는 학생들의 최종 순위, 문제별 정답률, 그리고 학생별 입력값 등을 엑셀 파일로 실시간으로 제공받을 수 있다.

■ 문제별

No.	유형	질문	정답률(%)
1	단답형	조상 대대로 내려오는 문화 중에서 다른 시대에게 물려줄 가치가 있는 것을 ○○○○이라고 합니다.	80.0
2	단답형	시각을 알려주는 것이 없는 곳 앞에 했던 절의 이름을 ○○이라고 합니다.	30.0
3	단답형	○○우 절의 생김새나 배널에 있었던 절들과 관련이 있습니다.	10.0
4	단답형	고려 시대 청동무의 호는 ○○입니다. 후면서에게는 ○○이라는 이름을 넣어 청동부의 명칭과 고장을 알리고 있습니다.	20.0
5	단답형	옛날에 청동상고를 ○○이라고 합니다.	25.0
6	단답형	○○을 다른 말로 언터라라고 합니다. 서로 만나서 예매기한다는 의미입니다.	35.0
7	단답형	조사할 대상이 있는 현장에 직접 가서 조사하는 방법을 ○○라고 합니다.	25.0
8	단답형	조선시대 갈면술이 양반이 타고 가는 말을 끌며 외쳤던 좋은 유학을 ○○○라고 합니다.	25.0
9	단답형	옛날 아침에 행패가 잘 보존되어있는 마을을 '○○○○'이라고 부릅니다.	5.0
10	단답형	○○○○에 들어갈 말을 쓰시오.	25.0
11	단답형	성별도, 가치도, 통신, 특성 중 아래 이름에 참고와 코리라와래 호대비라가 있는 곳은 ○○입니다.	25.0

A	B	C	D	E	F	G	H	I
			문화유산		none	입력값	종로	
No.	닉네임	참여 시간	정답	오답			정답	오답
1	3103김도은	2020.09.04 09:59 AM	1			문화유산	1	
2	3131최유정	2020.09.04 10:03 AM	1			문화유산	1	
3	이서우	2020.09.04 10:03 AM	1			문화유산	1	
4	3121이주호	2020.09.04 09:59 AM	1			문화유산		1
5	3109	2020.09.04 10:03 AM			1	문.ㄴ화		1
6	3129한예진	2020.09.04 10:02 AM	1			문화유산		1
7	김민준	2020.09.04 09:59 AM	1			문화유산		1
8	김연두8	2020.09.04 09:59 AM	1			문화유산		1
9	3110김지한	2020.09.04 09:59 AM	1			문화유산	1	
10	3104김동욱	2020.09.04 10:00 AM	1			문화유산		1
11	3118	2020.09.04 09:59 AM	1			문화유산	1	
12	3114서지율	2020.09.04 10:02 AM	1			문화유산	1	
13	김지성	2020.09.04 09:59 AM	1			문화유산		1
14	최희유정	2020.09.04 09:59 AM	1			문화유산		1
15	3119이예나	2020.09.04 09:59 AM	1			문화유산		1
16	3114jjwlbf	2020.09.04 09:59 AM	1			문화유산		1
17	3128한스주	2020.09.04 10:00 AM	1			문화유산		1
18	장한울	2020.09.04 09:59 AM		1				1
19	3119이예나	2020.09.04 10:02 AM		1				1
20	하누리	2020.09.04 10:01 AM		1		문화유산		1
	응답 인원(명)		16	2	2		6	9

제3장. 온라인 참여수업의 실제

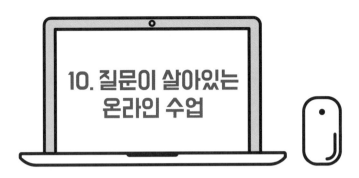

교사의 질문 습관을 성찰하기

　온라인 수업에서 학생들의 참여를 유도할 수 있는 가장 손쉽고 강력한 방법은 교사의 발문이다. 물론 대면 수업에서도 질문이 중요하지만 온라인 수업에서 더 필요한 이유는 다양한 앱을 활용하는 것보다 발문법을 통해 가장 간단하게 학생의 참여를 유도할 수 있기 때문이다. 그런데 대부분의 교사들이 가지고 있는 질문 습관을 분석해 보면 좋지 않은 질문 습관들이 있다.

질문 없이 수업하기

　수업에서 질문을 사용하지 않아도 수업은 진행이 될 수 있다. 다만 이러한 경우, 일방 통행이 될 가능성이 높다. 수업이 교사와 학생과의 상호 작용이라면 쌍방 통행의 의사소통이 이루어져야 한다. 쌍방 통행의 의사소통 방식에서는 질문이 필수적이다.

자문자답하기

교사 : "지난 시간에 배운 공리주의에 대하여 생각하는 대로 이야기해볼 수 있을까요?"

학생 : "....."

교사 : "공리주의하면 잊지 말아야 할 유명한 문구가 있죠?"

학생 : "....."

교사 : "최대 다수의 최대 행복! 공리주의는 사회적 쾌락을 강조했어요. 그리고 동기보다 결과를 중시하여 선악의 기준점을 삼았다는 것이겠죠. 오늘은 칸트의 의무론적 윤리설에 대하여 살펴보도록 하죠."

교사가 질문하고 교사가 정답을 말하는 것을 좋다고 생각하는 교사는 아무도 없다. 그런데도 불구하고 교사가 자문자답하는 것은 학생들이 교사가 원하는 정답을 말하지 않거나 아무런 반응이 없는 경우가 많다. 어색한 침묵을 깨기 위해서 교사가 질문의 대답을 말한다. 최악의 질문 방식이 자문자답인 이유는 응답반사를 교사가 스스로 없애는 일이기 때문이다. 응답반사란 누군가 질문을 하면 질문을 받은 사람이 그 대답을 해야 할 것 같은 책임감을 느끼는 것을 말한다. 교사의 자문자답은 학생들이 느껴야 할 응답반사의 힘을 잃어버리게 한다. 만약 교사의 질문에 대하여 아무도 대답하지 않는다면 특정 학생을 선택하여 질문하고 그 학생이 대답할 때까지 최소 7초 이상을 기다려줄 수 있어야 한다. 내성적인 학생은 정답을 알아도 대답하는 데 최소한의 시간이 필요하기 때문이다.

교사가 질문만 하고 학생 대답에 대하여 별다른 반응을 하지 않기

교사 : "원하는 자료나 정보를 찾으려면 어떻게 해야 할까요?"

학생A : "인터넷에서 찾아봐요."

학생B : "도서관에서 책을 찾아봐요"

학생C : "선생님이나 부모님에게 물어봐요."

교사 : "교과서에서는 자료나 정보를 찾기 위한 방법으로 여러 가지가 나와있는데, 교과서 189쪽을 찾아볼까요?"

학생 : "???"

질문의 목적은 대답을 원한다는 것이다. 그런데 수업시간에 많은 교사들이 학생들에게 질문은 하지만 학생들의 대답에 대하여 적극적으로 반응을 보이지 않는 경우가 있다. 학생들의 대답과 상관없이 교사가 생각하는 것을 이야기하거나 교과서 진도대로 나가는 경우가 있다. 이러한 경우 교사와 학생과의 상호작용이 잘 일어나지 않을 뿐 아니라 수업 대화가 원활하지 않고 툭툭 끊기는 것처럼 느껴진다. 학생들 입장에서는 선생님의 질문에 대하여 대답을 했는데, 선생님이 별다른 반응을 보이지 않는다면 더 이상 대답해야 할 이유를 느끼기 힘들 것이다. 많은 교사들이 문답법을 일제학습의 변형으로 사용한다. 문장 형태만 의문형일 뿐 학생들의 대답을 기다리거나 학생의 대답에 대하여 반응을 보이지 않는다면 질문이라고 보기 힘들 것이다. 교사가 질문을 했다면 학생의 대답이 오답이거나 엉뚱한 대답이라고 할지라도 대답을 기다리는 인내심을 발휘해야 한다.

닫힌 질문만 사용하기

교사 : "지난 시간에 배운 개념 3가지를 누가 말해볼까요?"

닫힌 질문은 지식을 이해하는 데 꼭 필요한 질문이다. 그런데 닫힌 질문으로만 수업이 진행된다면 정답 제시형 수업이 아닌지 점검해 볼 필요가 있다.

열린 질문을 하고 닫힌 질문처럼 교사가 반응하기

교사 : "사람이 행복해지려면 어떤 것을 추구해야 하나요?"

학생A : "돈이요."

학생B : "사랑이락 생각해요"

학생C : "가족 간의 화목도 중요하다고 생각해요"

학생D : "하고 싶은 일을 하는 것이요."

교사 : "맞아요. 사람이 행복해지려면 자기가 하고 싶은 일을 할 때 느낄 수 있겠죠. 행복이란 주관적 만족도라고 볼 수 있는데 자기가 하고 싶은 일을 해야만 긍정적인 에너지를 많이 얻을 수 있다고 생각해요."

학생A, B, C : "???"

열린 질문은 정답이 여러 개인 질문이고. 닫힌 질문은 정답이 하나인 질문이다. 그런데 많은 교사들이 자기가 생각한 정답이나 정답에 가깝게 말한 경우에만 긍정적이고 적극적으로 반응을 보이고 그렇지 않은 경우에는 별다른 반응 없이 그냥 지나치는 경우가 있다. 학생 입장에서는 다 정답같아 보이는데, 특정 대답에만 교사가 정답처럼 반응한다면 학생들도 쉽게 답변하기 곤란할 것이다. 때로는 교사의 질문 의도와 다르게 어떤 학생이 반응을 보였다 하더라도 부정적으로 피드백하지 않고 긍정적인 수용하고 피드백할 수 있는 자세가 필요하다.

교사가 추상적인 질문을 하고 학생들에게 구체적인 답변을 기대하기

교사 : "배려란 무엇일까요?"

학생A : "좋은 것이요."

교사 : "물론 좋은 것이긴 하지만 좀 더 구체적으로 이야기해볼래요?"

학생B : "다른 사람의 입장에서 생각하고 행동하는 것이요."

교사 : "배려에 대하여 좀 더 구체적인 사례를 들어줄 수 있을까요?"

학생들 : "???"

교사의 질문 형식에 따라 학생들의 답변의 내용과 범위가 달라진다. 교사가 추상적으로 질문하면 학생들은 추상적으로 대답한다. 교사가 구체적으로 질문하면 학생들은 구체적으로 대답한다. 그런데 교사가 추상적인 질문을 사용했는데, 학생들이 구체적인 답변을 하기는 쉽지 않다. 교사가 추상적인 질문을 사용하면서 구체적인 답변을 원한다면 오히려 학생 입장에서 답답함을 느낄 것이다. 교사의 질문에 대하여 분명히 답변을 했는데도 불구하고 교사가 자꾸 질문을 하면 학생 입장에서는 부담감만 느낄 수 있을 것이다. 위의 수업 대화에서 교사의 추상적인 질문을 구체적인 질문으로 바꾼다면 이렇게 바꿀 수 있을 것이다.

"최근 학교 생활을 하면서 누군가로부터 배려받았다고 느낀 적이 있었다면 구체적인 사례를 이야기해줄 수 있을까요? 그래, 민혁이가 이야기해볼래?"

유도 질문 사용하기

교사 : "OECD 국가 중 교통 사고율 1위, 자살율 1위인 한국이 살기 좋을까? 아니면 행복만족도 1위인 덴마크가 살기 좋을까?"

학생 : "....."

위의 수업 대화에서 어떤 학생이 "그래도 제가 태어난 한국이 살기 좋아요"라고 말하기는 쉽지 않을 것이다. 교사의 질문 안에 교사가 정답이라고 생각하는 것이 보이기 때문이다. 그런데 많은 교사들이 이러한 실수를 저지른다. 위의 질문을 바람직한 방향으로 바꾼다면 다음과 같이 표현할 수 있을 것이다.

"여러분이 생각하기에 세계 각국 중 가장 행복한 나라는 어디라고 생각하나요? 그 이유도 함께 말해 볼래요?"

그런데 유도 질문은 나쁜 질문 습관이라고 볼 수 있겠지만 프레이밍(framing) 질문은 좋은 질문 습관이라고 할 수 있다. 프레이밍 질문이란 어떠한 방향성을 가지고 질문을 하되, 질문 안에 정답을 포함시키지 않은 질문을 말한다.

"다른 나라들에 비해 행복 만족도가 높은 나라들의 공통점은 무엇일까요?"
"반대로 행복 만족도가 낮은 나라들의 공통점은 어떤 것이 있을까요?"

질문-대답-평가 방식으로만 수업 대화를 진행하기

교사 : 지금 몇시죠?
학생 : 오후 3시 20분입니다.
교사 : 정답입니다.

수업 시간에 활용하는 수업 대화 구조는 교사의 발문-학생의 대답-교사의 평가로 이루어지는 경우가 많다.[1]

이 수업 대화는 잘못된 대화 방식은 아니지만 사실 확인 정도 수준으로만 그칠 수 있다. 수업 대화가 풍부하려면 좀 더 다른 방식으로 풀어갈 수도 있다.

교사 : 지금 몇 시죠?
학생 : 오후 3시 20분입니다.
교사 : 왜 그렇게 생각했나요?
학생 : 작은 시침은 3을 향하고 큰 분침이 4를 가리키고 있기 때문입니다.

---

1) 이혁규(2013), "수업", 교육공동체 벗

정답인 경우, 그 정답이 어떻게 나왔는지 그 이유를 물어봄으로써 학생이 잘 이해하고 있는지를 확인할 수 있다.

> 교사 : 지금 몇 시죠?
> 학생 : 오후 3시 4분입니다.
> 교사 : 왜 그렇게 생각했나요?
> 학생 : 작은 시침은 3을 향하고 큰 분침은 4를 가리키고 있기 때문입니다.
> 교사 : 큰 분침이 가리키고 있는 숫자가 해당 분을 말하고 있다고 생각하나요? 그렇다면 분침 중 가장 큰 숫자가 12인데, 한 시간이 12분이라고 이해할 수 있나요?

오답인 경우, 그 대답에 해당하지 않는 반증 사례를 제시하여 학생 스스로 해답을 찾아갈 수 있도록 유도하는 것이다.

질문 유형

다양한 질문 유형을 이해하고 수업의 흐름과 내용에 맞게 질문을 활용하는 노력이 필요하다.[2]

열린 질문과 닫힌 질문

열린(개방형) 질문이란 해답이 여럿 나올 수 있는 질문으로, 발산적 사고에 의한 질문이다. 반대로 닫힌(폐쇄형) 질문은 하나의 정답을 요구하는 질문으로, 수렴적 사고에 의한 질문이다. 발산적 사고란 하나의 생각에서 다양한 형태로 생각이 뻗어나가는 사고이며, 수렴적 사고란 여러 생각이 하나로 모아지는 형태의 사고이다.

---

2) 김현섭(2015), "질문이 살아있는 수업", 수업디자인연구소

닫힌 질문은 저차원적 질문, 열린 질문은 고차원적 질문이라고도 한다.[3] 이를 도표로 정리하면 다음과 같다.

지식	이해	적용	분석	종합	비판
저차원적 질문 (Low order thinking)		고차원적 질문 (High order thinking)			
닫힌 (수렴적) 질문		열린 (발산적) 질문			

다음은 닫힌 질문과 열린 질문의 예이다.

닫힌 질문	열린 질문
내가 도와줄까?	내가 무엇을 도와줄까?
원전 추가 건설 문제에 대해 찬성하니 반대하니?	원전 추가 건설 문제에 대해 어떻게 생각하니?

교사들은 보통 지식과 이해 수준의 질문을 주로 사용하고, 적용, 분석, 종합, 비판 수준의 질문은 잘 사용하지 않는 경향이 있다. 따라서 교사는 발산적 질문을 던지는 것을 연습하고 실천해야 한다.

개념 도출 질문과 탐구 질문

개념 도출 질문이란 학생들의 배경 지식이나 생각, 경험 등을 수업에서 다루는 개념과 연결하여 이끌어내는 질문이다.

교사 : 지하철에서 남의 시선을 의식해 임산부에게 자리를 양보했다면, 이것을 도덕적인 행동이라 할 수 있을까?
송희 : 저는 도덕적인 행동이라고 생각해요. 이유야 어찌되었든 자리를 양보했으니까요.
교사 : 다른 사람은 어떻게 생각하니?
다민 : 저는 생각이 달라요. 순수한 마음에서 한 행동이 아니니까요.

---

3). Kagan, "Higher-level thinking Questions", 1999

교사 : 송희는 도덕적 행동의 기준이 결과에 있다고 생각하고, 다민이는 동기에 있다고 생각하는구나. 송희처럼 결과를 중시하는 것은 공리주의의 견해에, 다민이처럼 동기를 중시하는 것은 칸트의 의무설에 가깝다고 볼 수 있단다.

탐구 질문은 수업에서 배운 지식이나 학생들의 배경 지식을 지적 호기심으로 연결시키는 질문이다.

교사 : 최근 불거진 무상 급식 문제를 오늘 배운 자유 지상주의, 공리주의, 칸트, 롤스, 아리스토텔레스 입장에서 접근한다면 각각 어떤 주장을 하게 될까? 이 중 자신의 입장과 가까운 것을 선택하고 이유를 이야기해 보자.

추상적 질문과 구체적 질문

묻고자 하는 질문 표현이 추상적이냐 구체적이냐에 따라 추상적 질문과 구체적 질문으로 나눌 수 있다. 예를 들어 "정의란 무엇인가?"는 추상적 질문이고, "학교에서 부당한 대우를 받았던 경험이 있다면 어떤 것이었나?"는 구체적 질문이다.

수업은 구체적 질문으로 시작해서 추상적 질문으로 나아가는 것이 좋으며, 추상적 질문도 구체적 질문으로 만들어 궁극적으로 추상적 개념에 도달할 수 있도록 하는 것이 좋다.

질문 유형에 따라 답변 유형도 달라진다. 추상적인 질문을 하면 추상적인 답변이 나올 것이고, 구체적인 질문을 하면 구체적인 답변이 나올 것이다.

질문 유형	질문 사례	예상되는 답변 사례
추상적 질문	사랑이란 무엇일까요?	어떤 대상을 애틋하게 그리워하거나 열렬히 좋아하는 마음입니다.
구체적 질문	최근에 누군가를 사랑하거나 누군가에게 사랑을 받아 본 적이 있나요?	최근에 동아리에서 알게 된 친구를 짝사랑하게 되었는데, 볼 때마다 설레요.

탐색 질문과 집중 질문

주제에 접근하는 방식에 따라 탐색 질문과 집중 질문으로 나눌 수 있다. 탐색 질문은 학생들이 수업에 흥미를 가지고 참여할 수 있도록 하기 위한 질문이며, 집중 질문은 학생들이 심화된 지식으로 나아가도록 도와주는 질문이다.

다음은 탐색 질문의 예이다.

교사 : 서진아, 요즘 어떻게 지내니?
학생 : 그저 그래요.
교사 : 오늘따라 얼굴이 부어 보이는데 많이 피곤하니?
학생 : 네, 사실 좀 피곤해요. 어제 늦게까지 게임을 했거든요.
교사 : 게임을 좋아하나봐?
학생 : 네, 게임할 때는 스트레스가 풀리거든요.
교사 : 그렇구나. 게임 말고 요즘에 또 관심이 있는 것은 뭐니?

다음은 집중 질문의 예이다.

교사 : 서진아, 너는 학교 다니는 이유가 뭐니?
학생 : 엄마가 가라고 하니까요.
교사 : 그럼 엄마 아니면 학교 안 다녔겠네?
학생 : 꼭 엄마 때문에 학교 다니는 건 아니에요.
교사 : 그래? 그럼 또 다른 이유는 뭐야?

학생 : 꿈을 이루기 위해서요.

교사 : 꿈이 뭔데?

학생 : 아직은 없어요. 경찰관이 되고 싶다는 생각은 해 본 적 있는데.

교사 : 꿈은 직업하고는 다른 것 같은데? 직업은 살면서 얼마든지 바뀔 수 있지만 꿈은 그렇지 않으니까. 서진이의 진짜 꿈은 뭘까?

수업에서는 탐색 질문과 집중 질문이 자연스럽게 연결되는 것이 좋다. 이 두 유형의 질문은 학생 상담 대화나 문제해결을 돕는 코칭 대화에서 자주 활용된다.

정보 질문, 관계 질문, 정보-관계 질문

정보 질문은 사실이나 정보를 알기 위한 질문으로, '교사와 지식' 혹은 '지식과 학생'과 관련된 질문이다. 반면 관계 질문은 다른 사람과 관계를 맺거나 유지하는데 도움이 되는 질문으로, '교사와 학생' 혹은 '학생과 학생'과 관련된 질문이다. "컴퍼스를 사용하지 않고 원을 그리려면 어떻게 해야 할까?"가 정보 질문이라면, "표정이 안 좋아 보이는데 무슨 일 있니?"는 관계 질문에 해당한다.

일반적으로 수업에서는 정보 질문이, 일상에서는 관계 질문이 주를 이룬다. 하지만 수업은 교사와 학생의 관계를 기반으로 한다는 점에서, 관계 질문이 뒷받침되어야 한다. 수업은 '교사-지식-학생'의 관계를 바탕으로 한다.[4] 그러므로 수업에서 가장 좋은 질문은 정보 질문과 관계 질문이 결합된 것이다. 이는 '정보-관계 질문'으로, 학습 주제와 학생의 구체적인 삶을 연결한 질문을 말한다.

다음은 정보 질문, 관계 질문, 정보-관계 질문의 예이다.

---

4) 파커 파머, 이종인 역(2013), "가르칠 수 있는 용기", 한문화

질문	관계 방식	질문 사례
정보 질문	(교사-지식) (지식-학생)	- "이번 수업에서 선생님이 강조하고 싶은 것은 무엇일까?" - "비폭력 대화의 특징은 무엇일까?"
관계 질문	(교사-학생) (학생-학생)	- "요즘 힘든 일 있니?" - "그런 말을 들으면 상대방은 어떤 느낌이 들까?"
정보- 관계 질문	(교사-지식 -학생)	- "너 방이 왜 이렇게 지저분하니? 고등학생이나 된 애가 네 방 정리도 못 하니? 언제까지 엄마가 따라다니며 치워줘야 하니?" 라는 표현을 비폭력 대화 방식으로 바꾼다면 어떻게 표현할 수 있을까?

인지 질문, 감정 질문, 실천 질문, 메타 인지 질문

질문의 대상과 영역에 따라 인지적(아는 것) 질문, 감정적(느끼는 것) 질문, 실천적(실천하는 것) 질문, 메타 인지적(학습하는 것을 아는 것) 질문으로 나눌 수 있다. 각 질문의 예는 다음과 같다.

1. 인지 질문

- 이 글을 쓴 사람은 누구인가?
- 이 글의 제목은?

2. 감정 질문

- 이 글을 읽고 어떤 느낌이 들었는가?
- 상대방은 내 주장에 대해 어떤 감정이 들었을까?

3. 실천 질문

- 이 지식을 삶에 구체적으로 적용한다면?
- 이를 실천하고자 할 때 예상되는 문제점과 해결 방안은?

4. 메타 인지 (초(超)인지) 질문

- 수업을 통해 무엇을 알게 되었는가?

- 수업에서 이해가 잘 안 되었던 부분은 어디인가?

- 수업과 관련하여 선생님께 드리고 싶은 말씀이 있다면 무엇인가?

사실 질문, 해석 질문, 평가 질문, 상상 질문

사실 질문은 사실과 관련된 질문 혹은 이를 확인하는 질문이다. 해석 질문은 내용을 제대로 파악하고 있는지를 묻는 질문 혹은 사실을 토대로 암시된 정보를 추론하도록 하는 질문이다. 평가 질문은 사실에 대한 가치 판단을 묻는 질문을 말한다. 이러한 유형의 질문들은 독서 수업에서 자주 활용된다.

1. 사실 질문

- 이 부분에서 관찰한 내용은 무엇인가?
- 이렇게 주장한 사람은 누구인가?

2. 해석 질문

- '사랑손님과 어머니'를 사랑손님의 시점에서 다시 서술한다면?
- 한국 전쟁이 일어난 이유는 무엇인가?

3. 평가 질문

- 이 문제를 어떻게 해결해야 한다고 생각하는가?
- 이 문제에 대한 견해는 어떠하며, 그렇게 생각한 근거는 무엇인가?

4. 상상 질문

 - 여러분이 이 글의 주인공이라면 이러한 상황에서 어떠한 선택을 했을까?

 - 이 글의 후속편을 쓴다면 어떻게 이야기를 이끌어갈 것인가?

수업의 맥락에 맞는 질문 유형

수업에서 사용하기에 가장 좋은 질문 유형은 없다. 모든 질문 유형은 상호 보완적이다. 따라서 수업의 맥락에 맞게 적절한 질문 유형을 선택하는 것이 좋다.

적합한 질문 유형은 과목 특성이나 학습 수준에 따라서 달라진다. 예를 들어 열린 질문은 이과 과목보다는 문과 과목에서 상대적으로 더 많이 사용된다. 또한 초등학생에게는 구체적 질문이 적절하고 중고등학생으로 올라가면 추상적 질문을 좀 더 사용하는 것이 좋다.

적합한 질문 유형은 수업의 흐름에 따라서도 달라진다. 도입 단계에서는 흥미 유발 질문이나 관계 질문, 탐색 질문을, 전개 단계에서는 개념 도출 질문이나 정보 질문, 집중 질문, 인지 질문을, 마무리 단계에서는 탐구 질문이나 정보-관계 질문, 집중 질문, 실천 질문, 메타 인지 질문 등을 사용하는 것이 좋다.

수업 단계		해당하는 질문 유형들				
도입	마음 열기	열린 질문	인지 질문 감정 질문	탐색 질문	관계 질문	출발 질문
전개	생각 키우기	닫힌 질문	인지 질문	탐색 질문 집중 질문	정보 질문	전개 질문
마무리	생각 넓히기	열린 질문	인지 질문 실천 질문 메타인지 질문	집중 질문	정보- 관계질문	도착 질문
	삶에 반응 하기					

적합한 질문 유형은 교사와 학생의 관계에 따라서도 달라질 수 있다. 교사와 학생이 아직 친밀하지 않은 경우에는 관계 질문을 많이 사용하는 것이 좋다. 어느 정도 친밀해 지면 정보 질문을 조금 더 사용하고, 신뢰가 형성된 경우에는 관계-정보 질문을 사용하면 좋다.

수업은 보통 열린 질문으로 시작하여, 닫힌 질문으로 진행하다가 열린 질문으로 마무리하면 좋다. 그러나 토의 시에는 열린 질문을 닫힌 질문으로, 다시 닫힌 질문을 열린 질문으로 바꾸는 과정에서 학습 효과를 극대화할 수 있다.

좋은 질문 방법

생각의 넓이를 여는 확대 질문, '그리고?(그 밖에, 또 다른 이유는?)'

확대 질문법은 답변에 대한 또 다른 이유를 물어보고 문제가 없다면 그 다음 질문을 하는 것으로, 생각의 폭을 넓히는 확대 질문 (Extend Question)이다.

다음은 '하인즈 딜레마'를 읽고 난 후의 수업 대화이다. 이어지는 〈1〉과 〈2〉의 대화를 비교해 보자.

교사 : 네가 하인즈라면 어떻게 했을 것 같니?
학생 1 : 저도 하인즈처럼 했을 것 같아요.
교사 : 왜?
학생 1 : 돈이 없으니 약을 살 수도 없고, 그렇다고 아내를 죽게 내버려둘 수는 없잖아요.

〈1〉
교사 : 하지만 그건 도덕적, 법적으로 문제 있는 행동 아닐까?
학생 1 : 그래도 생명을 지키는 게 더 중요하다고 생각해요.

〈2〉

교사 : 그 외에 다른 이유가 있니?

학생 1 : 약사도 잘못한 부분이 있기 때문이에요. 신약 개발을 위해 노력한 것은 인정하지만, 너무 많은 이익을 노린 것은 잘못이라고 생각해요.

교사 : 그렇구나. 또 다른 이유도 있니?

학생 1 : 아니요.

교사 : 좋아. 그러면 하인즈처럼 행동할 거라고 선택한 학생 중에서, 혹시 이 친구가 말한 이유 말고 다른 이유를 이야기해 볼 사람?

학생 2 : 저는 이 문제를 사회 구조적 측면에서 접근해야 한다고 생각해요. 소비자 가격을 원가보다 지나치게 비싸게 책정하지 못하도록 하는 제도적 장치나 사회적 규제가 필요한 건 아니었을까요?

〈1〉은 한 가지 답변에 기초해서 다음 질문을 이어가고 있다. 이렇게 하면 논의 수준이 협소해지고, 자신의 생각을 충분히 이야기하지 못할 가능성이 있다. 그에 비해 〈2〉는 이유에 대해 다각도로 생각해 보게 함으로써 풍부한 담론을 이끌어내고 있다.

생각을 깊이를 여는 심화 질문, '왜' (꼬리 물기) 질문

꼬리 물기란 "왜?" 라는 질문을 계속 함으로써 더 깊은 생각으로 유도하는 심층 질문 (Deep-dive Question)으로, 주제를 깊이 이해하는데 도움이 된다. 이 질문법은 근거와 이유를 비판적으로 검토하게 하고 생각의 깊이와 폭을 심화시킨다.

교사 : (하인즈 딜레마를 들려준 후) 하인즈의 행동을 도덕적이라 할 수 있을까?

학생 : 저는 그렇다고 생각합니다. 자신의 이익이 아닌 아내의 생명을 구하기 위한 것이었기 때문입니다.

교사 : 도둑질인데도?

학생 : 물론 도둑질 자체는 정당화될 수 없지만, 동기가 선하기 때문입니다.

교사 : 도덕의 판단 기준은 결과가 아닌 동기라고 생각하는 것 같은데 맞니?

학생 : 네. 저는 결과보다 동기가 더 중요하다고 생각해요.

교사 : 그렇다면 만약 모든 사람이 선한 동기에서 이와 비슷한 행동을 한다면 어떻게 될까?

학생 : 물론 그럴 때는 문제가 생길 수 있겠지요. 하지만 상황에 따라 다르게 판단해야 한다고 생각합니다. 정상 참작이라는 것이 있잖아요.

교사 : 상황에 따라 다르게 판단할 수 있다고 생각하는 이유는 뭐지? 도덕규범은 보편적인 원리에 근거하고 있는 것 아닌가?

수업에서 심화 문답법을 사용하면, 학생들이 자신의 생각을 드러내고 이를 비판적으로 바라볼 수 있게 된다. 하지만 자칫 교사가 주도하는 일방적 대화로 흐를 수 있고, 학생이 말을 잇지 못하면 다음 단계로 진행하기 어려워진다는 단점이 있다.

'3WHY?' 와 '5WHY?' 는 교사가 '왜'라는 질문을 각각 세 번, 다섯 번 연속해서 사용하는 방법이다. 수업에서는 보통 '3WHY?'만으로도 충분한 효과를 누릴 수 있다.

창의적으로 문제 해결하는 삼박자 질문, '왜-만약-어떻게'

'왜-만약-어떻게' 질문법은 워런 버거가 제시한 혁신적 아이디어를 만드는 3단계 질문 기술로, 창의적으로 문제를 해결하고자 할 때 좋다.[5]

'왜'라는 질문은 문제 제기와 방향성을 묻는 질문이고, '만약'은 다양한 가능성을 탐색하는 질문이고, '어떻게'는 실행을 촉구하는 질문이다. 이 세가지 질문이 구조화되면 문제 해결에 큰 도움이 되는 질문이 된다.

---

5) 워런 버거, 정지현 역(2014), "어떻게 질문해야 할까?", 21세기북스

'왜-만약-어떻게' 질문법은 문제 중심 (PBL) 수업이나 프로젝트 수업에서
많이 활용된다. 과학 시간에 '달걀 낙하 실험'을 주제로 문제 중심 (PBL) 수업
을 진행할 경우, 다음과 같은 질문들을 활용할 수 있을 것이다.

질문	열린 질문
왜	– 달걀에 충격을 가하면 쉽게 깨지는 이유는 무엇일까? – 달걀이 높은 곳에도 떨어뜨려도 깨지지 않도록 할 수 없을까?
만약	– 만약 달걀에 낙하산을 달아서 떨어뜨리면 어떨까? – 만약 빨대로 만든 정육면체 모형에 달걀을 넣어 떨어뜨리면 어떨까?
어떻게	– 빨대와 유리 테이프로 낙하산을 만들려면 어떻게 해야 할까? – 빨대로 정육면체 모형을 튼튼히 만들려면 어떻게 해야 할까?

질문은 대면수업이나 온라인 수업 모두에서 중요하다. 그런데 실시간 쌍방
향형 수업이나 과제수행형 수업에서는 질문의 비중이 대면 수업보다 더 크다.
그러므로 교사의 발문법만 바꾸어도 온라인 수업에서 학생들의 참여를 풍성
하게 이끌어낼 수 있다는 것을 꼭 기억하면 좋을 것이다.

11. 온라인
하브루타 수업

하브루타란?

　미국 뉴욕의 예시바대학은 유대인들이 많이 있는 학교로서 대학 수업 방식이 거의 대부분 하브루타 방식으로 진행되고 있다. 예시바대학 도서관에서 하브루타 방식으로 공부하는 장면이 우리나라 방송에 소개되기도 하였다.[6]

　도서관에서 조용히 공부하는 것이 아니라 시끄럽게 마치 싸우듯이 이야기를 하면서 토론 수업을 하는 예시바 대학 모습은 하브루타 교육을 잘 대표하는 모습 중 하나라고 말할 수 있다. 최근에는 우리나라 교사들도 질문으로 이어지는 수업이 얼마나 필요하고 얼마나 효과가 있는지 잘 알고 있어서 하브루타를 실천하는 경우가 많이 있다.

　'하브루타(havruta)'는 '친구, 짝, 파트너'를 가리키는 '하베르'라는 말에서 유래되었다. 하브루타는 유대인의 오래된 학습법으로 가정 교육, 학교 교육에서 활용되고 질문 토의 방법이다. 부모나 친구, 선생님과 늘 서로 질문하고 대답하고 토론하는 유대인들의 생활방식이라고 할 수 있다. 즉, 하브루타란 '

---

6) ebs, "왜 우리는 대학에 가려는가?", 제5부 말문을 터라

짝을 지어 질문하고 대화하고 토론하고 논쟁하는 것'이다. 질문과 토론이 주된 학습이 되는 교수학습 방법이라 할 수 있다. 기존 발문법은 교사의 질문에 초점을 둔다면 하브루타는 학생들의 지적 호기심을 자극하고 학생들이 스스로 질문을 만들어 학습에 몰입할 수 있도록 유도한다.

하브루타 수업에서는 학생들이 친구와 함께 공부를 하면서 주제나 사물에 대한 자신의 견해를 분명히 하고 새로운 내용을 알아간다. 친구에게서 배우기도 하고, 친구를 가르치기도 하면서 배움을 쌓는다. 학생 하나하나가 교사가 되어 서로 최상의 아이디어와 생각을 끌어내도록 교실 안의 환경을 만들어 가는 것이다.

왜 하브루타 수업인가?

하브루타 수업의 핵심은 질문과 토론이다. 그래서 하브루타 수업을 통해 학생들은 질문의 중요성과 가치를 직접 경험할 수 있고, 토론 능력을 기를 수 있다.

학생들은 질문을 통해 사고력을 기를 수 있다. 주어진 지식을 무비판적으로 수용하는 것이 아니라 어떤 주제에 대하여 질문을 던져서 깊이 생각할 수 있도록 하며, 비판적으로 지식을 재구조화하여 익힐 수 있도록 한다. 학문과 공부의 바탕은 '왜?'라는 질문에서 비롯된다.

학생들은 질문을 통해 창의적이고 다양한 생각을 가질 수 있다. 하브루타 교육을 통해 다양한 견해와 관점, 시각을 가질 수 있다. 동일한 대상도 어떠한 관점에서 질문을 던지는가에 따라 다르게 해석하고 적용될 수 있다.

질문을 통해 학생들은 수업에 적극적으로 참여할 수 있다. 무엇보다 학생들은 자기주도적 학습 능력을 기를 수 있다. 하브루타는 학생들이 미리 토론을 준비하고 공부해야만 수업이 가능하기 때문에 자기주도적 학습, 자기 동기 학습이 자연스럽게 이루어진다. 지식을 교사가 일방적으로 전달해주는 교육 방식을 통해서는 자기주도적 학습이 잘 이루어지기 힘들다.

또한 토론을 통해 고등 사고력을 기를 수 있다. 논쟁에서 이기기 위해서는 상대방의 말을 듣고 논리를 정확하게 파악해야 하며 자신이 옳다는 사실을 치밀한 논리로 설득해야 하는데, 이 과정에서 고등 사고력이 개발된다.

하브루타 수업을 통해 학생들은 소통과 경청 그리고 설득능력을 기를 수 있다. 하브루타 과정을 통해 서로 의사소통하는 방법, 다른 사람의 이야기를 경청하는 방법, 자기 의견을 다른 사람에게 설득하는 방법을 자연스럽게 익힐 수 있다.

질문의 단계와 질문의 예시

질문의 단계

1. 사실, 발견
2. 연결 관계, 비교, 추측, 유사성 찾기
3. 분류, 요약, 종합
4. 해석
5. 이유, 설명
6. 적용, 예상, 가정
7. 정리, 결론

질문이 있는 교실을 실천하기 위해서는 질문의 단계를 직접 만들어 보는 연습을 하도록 해야 한다. 대부분의 학생들은 단순한 사실을 묻는 질문과 교과서 내용 파악에 관련된 질문을 흔히 하게 된다. 교사들도 질문 만들기 연습을 시킬 때 주제만 정해주고 3개-5개의 질문을 만들어 보게 하는 식의 진행을 하고 있다. 이러한 접근 방식으로는 좋은 질문을 만들기 쉽지 않다.

좋은 질문을 만들려면 질문의 단계에 따라 체계적으로 훈련해야 한다.

	구분	예시 1	예시 2
1 단 계	사실 묻기 발견 – 내용 파악에 관련된 질문	·지금 읽은 것에서 Gerbils에 대해 말할 수 있는 것은 무엇이 있습니까? ·이 문단에서 어떤 사실들을 발견할 수 있습니까? ·혹시 위에 있는 것들 중 이미 배웠거나 같이 공부한 내용이 있을까요? ·글 속의 주인공은 누구인가요? ·"네", "아니오"로 답할 수 있는 질문 ·W 로 시작되는 질문 (WHY, HOW 제외)	·납작이가 된 친구는 누구인가요? ·이 글의 주인공은 누구인가요? ·스탠리는 무엇을 잘해서 신문에 나오게 되었나요? ·스탠리는 무엇에 깔려 납작하게 되었나요? ·스탠리는 편지봉투에 들어가서 어디로 갔나요? ·스탠리는 어디에서 엄마의 반지를 찾았나요? ·경찰은 스탠리 엄마께 무엇이라 말했나요?
2 단 계	연결해 보기 관계비교 짐작 비슷한 것 찾기	·'돌보기 쉽다는 것'과 '음식을 잘 먹는다는 것'은 어떤 연관이 있습니까? ·돌보기 쉽다고 했는데 왜 그렇게 생각하는지 짐작해 보세요. (짐작하는 질문) ·아빠와 아들은 어떤 점이 비슷합니까? ·만보와 말숙이의 성격을 비교해 보세요. ·인물 중 소년과 소녀는 어떤 관계가 있나요?	·스탠리와 아서는 어떤 관계인가요? ·스탠리와 아서의 성격을 비교해 보세요. ·스탠리와 당신(선생님)의 성격 중에 비슷한 점(다른 점)은 무엇인가요? ·저자는 왜 스탠리를 뚱뚱하게 만들지 않고 납작하게 했을지 짐작해 보세요.(짐작) ·아서는 왜 스탠리가 나무에 걸려 도와달라는 것을 못 들었을지 짐작해 보세요.(짐작)
3 단 계	분류 요약 종합	·겁이 많은 주인공과 겁이 없는 주인공을 분류해 보세요. ·위의 글을 2줄로 요약해 보세요. ·간단하게 줄거리를 말해 보세요. ·책의 내용을 발달–전개–절정–결말로 나눈다면 어떻게 나눌 수 있습니까?	·이 책의 어린이 주인공과 어른 주인공들을 분류해 보세요. ·납작이가 되었을 때의 좋은 점과 나쁜 점을 분류해 보세요. ·이 책을 크게 나누면 몇 부분으로 나눌 수 있나요? 왜 그렇게 나누게 되었나요?

4 단 계	해석 - 풀어서 말해보기 (해석) - 자기 말로 표현하기 - 쉬운 말로 표현하기 - 책에서 찾아서 표현이 의미하는 것을 물어보기	·질문에서 묻는 것이 무엇인지 쉬운 말로 표현해 봅시다. ·이 질문 자체가 무엇을 의미하는지 좀 더 자세히 이야기해 주세요. ·이 글에서 무엇을 물어보려 하고 있습니까? ·위의 밑줄 친 문장을 해석해 보세요. ·간이 콩알만 하다는 말을 쉬운 말로 바꿔보세요. ·속에 있는 의미가 무엇인가요? ·책에 나와 있지는 않지만 어떤 의미일지 예상해 봅시다.	·63쪽 신문기사의 제목은 어떻게 나왔을까요? ·66쪽 램촙 부인의 말을 더 쉬운 말로 표현해 보세요.
5 단 계	이유 - 정답이 없는 질문까지 생각해 보기 - 왜 그렇게 말했을지 생각하기 - 그 이유에 대해 근거를 제시할 수 있도록 하기 설명	·그렇게 답한 이유는 무엇입니까? ·만보가 겁이 많다고 하는 증거를 이 책에서 찾아보세요. ·왜로 시작하는 질문. ("왜냐하면…" 근거 제시) ·작가는 어떤 이유로 이런 것들을 제시했을까? ·00에 대해서 설명해 보세요. ·00한 이유에 대해서 설명해 보세요.	·스탠리는 왜 원래대로 돌아가고 싶어 했을까요? ·왜 아서는 스탠리를 두고 핫도그를 먹으러 갔을까요? ·편지봉투 안에 담배 케이스를 넣은 이유는? ·왜 아서는 납작이가 되고 싶었나요?

제1부 3Key로 여는 배움 중심 온라인 수업

6 단 계	적용 – 글의 주제를 실천하고 적용하기 예상 – '만약 ~면' 으로 시작되는 질문	·우리가 글을 통해 내 삶에 적용해 볼 수 있는 것은 무엇입니까? ·만약 A와 B를 바꾼다면 어떤 일이 일어날까요? ·만보가 아들을 낳는다면 어떤 자녀가 태어날까요? ·이 문제를 해결하기 위한 또 다른 해결책은 무엇일까요? ·'~~라면' 이 나오는 질문	·만약 당신이 스탠리였다면 어떤 일이 일어났을까요? ·스탠리가 뚱뚱하게 바뀌었다면 어떤 일이 생겼을까요? ·만약 모든 사람이 납작이라면 어떤일이 생겼을까요? ·스탠리는 나중에 어떤 직업을 가질지 예상해 보세요. ·당신이 미술관 직원이라면 어떤 옷을 스탠리에게 분장으로 추천할까요? ·스탠리 책을 통해 우리 삶에 적용할 수 있는 것은? ·당신이 아서였다면 스탠리를 정상으로 돌리기 위해 어떤 방법을 사용하겠나요? ·스탠리만 정상이고 나머지 사람들이 모두 납작이라면?
7 단 계	정리 – 전체적 흐름 결론 평가	·여기서 무엇을 배웠나요? ·전체 내용의 가장 핵심이 무엇이라고 생각합니까? ·글 전체에서의 문제점이 어떻게 풀리고 있습니까? ·작가가 이 책을 통해 하고 싶은 이야기는? ·작가는 이 책을 왜 만들게 되었을까요?	·스탠리 책의 주제는 무엇인가요? ·당신은 이 책에서 배운 것이 무엇 무엇이 있나요? ·작가는 이 책을 왜 만들게 되었을까요? ·이 책의 문제점은 무엇이라고 생각하나요?

온라인 하브루타 수업의 실제

온라인상에서 하브루타를 실천하기 위해서는 단계별 질문을 만들어 보고, 친구들의 질문을 직접 보면서 브레인스토밍할 수 있는 시간을 많이 갖게 하는 것이 필요하다. 그 다음에 서로 질문을 주고 받으며 또 다른 생각과 질문의 깊이를 더해 가는 연습을 하면 좋다.

1단계 : 단계별 질문 만들기 연습

1. 학생들이 교과서 지문을 읽거나 책을 읽고 1단계 질문을 2개 만든다. 예
   컨대, 교사가 파워포인트로 작성한 질문틀 위에 주석 작성하기 기능을
   사용하여 기록할 수 있다.

2. 다른 친구들이 만든 질문을 보고 나의 질문을 수정한다.

3. 2단계 질문부터 7단계 질문까지 1~2번 순서로 질문을 만들다.

※ 학생들에게 2개의 질문을 만들어 보게 하면 좋다. 첫 번째 질문은 스스로 만들어 보고 두 번
째 질문은 다른 친구들이 작성한 질문을 참조해서 응용한 질문을 만들어 보게 한다. 온라인
학습이라서 빠르게 다른 친구들의 결과물을 관찰할 수 있다.

식빵 브레인 구조틀 – 주석작성 이용 실습

[주석작성틀]

제1부 3Key로 여는 배움 중심 온라인 수업

질문 만들기 및 다른 친구들 질문 살펴보기

[다른 친구들이 만든 질문틀 보며 수정하기]

2단계 : 1단계 질문을 짝과 함께 나누기

1. 교사와 학생 한 명이 짝이 되어 질문을 주고 받는 모습을 전체 학생들 앞에서 보여준다.

2. 소회의실에서 구성(2인 1팀)된 짝과 함께 1단계 질문을 서로 주고 받는다.

3단계 : 2단계 ~ 7단계 질문을 다른 짝과 함께 나누기

1. 교사와 학생 한 명이 짝이 되어 질문을 주고 받는 모습을 전체 학생들 앞에서 보여준다.

2. 소회의실에서 구성(2인 1팀)된 1단계의 짝이 아닌 다른 짝과 함께 2단계 질문을 서로 주고 받는다.

3. 3단계부터 7단계까지의 질문을 다른 짝과 함께 나눈다.

4단계 : 교사와 함께 피드백하기

1. 좋은 질문을 만든 학생을 추천한다.
   좋은 질문을 가진 친구들을 추천하는 시간을 가지게 되면 오랫동안 기억에 남게 되어 언젠가 그 질문을 사용할 수 있게 된다.

2. 사회적 기술(경청)을 잘 하는 학생을 추천한다.
   사회적 기술의 중요성을 다시 한번 되짚어주는 시간이 필요하다.

3. 질문에 대한 답변을 잘했던 학생을 추천한다.

답을 할 때는 어떻게 하는지 다른 친구들과 그 답을 찾는다.

4. 하브루타 수업을 하고 난 뒤의 소감을 나눈다.

온라인 하브루타 모형의 실제

질문 중심 하브루타 모형을 활용하여 다음과 같이 온라인 수업을 진행할 수 있다.

1. 교사가 학습 주제를 제시한다.

2. 학생들이 주제에 관한 자유 질문 3가지를 만든다.

3. 자유 질문 3가지 중 1가지를 선택하여 자기 생각을 채팅창이나 패들렛에 기록한다.

4. 소회의실에 들어가서 자기 질문과 생각을 돌아가며 이야기한다.

5. 모둠별로 대표 질문을 선정하여 그 생각을 이야기하고 패들렛이나 잼보드에 기록한다.

6. 자기 모둠의 대표 질문과 생각을 발표한다.

문제 만들기 하브루타 모형도 온라인 수업으로 운영할 수 있다. 특히 복습을 할 때 유용하게 활용할 수 있다.

1. 교사가 통상적인 수업을 진행한다.

2. 수업이 마무리되고 나서 학생들이 학습 내용과 관련하여 패들렛이나 잼보드에 문제를 5개 출제한다.

3. 학생들에게 다른 학생들이 출제한 문제를 풀게 한다.

4. 문제를 출제한 학생이 다른 학생들이 푼 내용에 대하여 채점하고 피드백한다. 이때, 수업 시간 안에 다하기 힘들면 다음 시간까지 문제를 풀어오도록 과제 형태로 마무리할 수도 있

협동학습이란?

협동학습이란 '공동의 학습목표를 이루기 위해 함께 학습하는 교수전략과 기술'을 말한다. 즉, 학생 간의 활발한 사회적 상호작용을 통하여 학습 효과를 극대화한 교수 전략이다.

협동학습은 일종의 또래 가르치기를 강조한 교수 전략이다. 그런데 기존 조별학습은 여러 가지 문제점들을 노출하였다.

- 자기 모둠 활동에 별로 관심이 없다.
- 학습 과정에서 모둠끼리 경쟁이 치열하다.
- 무임승차자나 일벌레, 방해꾼 학생 등이 나타난다.
- 모둠별 활동 시간이 많이 소요된다.
- 학습 시간에 비해 학생들의 모둠 과제 내용 수준이 생각보다 높지 않다.
- 모둠별 학습 편차가 많이 벌어진다.

이러한 기존 조별 학습의 문제점을 비판하고, 그 대안으로 발전한 것이 협동학습이다. 기존 조별 학습은 '비구조화'된 또래 가르치기라면, 협동학습은 '구조화'된 또래 가르치기이다. 조별 학습에 비해 진행 절차가 세부화되었고, 개인별 역할 부여, 시간 관리 등을 통해 제한 시간 안에 학습 효율성을 극대화한다.[7]

　협동학습을 잘 이해하려면 먼저 학습구조론을 알아야 한다. 학습구조란 학생과 학생 사이의 상호작용 방식을 말한다. 존슨은 학습구조를 서로에게 영향을 미치지 않는 독립적 관계인 개별학습, 부정적인 상호의존 관계인 경쟁학습, 긍정적인 상호의존 관계인 협동학습으로 구분하였다.[8] 개별학습은 '나는 나대로, 너는 너대로'라면 경쟁학습은 '나의 성공이 너의 실패'이고, 협동학습은 '나의 성공의 너의 성공'인 것이다. 학습 구조별 특징은 아래와 같다.

구분	개별학습	경쟁학습	협동학습
특징	교사가 학생들의 수준에 따라 개별적으로 가르침	개인이나 집단간의 경쟁을 통하여 가르침	개인이나 집단간의 협동을 통하여 가르침
수업방법	수준별 수업 열린 교육 수업	퀴즈식 수업 상대평가 활용 수업	협동학습
장점	· 학생 흥미 유발 · 학생의 학습 개인차 인정 · 학생의 개성 중시와 다양성 존중	· 수업을 활기차게 함 · 학습 효과증대 · 수업의 긴장도 유지	· 학생들간의 긍정적인 상호의존 및 사회적 기술 발달 · 학생 흥미 유발 · 학습의 효율성 증대
문제점	· 교사들의 교수 부담 · 적절한 학습 환경이 필요	· 학습의 부익부 빈익빈 현상 · 학습수준이 낮은 학생들의 배려 미흡	· 학습자의 잘못된 이해 가능성 · 내성적인 학생들의 문제
실패하기 위한 조건	· 타인과의 대화나 상호작용이 많을 때 · 학습 자료가 부족할 때	· 공평하지 못한 규칙일 때 · 복잡하고 어려운 과제일 때	· 책임이 분명치 않을 때 · 각자가 타인에게 도움을 주지 않을 때
교사의 역할	정원사	심판관	매니저

7) 김현섭 외(2012), "협동학습", 한국협동학습센터
8) 정문성(2006), "협동학습의 이해와 실천", 교육과학사

지금까지 개발된 협동학습 모형과 기법들은 200가지가 넘는다. 이러한 협동학습 모형들은 크게 과제중심 협동학습, 보상중심 협동학습, 교과중심 협동학습, 구조중심 협동학습, 기타 협동학습 5가지로 크게 구분할 수 있다.[9]

구분	협동학습 수업모형
과제중심 협동학습	과제분담학습(Jigsaw), 모둠 탐구 모형(GI), 협동을 위한 협동학습 모형(co-op co-op) 등
보상중심 협동학습	모둠 성취 분담 모형(STAD), 모둠게임 토너먼트 수업모형(TGT) 등
교과중심 협동학습	수학과 모둠 보조 개별학습 모형(TAI), 언어과 읽기쓰기통합 모형, 사회과 일화를 활용한 의사결정 모형 등
구조중심 협동학습	돌아가며 말하기, 돌아가며 쓰기, 전시장 관람, 플래시카드 게임 등
기타 협동학습	매니함께 학습하기 모형(LT), 찬반논쟁 수업 모형, 온라인 협동학습 모형 등저

구조중심 협동학습

구조중심 협동학습을 창안한 사람은 케이건이다. 케이건은 '학생간의 상호작용 방식'을 강조한 존슨과는 달리, 구조화된 협동학습 기법을 '구조'라고 부른다. 그래서 구조를 블록에 비유하기도 한다.[10]

케이건의 구조중심 협동학습은 교사라면 누구나 교실에서 손쉽게 활용할 수 있는 수업 모형이다. 기존 과제분담학습(Jigsaw) 등의 협동학습 수업모형은 대부분 한 차시 이상의 시간이 걸리고, 협동학습에 익숙하지 않은 교사와 학생들에게 협동학습을 실천하게 하는 것이 쉽지 않았다. 하지만 구조중심 협동학습은 단 5분이라도 협동학습 구조를 만들 수 있도록 개발된 쉽고 간단한 모형이라고 할 수 있다. 온라인 수업 특성상 짧은 시간 동안에 협업을 하고 마무리를 지어야 하는 일이 많기 때문에, 협업의 결과를 바로 확인하게 해줄 수 있는 구조중심 협

---

9) 정문성(2006), "협동학습의 이해와 실천", 교육과학사
10) 케이건, 수원중기초 역(2001), "협동학습", 디모데

동학습을 적용하면 좋을 것이다. 구조중심 협동학습은 이미 고안된 구조와 교사가 만든 구조를 사용해 다양한 주제의 수업활동을 이끌어나가는 방식이기 때문에 일상에서 마주할 수 있는 협동 상황을 재현하는 데 매우 효과적이다. 블록과 같은 각 구조들을 결합해 복합적이고 다양한 대상에 대한 수업을 진행하며, 수업 일부 시간만 부분적으로 활용할 수도 있다.

구조중심 협동학습은 학습 목적별로 이미 생성되어 있는 구조를 적용하여 짧은 시간에도 간편하게 활용할 수 있다. 각 학생이 명확한 역할을 가지며 간단하게 수업 결과물을 도출하는 성취감을 느낄 수 있어 초등학생들도 쉽게 참여할 수 있는 교수학습 방법이다.

케이건은 블록 놀이처럼 하나의 구조만이 아니라 여러 개의 구조를 연결하여 복합적으로 수업을 디자인하는 것이 효과적이라고 보았다. 케이건의 '구조'는 교실 내에서 학생간 사회적 상호작용을 조직화하는 방식이며 교육과정의 모든 내용, 차시와 무관하게 어떤 학년에서든 여러 차례 반복적으로 사용할 수 있다.

수업은 구조(Structure)와 내용(Content)으로 구분할 수 있다. 즉, '구조'(어떻게 가르칠 것인가?)와 '내용'(무엇을 가르칠 것인가?)이라는 두 가지 요인들의 상호작용으로 학습활동이 이루어진다. 쉽게 비유한다면, 내용이 밥이라면 구조는 밥그릇인 것이다. 그래서 내용을 구조에 담게 되면 하나의 학습 활동(Activity)이 된다.

장점	내용
다른 협동학습 유형의 현장 적용 어려움을 해소	기존의 다른 협동학습 유형(Co-op, STAD, Jigsaw)은 과정과 절차가 복잡하여 협동학습에 대한 이론과 복잡한 부분을 연구해야 한다.
이미 개발된 구조의 적용 용이함	구조중심 협동학습은 기존에 개발된 구조를 하나하나 익히기가 쉽다.
수업 중 짧은 시간에 활용이 가능함	1개 구조는 단 5분~10분 정도만으로 효과를 볼 수 있다.
블록과 같은 구조의 적용이 편리함	수많은 개발된 구조 중 일부를 골라 전체 수업 시간이 아닌 현장에서 필요한 시점에만 적용이 가능하다.
다양한 구조중심 수업 가능	이미 개발된 수많은 구조를 활용하여 교사마다 아주 다양한 조합의 구조중심 수업을 전개할 수 있다.

협동학습의 기본원리

협동학습의 4가지 기본원리는 긍정적인 상호의존, 개인적인 책임, 동등한 참여, 동시다발적인 상호작용이다(Kagan).[11] 협동학습을 이해하는 데 있어서 가장 중요한 열쇠가 바로 기본원리라고 할 수 있다.

긍정적인 상호의존

긍정적인 상호 의존이란 '다른 사람의 성과가 나에게 도움이 되고 나의 성과가 다른 사람에게도 도움이 되게 하여 서로를 의지하는 관계로 만드는 것'이다. 협동학습은 공동의 학습 목표를 이루기 위해 함께 학습하도록 하는 것이다. 이를 위해서 학습자가 서로 협동하지 않으면 학습 목표나 과제 자체를 이룰 수 없도록 의도적으로 구조화시킨다.

---

11) 존슨과 존슨이 제시한 협동학습의 5가지 기본 원리는 첫째, 긍정적 상호의존성(positive interdependence) 둘째, 대면적 상호작용(face-to-face interraction) 셋째, 개별책무성(individual accountability) 넷째, 사회적 기술(social skills) 다섯째, 집단과정(group processing)이다.

개인적인 책임(개별적인 책무성)

기존 조별 학습은 학습 활동이 주로 모둠(집단) 단위로 이루어지다 보니 모둠(집단) 속에 개인이 숨는 경우가 발생한다. 그리하여 '무임승차자'나 '일벌레' 내지 '방해꾼'이 나타나는 경우가 생긴다. '무임승차자'란 자신은 전혀 공동 작업을 하지 않았으면서도 모둠 점수를 덩달아 받는 사람이다. 반대로 '일벌레'란 자신의 분량보다 많은 과제를 하는 사람이다. '방해꾼'은 자기가 속한 모둠이나 다른 모둠이 과제를 수행하는 데 오히려 문제를 일으키는 사람이다. 그러다 보니 학습 활동이 원활하게 이루어지지 못하고 평가에 있어서 공평성 문제가 발생한다.

이러한 단점을 극복하기 위해 협동학습에서는 구성원간의 협동을 중시하면서도 동시에 구성원 개인이 지닌 책임을 분명히 해야 한다. 개인적인 책임(책무성)이란 학습 과정에 있어서 집단 속에 자신을 감추는 일이 없도록 개인에 대한 구체적인 역할을 제시하고 그에 대한 책임을 묻는 것이다. 예컨대 자신의 역할을 제대로 수행하지 않으면 그 다음 단계로 넘어가지 못하게 하거나 평가에 있어서 불이익을 줄 수 있어야 한다. 즉, 평가할 때 '무임승차자'나 '방해꾼'은 모둠 전체 점수와 상관없이 감점 처리하고 '일벌레'는 반대로 가산점을 주어 개인의 역할 기여도를 충분히 반영하는 것이다.

동등한 참여

동등한 참여란 학습자 모두가 적극적으로 참여할 수 있도록 유도하면서 일부에 의해 독점되거나 반대로 참여하지 못하는 일이 없도록 하는 것이다. 기존 조별 학습의 경우를 살펴보면 발표력이 뛰어난 학생이나 외향적인 학생들이 모둠 내에서 발언을 독점하고, 반대로 발표력이 부족하거나 내성적인 학생들은 모둠 활동에서 쉽게 소외되는 경우가 많다. 이러한 문제점을 극복하려는 것이 바로 동등한 참여이다. 즉, 누구에게나 학습 활동에 참여할 수 있는 기회를 동등하게 부여하고 역할과 책임도 각자에게 동등하게 나누는 것이다. 물론 개인마다 가지고 있는 특성이나 능력이 다른 만큼, 동등한 기준의 행동을 요구하는 것은 아니다. 참여할 수 있는 기회를 동등하게 부여함으로써 공동체 속에서 자신이 차지하고 있는 부분을 실질적으로 누릴 수 있도록 해야 한다. 그러므로 동등한 참여는 각자의 개성과 능력을 충분히 발휘할 수 있는 공간을 열어주는 것이다.

동시다발적인 상호작용

모든 학생들이 수업에 적극적으로 참여할 수 있도록 하는 것은 교육적 이상일 것이다. 그러나 현실적으로 제한된 수업 시간 안에 모든 학생들이 적극적으로 참여하여 학습 목표를 이룰 수 있도록 하는 것은 거의 불가능하다.

이러한 문제점을 극복한 것이 동시다발적인 상호작용이다. 동시다발적인 상호작용이란 학습 활동이 동시다발적으로 여기저기서 이루어 질 수 있도록 하는 것이다. 동시다발적인 구조의 반대는 순차적인 구조이다. 순차적인 구조란 순서대로 한 명씩 나와서 학습 활동에 참여하도록 하는 것이다. 예를 들어, 발표를 할때 한 사람이 1분씩만 이야기해도 한 학급에 35명이라면 최소 35분의 시간이 필요하다. 그래서 대개 기존 수업에서는 2-3명을 교사가 선정하여 발표시킨다. 이러한 방식으로 발표를 시키면 실제로 발표 기회를 가질 수 있는 학생은 2-3명밖에 되지 않는다. 이와같이 순차적인 구조에서는 동등한 참여를 기대할 수 없다. 만약 순차적인 구조에서 동등한 참여를 이루려고 한다면 시간상 제한이 따를뿐더러 수업 자체도 효율성이 떨어질 것이다.

기본원리	설 명	행 동
긍정적인 상호의존 Positive Interdependence 〈관계〉	"네가 잘 돼야 나도 잘 돼" "너의 이익이 나의 이익이고 나의 이익이 너의 이익이야" 한 학생의 성과가 다른 학생에게 영향을 미치기 때문에, 학생들은 서로 도우며 학습하게 된다.	
개인적 책임 Individual Accountability 〈학습자〉	"내 할 일은 내가 책임져요" "개인적인 역할과 책임은 분명하게" 한 사람이 몽땅 일을 해 버리는 '일벌레' 나 그 반대의 '무임승차자'가 생기지 않도록 개개인에게 책임이 부여된다.	
동등한 참여 Equal Participation 〈학습자〉	"너도 하고 나도 하고 골고루 참여하자" "우리 모두 다같이 참여해요" 모둠원들 모두가 고르게 참여할 기회를 갖게 하는 것이다.	
동시다발적 상호 작용 Simultaneous Interaction 〈관리〉	"동시다발적으로 여기저기서" "모두 다같이 주고 받아요" 한 순간의 능동적 참여자수가 많으면 많 을수록 배움의 양이 많아지게 된다.	

온라인 협동학습

기존 협동학습 모형들은 대면수업을 전제로 개발되었다. 하지만 협동학습은 온라인 수업 상황에서 충분히 구현이 가능하다. 실시간 쌍방향형 화상 수업 (zoom)시 소회의실 기능을 활용하여 학생들이 모둠 활동을 할 수 있어서 기능적으로는 큰 어려움이 없다. 과제수행형 수업에서도 모둠을 중심으로 과제중심 협동학습 모형들을 활용하여 진행할 수 있다. 기존 콘텐츠 활용형 수업의 경우, 일제학습 방식의 지식 전달형 수업으로 진행할 수밖에 없는 한계가 있다. 실시간 쌍방향형 수업이라고 해도, 개별학습 방식으로만 온라인 수업을 진행하는 경우, 교사가 개별 학생들의 특성에 맞추어 피드백하는 것이 쉽지 않다. 하지만 온라인 협동학습을 실천하면 학생간의 상호 작용을 통해 학습 효과를 극대화할 수 있고, 개별 피드백의 한계를 극복할 수 있다. 그리고 다인수 학급에서 적용하기 좋고, 학생들의 학습 흥미 유발에도 도움이 된다.

협동학습 기본 원리 중 온라인 수업에서 가장 중요한 원리는 개인적인 책임이라고 할 수 있다. 왜냐하면 온라인 수업에서는 대면수업과 달리 학생들이 혼자 있는 방 안에서 수업을 듣기 때문에 무임승차자가 나타나거나 교사의 설명을 가만히 듣기만 하는 현상이 나타날 수 있기 때문이다. 온라인 수업에서도 학생이 맡은 일이 있어서 책임감을 가지고 수업에 참여하게 있도록 해야 한다.

온라인 협동학습에서는 사회적 기술(social skills)이 매우 중요하다. 사회적 기술이란 다른 사람을 배려하는 대인 관계 기술을 말하는데, 칭찬하기, 경청하기, 공감하기, 성찰하기 등이 있다. 온라인 수업에서도 학생들이 사회적 기술을 실천할 수 있어야 한다. 최소한의 예절과 서로에 대한 존중을 갖고 참여하면서 함께 만들어가는 수업을 할 수 있어야 한다. 특히 다른 친구와 선생님의 말씀에 대한 '반응'이 어떠해야 하는지를 철저히 연습할 수 있는 기회가 필요하다. 온라인 수업에서 말하는 친구를 바라보고 경청하며, 고개를 끄덕이며, 칭찬과 피드백을 할 수 있어야 온라인 상에서의 모둠 활동도 풍성하게 이루어질 수 있다.

온라인 협동학습의 실제

온라인 협동학습을 실천하는 데 있어서 다음의 3가지 원칙을 잘 기억하고 실천할 수 있으면 좋다.

① 사회자 세우기

대면 수업에서의 협동학습은 정해진 순서가 있기 때문에 별도의 사회자를 세우지 않아도 모둠 활동에 큰 문제가 없다. 하지만 온라인 수업의 경우 짧은 시간 안에 그룹을 설정하기 위해 랜덤으로 지정하는 일이 많이 생길 수 있고, 소회의실을 열었을 때 누가 먼저 시작해야 하는지 서로 머뭇거릴 수 있기 때문에 사회자를 미리 정하는 것이 필요하다. 또한 모둠 활동에서 어려움이 있을 경우, 바로 선생님께 연락을 취하도록 하는 역할까지 맡도록 하면 수업 진행에 큰 도움이 될 것이다.

② 미션 주고 들어가고 나오게 하기

교사가 짧은 시간 동안 소회의실 모두를 돌아다니기에는 한계가 있다. 대면 수업에서 교사가 모둠별로 순회하는 경우 한 모둠에 집중하더라도 다른 모둠 활동 상황을 어느 정도 확인할 수 있지만, zoom의 특정 소회의실에 들어가면 다른 소회의실 상황을 전혀 파악할 수 없다. 그러므로 교사가 '개인적인 책임'의 원리에 따라 학생들이 학습을 할 수 있도록 모둠 활동시 사전에 구체적인 미션을 주고 사후에는 그 미션을 잘 수행했는지 가시적으로 확인할 수 있는 장치를 마련해 두는 것이 필요하다. 예컨대 학습지를 채우거나, 패들렛이나 잼보드에 모둠 의견을 정리하도록 하는 것이다. 또한 작은 쪽지에 모둠원들 사이에서 나온 이야기를 메모하거나 핵심어를 카메라 앞에 보이게 할 수도 있다. 모둠 활동이 마친 뒤에는 모둠별 의견을 반드시 발표하도록 한다.

③ 사회적 기술 훈련 연습

온라인 수업에서 사회적 기술 훈련은 반드시 필요하다. 이를테면 "들어줘서 고마워", "나눠줘서 고마워" 등의 나눔 마무리 용어를 사용하게 하는 것이다. 또한 주변의 소음이 수업에 방해가 되지 않도록 음소거를 하거나, 다른 학생이 발표할 때 비디오를 끄지 않고 잘 경청할 수 있도록 한다. 수업 규칙을 어기는 경우에는 소회의실에서 교사에게 도움을 요청할 수 있도록 해야 한다.

주석틀 사용하기

식빵 브레인 구조틀 – 주석작성 이용

온라인 수업의 장점 중 하나는 다른 친구들의 학습 과정과 결과물을 실시간으로 확인할 수 있다는 것이다. 단순히 언어로 나누는 기능을 넘어서 브레인스토밍 과정을 보게 하고 친구들의 의견 나눔 과정을 통해 또 다른 생각을 재생산해낼 수 있는 수업 기법을 온라인 협동학습 안에 녹일 수 있으면 좋다. 그렇게 하기 위해 가장 좋은 방법 중 하나는 구조틀을 만들어서 사용하는 것이다. 각자의 자리에 자신의 생각을 정리할 수 있는 공간이 있다면 협업 수업을 하는 데 큰 도움이 될 것이다.

온라인 협동학습 구조의 실천

① 외로운 종이 하나

대면 활동	온라인 활동
1. 모둠원들에게 5칸 정도로 나눈 종이를 하나씩 나눠 주고 종이 한 장은 모둠 가운데에 놓는다.	
2. 교사는 주제를 제시한다. 예) 사진을 보고 생각나는 단어를 기록하기	
3. 학생들은 한 번에 한 칸만 단어를 기록하고, 단어를 기록했으면 모둠 가운데에 종이를 제출한 후, 모둠의 가운데에 놓여 있던 종이를 가져온다.	
4. 모둠 가운데에서 가져온 종이 한 칸에 이미 기록한 단어 말고 다른 것을 생각해서 기록하도록 한다.	1. 모둠원들에게 이미 분류가 된 아이템이 제시한다.
5. 모든 모둠원들이 위의 활동을 반복한다.	2. 교사는 주제를 제시한다. 예) 좋아하는 음식 등
6. 채워진 종이를 한 곳에 모아서 어떤 내용들이 있는지 살펴본다.	3. 학생들은 패들렛에서 한 번에 한 칸만 단어를 기록하고, 단어를 적었으면 다른 분류 칸에 넣을 수 있는 단어를 입력한다.
7. 브레인스토밍을 한 이 종이들을 단어 하나씩 오려낸다.	4. 단어를 기록할 때는 다른 친구들이 기록한 단어 말고 다른 것을 생각해서 기록한다.
8. 모둠원이 주제에 맞게 분류한다.	5. 모든 모둠원들이 위의 활동을 반복한다.
	6. 채워진 패들렛 내용을 보면서 어떤 내용들이 있는지 살펴본다.
	7. 필요에 따라 댓글을 달 수 있다.

② 내 방이 아니네

대면 활동	온라인 활동
1. 교사가 아이템 4개를 ppt를 통해 제시한다.	1. 교사가 아이템 4개를 패들렛을 통해 제시한다.
2. 학생들은 자기 번호에 해당하는 그림이 나가야 하는지 생각한다.	2. 학생들은 자기 번호에 해당하는 그림이 나가야 하는지 생각한다.
3. 종이에 "스마일 마크" 또는 "어멋"라고 쓴다.	3. 종이에 "스마일 마크" 또는 "어멋"라고 쓴다.
4. 모둠 안에서 돌아가며 그 이유에 대하여 말한다.	4. 소회의실에서 그 이유를 돌아가며 말한다.
5. 서로 동의하는지 확인한다.	5. 서로 동의하는지 확인한다.
6. 모둠별로 한 사람씩 일어나서 발표한다.	6. 소회의실에서 나와서 모둠별로 한 학생이 대표로 일어나 소감을 말한다.
7. 교사가 정답을 말하고 설명한다.	7. 교사가 마무리 설명을 한다.

A   B

C   D

③ 인터뷰 활동

대면 활동	온라인 활동
1. 교사가 학생들에게 주제를 제시한다.	1. 교사가 학생들에게 주제를 제시한다.
2. 학생들은 정해진 주제를 듣고 종이에 문제를 만들어 모둠 가운데 놓는다.	2. 학생들은 주제에 맞는 문제를 종이에 기록하여 출제한다.
3. 1번 학생이 자기 것이 아닌 다른 모둠원들이 출제한 문제들 중 하나를 고른다.	3. 소회의실에 들어가서 자기가 만든 문제를 카메라 앞에 보여준다. 이때 패들렛이나 주석 작성으로 보일 수 있다.
4. 1번 학생이 문제를 읽고 문제에 대한 답을 한다.	4. 1번 학생이 자기 것이 아닌 다른 모둠원들이 낸 문제들 중 하나를 고르고 문제를 읽고 답을 한다.
5. 학생의 대답에 대하여 나머지 모둠원들이 피드백을 한다.	5. 1번 학생의 대답에 대하여 나머지 학생들이 피드백을 한다.
6. 다음 번호 학생이 위의 활동을 반복한다.	6. 다음 번호 학생이 위의 활동을 반복한다.

빈 종이에 질문을 하나 만든다.

주제: 선생님께서 좋아하시는 (   )은(는) ?

선생님께서 좋아하시는 **과일은 무엇입니까?** / 선생님께서 좋아하시는 **계절은?** / 선생님께서 좋아하시는 **장소는 어디입니까?**

짝과 나누고 나서 짝의 질문을 간단히 메모하기

④ 퀴즈퀴즈 트레이드

대면 활동	온라인 활동
1. 교사가 주제를 제시한다.	1. 교사가 주제를 제시한다.
2. 학생들은 각자 해당 주제에 대한 퀴즈를 만든다.	2. 학생 각자가 주제와 관련된 질문이나 그림이나 사진이 담긴 카드를 하나씩 준비한다.
3. 친구와 만나 서로 만든 퀴즈를 맞추는 활동을 한다.	3. 소회의실(2인씩 조직)에서 짝과 카드 내용을 나눈 뒤에 짝이 가지고 있는 내용을 메모해 둔다.
4. 퀴즈 카드를 서로 바꾼다.	4. 교사가 다른 새로운 친구와 짝을 만들어 준다.
5. 다른 친구를 만나 퀴즈를 내고 맞춘 후 또 다시 카드를 바꾼다.	5. 바로 전에 만났던 짝의 내용을 지금 만나고 있는 짝에게 소개한다.
6. 위의 활동을 반복하여 최대한 많은 친구들을 만나도록 한다.	6. 위의 활동을 반복한다.

온라인 협동학습의 발전 방향

기존 협동학습 담론은 의사소통 방식의 변화와 정보공학의 등장으로 인하여 시간과 지리적 거리를 초월하여 확대되었다. 컴퓨터는 오랫동안 협력을 촉진시키는 하나의 도구이며 협력을 위한 새로운 학습 환경을 제공할 수 있다. 온라인은 학습자들에게 새로운 형태의 협력적 활동을 촉진할 뿐만 아니라 협력적 학습자가 되도록 하는 특성을 지니고 있다. 온라인 협동학습에서 학습과제는 코스 설계의 하나의 통합적 요소로 학습의 설계, 환경, 과정을 결정하는 중요한 부분이다. 현재 상황에서 온라인 협동학습의 적용과 실제 사례는 교사 주도적이고 지식 전달 중심적으로 진행되기 쉽다. 하지만 온라인 협동학습에서 학습과제 유형에 따른 협력적 활동이 아니라 단지 내용을 전달하는 교수(instruction)를 강조하면서 진행되어서는 안 된다. 온라인 협동학습을 성공적으로 교실에서 운영하려면 적절한 계획, 변형, 자료 등이 필요하며 협력을 지원하는 환경 설계를 고려해야 한다. 그리고 온라인 학습 참여자들을 위한 안내와 지원이 필요하다.

온라인 협동학습은 기존 대면 수업에서의 협동학습 방법을 그대로 온라인상에서 단순히 복제하여 구현하는 것 이상을 추구해야 한다. 온라인 상황에서만 할 수 있는 요소를 적절하게 반영하여 운영할 수 있도록 창의적인 온라인 협동학습에 대한 연구와 실천이 필요하다. 예컨대, 다른 학급 학생들과 협력하여 프로젝트를 수행하거나 다른 학교, 다른 나라 학생들과 협력하여 공동으로 프로젝트 활동을 할 수 있을 것이다.

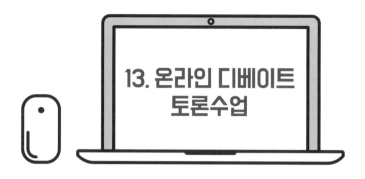

왜 디베이트 토론인가?

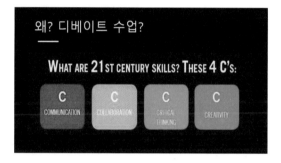

미래를 살아갈 이 시대 학생들이 갖추어야 할 역량 중 하나는 논리적 의사소통 능력이다. 이것은 매우 전인격적인 것이어서 논리적 체계만을 배워서는 안 되며 정서적, 의지적 방법론을 내면화할 때 효율적으로 작동한다. 디베이트 토론은 언어를 이용한 스포츠에 비유될 만큼 매우 흥미로울뿐더러 논리적인 사고를 함양할 수 있는 활동이다. 디베이트 토론을 진행하는 그 과정 자체가 많은 학생들이 수업에 참여할 수 있도록 구조화되어 있다. 디베이트 토론 수업은 자신의 생각을 갖고 논거를 중심으로 다양한 의견을 제시하는 방법을 가르친다. 이를 통해 학생들은 듣고, 판단하고, 주장하고, 설득하는 과정을 가지며 성장할 수 있을 것이다.

미래형 교육과정 속에 반드시 반영해야 하는 사항이 바로 '기계가 할 수 없는 일이 무엇인가?' 라는 부분이다. 미래 학자들이나 수많은 연구 기관들은 네 가지의 역량을 이야기한다. 의사소통(Communication), 비판적 사고력(Critical Thinking), 창의성(Creativity), 협업(Collaboration)이 그것이다. 디베이트 토론 수업은 이 네 가지의 역량을 활용하고 습득하여 고도의 사고력을 신장시킬 수 있는 좋은 구조적 특징을 갖고 있다.

디베이트(Debte, 토론)의 종류

디베이트 토론을 이해하려면 먼저 토의와 토론을 구분할 필요가 있다. 토의(討議, discussion)란 '어떤 문제에 대해 의견을 내걸어 검토하고 협의하는 일'을 말한다. 토론(討論, debate)이란 '두 개인이나 집단이 어떤 문제에 대해 대립되는 견해를 뒷받침할 논거를 제시하면서 공식적으로 또는 구두(口頭)로 대결하는 것'을 말한다. 즉, 토의는 서로의 의견 공유에 강조를 둔다면 토론은 논쟁과 설득에 초점을 둔다.

토의와 토론은 개념상 분명한 차이가 있지만 실제 수업에서는 분리될 수 있는 것이 아니며 혼재되어 진행되는 경우가 대부분이다. 토의를 통하여 의견이 모이면 이를 토대로 토론이 이루어지고 토론 내용이 자연스럽게 토의로 연결될 수 있다. 그러므로 토의와 토론을 연결하여 수업을 진행하는 것이 필요하다.

디베이트 토론은 폴리시 디베이트, 링컨 더글라스, 퍼블릭 포럼 등 여러 종류가 있다. 폴리시 디베이트(Policy Debate, 정책 토론)란 주어진 문제 해결을 위한 플랜이나 정책의 타당성을 따지면서 토론을 진행하는 것이다. 어떤 정책이 실행되었을 때의 장단점을 분석하고 객관적인 증거를 찾아 개선(改善)인지, 개악(改惡)인지를 실용적 관점에서 따진다. 링컨 더글라스 디베이트(Lincoin Douglas Debate)는 두 사람이 한 가지 쟁점에 대한 자기 의견을 이야기하고 자기에게 유리한 것들을 주장하는 형태의 토론이다. 주어진 문제를 어떻게 해결하는 것이 가장 이상적인지에 초점을 둔 토론 방식이다. 각각의 해결 방안이 어떤 가치를 담고 있는지 분석하면서 가치 중심 토론을 진행한다. 퍼블릭 포럼(Public Forum)은 상대의 논리에 대해서 절차를 따라 논리적으로 논박하며 진행하는 것이다. 찬성과 반대 진영을 2:2로 나누어 조목조목 따지면서 토론을 진행한다. 증거보다는 논리와 설명, 사안에 대한 분석 능력이 더 중요하다.

디베이트 토론수업의 진행

디베이트 토론의 기본 단계는 다음과 같다.

입안

각각 4분씩 논거를 중심으로 안건을 제시하는 과정이고, 입안 후에는 입안에만 참여한 참가자들 끼리 교차 질의를 할 수 있다.

반박

팀 당 4분씩 상대방의 논점에 대해 반박을 할 수 있으며 반박에 참여한 학생들만 교차 질의를 할 수 있다.

요약

자신의 팀의 주장과 상대방의 반박을 종합적으로 요약하여 자신들의 주장이 더 타당함을 주장한다. 그 후엔 토론에 참여한 모든 사람들이 3분 동안 전원 교차 질의를 할 수 있다.

마지막 초점

논박을 거치면서 쟁점이 되는 부분이나 강조하여 주장해야 할 부분에 대해 최종적 발언을 하는 과정이다. 이 단계는 앞의 입안, 반박, 요약과 비교하여 감정적인 호소를 할 수 있다는 것이 특징이다.

퍼블릭 포럼 디베이트의 형식

먼저 발언 팀		나중 발언 팀
입안 4분		입안 4분
	입안 참가자 교차 질의 3분	
반박 4분		반박 4분
	반박 참가자 교차 질의 3분	
요약 2분		요약 2분
	전원 교차 질의 3분	
마지막 초점 2분		마지막 초점 2분

디베이트 수업을 진행할 때 몇 가지 유의해야 하는 사항이 있다.

첫째, 모든 안건은 사전에 준비한다. 사전 준비가 잘 이루어져야 토론이 원활하게 진행될 수 있다.

둘째, 입안, 반박, 요약은 발표 이후에 교차 질의 시간이 있으므로 사실 중심의 논리를 펴는 것이 좋다.

셋째, 마지막 초점은 상대 팀을 감정적이고 논리적으로 감동시키는 논거를 제시할 때 효과적이다. 이러한 과정을 통해 자기 팀이 승리했다는 것들을 암시할 수 있다.

마지막으로 팀당 발표 전에 2분의 작전타임을 요청할 수 있다. 다른 팀도 작전 타임이 끝날 때까지 그저 기다리지 않으며 자신들도 똑같이 그 시간을 활용한다.

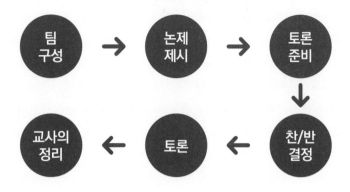
퍼블릭 포럼 디베이트의 준비 및 절차

팀 구성 → 논제 제시 → 토론 준비

교사의 정리 ← 토론 ← 찬/반 결정

퍼블릭 포럼 디베이트의 세부 단계를 다음과 같이 제시할 수 있다.

1. 팀 구성

먼저 팀을 구성한다. 양 팀을 구성할 때는 학생들이 원하는 팀으로 구성하는 것이 원칙이지만 교사의 개입이 필요한 경우가 있을 수도 있다.

2. 논제 제시

팀이 정해졌다면 논제를 제시한다. 청소년들이 참여하는 퍼블릭포럼 디베이트의 경우는 논제가 논쟁적인 것일수록 좋다. '학생의 화장', '교복 자율화' 등의 학생들이 생활 속에서 개선의 필요나 문제성을 인식하고 있는 것일수록 토론에 적극적으로 참여한다.

3. 토론 준비

논제가 제시되면 학생들은 그 논제의 찬성 측 의견과 반대 측 의견 모두에 해당하는 자료를 검토한다. 논문, 전문서적, 신문, 정책 등을 검토하여 문제가 되는 쟁점이 무엇이고 찬성을 주장하는 의견을 위해 선택해야 할 논리가 무엇인지, 양측의 주장에 대한 반박은 어느 것이 있는지 정리한다.

4. 찬반 팀 결정

원칙적으로 퍼블릭포럼 디베이트에서는 찬반을 디베이트 직전 현장에서 토스로 결정한다. 그런데 수업을 진행하는 현장에서 찬반을 토스로 결정하는 경우 찬성 측 의견과 반대 측 의견 모두를 미리 만들어 놔야 한다. 이것은 학생들에게 토론을 위해 너무 많은 시간을 쓰게 하는 부담이 있다.

수업 현장에서 짧은 시간 안에 토론 수업을 준비하기 위해서는 사전에 팀을 구성하고 어느 팀이 찬성과 반대를 할 것인지를 결정해 주어야 한다. 현장에서 토스로 찬반을 결정하는 형태가 퍼블릭 포럼의 원래 형식이라는 것을 알 필요는 있으나, 학생들이 직접 찬반을 선택할 수 있도록 하면 팀 설정이 자연스럽게 이루어진다는 장점이 있다.

그러나 모든 아이들이 찬반을 쉽게 결정할 수 있는 것은 아니기에 약속된 기한 내에 팀 선택을 마치지 못하는 일이 빈번할 것이다. 경험상 이럴 때에는 교사가 의견을 제시하지 않은 학생들의 찬반을 결정해서 인원을 조정하고 팀을 공지하는 것이 가장 효율적이다.

12명 정도가 한 팀으로 구성되고 입론, 반론, 요약, 마지막 초점이라는 4개의 과정을 거쳐야 하기 때문에 세 명이 각각의 임무를 맡으면 적절할 것이다. 토론이 시작되기 전 학생들은 '상대방의 논제가 무엇일까?'라는 것을 중심으로 반론을 준비하고, 또 우리의 입론에 대해서 상대는 어떤 반론과 어떠한 교차 질의가 있을지 예상해야 한다.

5. 토론 진행

교사가 '입론-반론-요약-마지막 초점'의 순서대로 토론을 진행한다.

6. 교사의 정리

누가 승리하였는지를 말하는 것은 퍼블릭 포럼 취지에 맞지 않는다. 교사가 토론 수업을 정리하는 과정에서는 토론에 임하는 학생들의 자세나 이를 잘 지키는 학생에 대해서 칭찬을 해주는 것이 좋다. '반론에 대해서 겸손하게 받아들인 일', '팀의 의견을 위해 순발력 있게 추가 자료를 찾아준 일', '감정적으로 흥분하지 않고 차분하게 말을 잘한 일' 등을 칭찬하는 것이 좋은 예이다. 2차시 수업으로 진행하는 경우, 첫 번째 시간을 준비 시간으로 주고 두 번째 시간을 학생들이 직접 토론하는 시간으로 풀어나가면 된다. 이때 정해진 순서와 시간은 정확히 지켜야 한다. 교사의 역할은 시간을 지켜 주는 시간관리자(Time keeper)이며 학생들이 감정적으로 고무되었을 때 긴장감을 풀어주고 논제에서 벗어났을 때는 적당한 순간에 정리해주어야 한다.

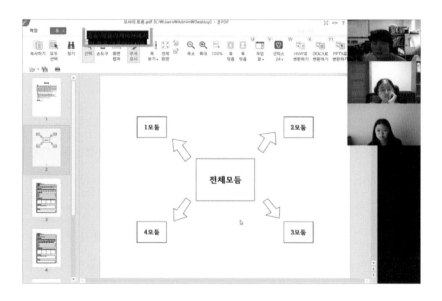

디베이트 토론수업을 위한 플랫폼과 어플리케이션

ZOOM

수업을 통해 논제를 제시하고 그에 관한 기본 이해를 돕는 시간을 실시간 쌍방향 수업으로 진행한다.

- ZOOM(화면, 음성, 채팅) : 수업 전체 과정에서 질의응답 및 정보 교환을 할 수 있다.
- ZOOM(소회의실) : 팀별 작전을 짜고 역할 분담을 할 수 있다.

구글 클래스룸

주제를 제시한다. 주제는 한 문장으로 제시하는 것이 좋다. 주제를 제시한 이후 이메일로 집계된 팀을 공지하는 것이 좋다.

구글 G메일

논제를 제시하고 학생들에게 찬성과 반대 팀을 선택하도록 안내한다.

스마트 디바이스로서 스마트폰, 노트북, 크롬북, 웹캠 달린 데스크탑 등 학생의 여건에 맞는 장치가 필요하다.

온라인 디베이트 토론 수업의 실제

학생들의 디베이트 토론 수업 전에 먼저 교사가 논제에 대한 객관적 설명을 한다. 예를 들어보자. 어느 지역사회에서 화상경마장을 유치하려는 움직임이 있었다. 지자체는 신문기사 등으로 화상경마장 유치를 통한 지역경제 부흥전략을 홍보했다. 이 지역은 관광자원을 마련해 여행객을 유치하지 않으면 30년 안에 사라질 것이라는 전망이 나오는 상태였다. 이러한 위기감에서 화상경마장 유치의 필요성이 논의되었다. 반면 이 지역은 인삼을 중심으로 경제를 유지하고 있는 지역이었다. 이 지역은 현금 순환율이 매우 높기 때문에 도박의 위험에 빠지기 쉽다는 우려도 제기되었다. 교사는 먼저 이러한 내용을 수업을 통해 학생들에게 소개할 필요가 있다. 교사는 적절한 시간 동안 논제에 대한 양분된 주장들을 균형감 있게 설명하고 학생들이 진지하게 고민할 수 있는 시간을 가지게 한다.

학생들이 이메일, 구글 클래스룸의 스트림 카테고리 등을 통해서 팀 선택 의사, 논제에 대한 궁금증을 교사에게 이야기할 수 있도록 지속적인 안내를 해야한다. 온라인 디베이트 수업을 할 때 필요한 어플리케이션은 실시간 화상회의 체제인 줌(zoom)이 가장 좋다.

특히, zoom의 소회의실 기능은 팀별 작전, 역할 소그룹 논의를 자유롭게 할 수 있기 때문에 매우 유용하다. 소회의실에서 학생들이 논의를 할 때 교사는 메인 세션에 있으면서 방문하고 싶은 소회의실을 둘러 볼 수도 있고, 다른

소회의실에서 교사를 부르는 요청이 있을 때 응하여 필요한 자료나 방향을 제시해 줄 수 있다. 소회의실에서 학생들이 활동할 때 줌의 화면 공유 기능을 사용하여 구글 문서나 프레젠테이션을 함께 보는 것도 가능하다. 특히 같은 팀끼리 입안의 주요 논지는 무엇이고, 상대의 입안을 예측하여 만든 반박은 어떤 방향이며, 어떻게 요약했고, 마지막 초점은 어떻게 마무리할 것이라는 대략적인 정보가 공유되어야 디베이트를 진행하는 동안 논리적 근거를 놓치지 않을 수 있다.

절차에 따라 토론을 진행하는 과정에서 학생들이 상대 팀의 의견을 아주 면밀하게 듣지 않으면 적절한 반론을 제시할 수 없고, 교차 질의에서도 적절한 질문을 할 수 없다. 그렇기 때문에 학생들은 각자의 역할을 분명하게 알고 있어야 한다. 입론을 맡은 세 사람 중 한 명은 입론을 발표하고, 나머지 두 명은 상대 팀의 의견을 들은 후 교차 질의에 해당하는 질문을 예상하여 적절한 질의를 하는 것이다. 이렇게 각각이 할 일을 명확하게 분배하고 전체의 맥락에 맞게 조정하며 자신이 어떤 역할을 수행해야 할지를 안 상태로 토론 수업에 참여한다면 밀도 높은 수업이 될 수 있을 것이다.

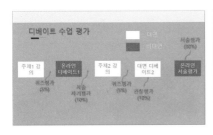

별무리학교에서는 디베이트 토론 수업 이후에 교사가 학생들에게 자기 평가를 요청하였다. 여기에서는 학생들이 자기가 맡은 역할은 무엇이었고 실제 토론에서 어떤 이야기를 했으며, 자신들의 주장에 대해 상대 팀은 어떤 질문

을 했고 자신의 팀에서는 어떤 대답을 했는지 기록하도록 했다. 또한 그 과정을 통해서 자신이 배운 것이 무엇인지를 자기 평가에 반드시 쓰게 했다. 별무리학교는 자체적으로 학습관리시스템(LMS, Learning Management System)을 준비했기에 이를 활용하여 자기 평가를 할 수 있었다. 하지만 LMS가 준비되지 않은 학교라면 구글 클래스룸에 공지된 논제 밑에 댓글을 쓰는 형식으로 자기 평가를 할 수도 있을 것이다.

교사의 강의 내용에 대하여 퀴즈 형식으로 평가하였고, 구글 클래스룸에서 과제에 댓글을 다는 형태로 자기 평가를 기록하도록 하였다. 모든 과정이 정리된 후에는 서술 평가를 통해서 디베이트 토론에 참여한 학생들이 수업을 거치며 무엇을 배웠는지, 어떤 형태로 자신의 논거를 진행했고 상대 팀의 논거에 대해서 어떤 질문과 생각을 했는지 등을 서술할 수 있도록 하였다. 이를 통해 학생들이 의사소통과 협업, 창의적인 안목으로 비판적 사고를 거쳐 상대방에게 적절한 질문을 할 수 있는 과정을 온라인 수업을 통해서도 구현하였다.

14. 온라인 문제해결수업(PBL)

역량 중심 수업의 비결, PBL

사회 성적이 뛰어나다고 해서 사회적 갈등을 잘 해결하고 민주적 의사결정을 내릴 수 있을까? 영어 성적이 뛰어나다고 해서 외국인과 자유롭게 대화할 수 있을까? 이러한 질문에 자신 있게 말하기 힘든 것이 우리 교육 현실이다. 이론과 현실이 분리되었기 때문이다. 물론 잘 갖추어진 이론이 현실적인 문제 해결에 도움이 되는 것은 사실이다. 그러나 이론이 완벽하면 반드시 문제를 해결할 수 있다고 단정 짓기는 힘들다.

산업화 시대의 특징 중 하나는 표준화였다. 그때는 다른 사람들이 연구한 성과나 경험을 통해 시행착오를 줄이고 표준화된 정답을 찾는 것이 효율적인 접근 방식이었다. 하지만 4차 산업혁명 이후 불확실성의 시대에서는 표준화된 정답을 찾기가 힘들게 되었다. 예전에는 정답이었던 것이 시대와 사회가 변하면서 더 이상 정답이 되지 않는 경우가 발생했다. 그래서 이전처럼 하나의 정답만을 찾는 방식으로는 복잡한 현실의 문제를 파악하고 이를 해결하기 힘들게 되었다. 이제는 어떤 문제에 대하여 다양한 대안들을 모색하고 상황에 맞게 각각의 대안들을 적용하여 최선의 해결 방법을 찾아서 문제를 해결해야 한다.

그리고 일제학습이나 주입식 교육에서는 정답을 암기하는 것이 가장 효율적인 학습 방법이었으나 지식이 폭증하는 현재 상황에서는 암기와 이해만으로는 문제 해결에 큰 도움이 되지 않는다. 필요한 지식과 정보는 정보통신기술을 활용하여 얼마든지 손쉽게 구할 수 있는 환경이 되었기 때문이다. 따라서 지식을 활용하여 문제를 해결하려면 문제해결과정을 교실에서 직접 경험하고 실천할 수 있어야 한다.

문제해결 수업(PBL)의 특징

의대생들은 대학에서 기초과학 수업을 통해 방대한 지식을 배우지만 많은 경우 인턴 생활에서 환자들을 진료할 때 여러 어려움을 경험한다. 추론 기능과 자기주도적 기능이 부족하기 때문이다. 이러한 문제점을 극복하기 위해 개발된 수업모형이 문제해결 수업(PBL)이다. 문제해결 수업은 이후 의대 수업뿐 아니라 교육, 공학, 경영, 법률 등 다양한 분야에서 활용되고 있다.

문제해결 수업(Problem-Based Learning)은 문제를 활용하여 학습자 중심으로 학습을 진행하는 교수 학습 방법이다.(Barrows & Myers, 1993) 대표적인 구성주의 교수학습 모형 중 하나로서 실제적인 삶의 문제(Problem)를 이해하고 해결 방안을 모색하는 수업을 말한다. 약칭 그대로 PBL 수업이라고도 하고, 문제 중심 학습이나 문제 기반 학습이라고 부르기도 한다.

문제해결 수업(PBL) 모형의 목적은 현실에서 사용 가능한 지식의 기반을 습득하고, 과학적이고 분석적인 추론 능력을 함양하며, 지식을 통합하고 자율적으로 학습할 수 있도록 하는 것이다. 여기서 말하는 문제(Problem)란 학생과 관련이 있는 현실적인 문제, 여러 가지 해결 방안이 나올 수 있는 비구조화된 문제, 명료한 결과가 나올 수 있는 문제이다. 여기에서 교사는 안내하고 질문하며 단서를 제공하는 조력자이자 촉진자일 뿐 문제해결의 주체는 학생이다.

문제해결수업(PBL)의 특징은 다음과 같다.[12]

PBL에서는 문제로부터 학습이 시작된다.

PBL에서는 문제는 학습해야 하는 내용을 모두 포괄하는 광범위한 문제가 제시된다. 또한 학습자들이 문제를 이해하고 학습의 당위성을 인식할 수 있도록 실생활에서 경험할 수 있는 사실적이고 실제적인 문제가 사용된다. 하나의 정답이 있는 구조화된 문제가 아니라 다양한 대안과 방법이 요구되는 비구조화된 (ill-structured) 문제이기도 하다. 이에 따라 PBL에서 제시되는 해결책은 학습자의 관심, 배경 수준에 따라 다양하게 나타날 수 있다.

PBL은 학생 중심의 학습 환경이다.

PBL에서는 학습자의 활동에 의해 학습이 진행된다. 학생은 자신의 학습에 스스로 책임을 져야 한다. 자신이 해결해야 하는 문제를 이해하고 관리하기 위해 무엇을 알아야 하는지 확인하고, 필요한 정보를 어디서 얻어야 하는지 결정해야 한다. 이를 통해 학생은 관련된 개념과 원리를 배우게 되며, 필요한 정보를 수집하고 분석하며 정보를 처리하는 능력을 기르게 된다.

PBL에서는 모둠 활동을 중심으로 학습이 진행된다.

PBL에서의 문제해결과정은 모둠 활동으로 이루어진다. 각 모둠 활동을 돕는 역할은 별도의 튜터가 담당할 수도 있는데, 이 경우 각 모둠 구성원들의 활동을 점검하고 촉진하며 피드백을 제공하는 역할을 한다. 학생은 활동을 통해 문제를 분석하고 문제해결을 위한 절차와 방법을 토의하며 역할을 분담한다. 역할 분담에 따라 주어진 학습과제를 학습한 후 다시 모둠으로 모여 학습한 내용을 발표하고, 토의하며, 최종 해결안을 모색한다.

---

12) 강인애 외(2007), "PBL의 실천적 이해", 문음사 https://brunch.co.kr/@choihs0228/304

PBL에서는 자기주도적 학습을 통해 새로운 지식을 습득한다.

PBL에서 학생은 자기주도적인 문제해결과정에 적극적으로 참여하며 새로운 정보를 얻고 스스로 학습하는 전문성을 지니게 된다. 자기주도적 학습은 모둠 활동에 의해 개별 학생의 학습이 소홀해지는 것을 방지할 뿐만 아니라 전문가로서 필요한 능력을 개발할 수 있다.

PBL에서는 교사의 역할이 '지식전달자'에서 '학습촉진자'로 전환된다.

PBL에서의 교사는 일방적인 강의를 통해 지식을 전달하기보다 학생들이 자기 문제를 더 잘 이해하고 학습을 효과적으로 수행할 수 있도록 필요한 질문을 제기함으로써 학습을 촉진하는 역할이다.

물론 문제를 활용한 교수학습방법은 예전에도 있었지만 이러한 전통적인 수업과 문제해결 수업은 다음과 같은 차이점이 있다.

전통적인 수업	문제해결 수업(PBL)
• 학습이 제대로 이루어졌는지 확인하는 방법으로 문제가 주어짐 • 1-2개의 사실적인 지식이나 원리를 적용하는 단순한 문제 • 교사가 문제해결을 위한 내용을 학생들에게 알려줌	• 학습을 시작하기 위한 방법으로 문제가 제시됨 • 학습해야 하는 내용을 모두 포괄하는 광범위한 문제 • 1개가 아니라 다양한 해결책을 찾기 • 학생이 직접 해답을 찾아야 하고, 교사는 촉진자로서 역할을 수행함

문제해결 수업(PBL) 모형과 동일한 약칭으로 사용되는 것이 프로젝트 기반 수업(Project-Based Learning)이다. 이 둘을 혼동하여 사용하는 경우도 많다.[13] 이 둘의 공통점은 구성주의적 인식론을 기반으로 문제해결에 접근하면서 학생의 자기주도적 학습과 촉진자로서 교사의 역할을 강조한다는 점이다. 문제해결

---

13) 강인애, "4차 산업시대에 PBL의 재조명", 서울교육 229호

수업(PBL) 모형이 1-2차시 수업 안에서 비교적 손쉽게 해결할 수 있는 과제를 중심으로 진행한다면, 프로젝트 기반 수업 모형은 5차시 이상 1학기 동안 진행하기 때문에 많은 시간과 노력이 필요하다는 것이 차이점이다. 또 문제해결 수업에서는 PBL 문제를 교사가 구안하여 구체적으로 제시한다면, 프로젝트 기반 수업에서는 학생이 학습 주제의 방향에 따라 직접 프로젝트 주제를 선정한다는 점에도 차이가 있다.

문제해결 수업(PBL)의 절차

일반적인 문제해결 수업 모형의 절차와 진행 단계는 다음과 같다.[14]

1. 문제 개발

① 교과 및 단원 선정

- 문제 중심 학습을 하기에 좋은 교과 및 단원을 선정한다.

② 교육과정 분석

- 교육과정의 목표와 내용을 분석한다.

③ 자료 수집

- 교육과정 분석을 통해 선정한 문제 개발의 방향에 따라 관련 자료를 수집한다.

④ 문제 초안 작성

- 학습 주제, 학생들의 관심사와 배경 지식, 문제 개발을 위한 자료 등을 토대로 문제 시나리오를 작성한다.

⑤ PBL 문제 만들기

- 동료 교사의 피드백 등을 통해 타당도를 점검하고 최종 PBL 문제 시나리오를 작성한다.

---

14) 강인애 외(2007), "PBL의 실천적 이해", 문음사

2. 수업 설계

① 교수 학습 지도안 작성

- 세부적인 수업 운영 계획을 수립한다.

- 모둠 구성 및 학습 동기 유발 전략을 세운다.

- 시간 운영 계획을 수립한다.

- 과제수행 계획서(Tutor sheet)를 작성한다.

② 평가 계획 만들기

- 수업 모형에 걸맞는 평가 계획을 수립한다.

3. 학습 환경 만들기

① 오프라인 학습 환경 준비

- 수업에 필요한 학습지, 교실 공간 등을 마련한다.

② 온라인 학습 환경 준비

- 온라인 학습 활동에 필요한 컴퓨터, 스마트 기기, 웹 사이트 등을 준비한다.

4. 수업 실행

① 기본 개념 설명 및 동기 유발

- 교사가 주제와 기본 개념을 설명하며 동기를 유발한다.

② 문제 시나리오 제시

- 교사가 준비한 문제 시나리오를 제시한다.

③ 개인별 과제 해결

- 개인별로 문제 시나리오에 대한 해결 방안을 모색하고 이를 학습지에 기록한다.

④ 협동학습 (모둠별 문제 해결 활동)

- 모둠별로 문제 시나리오에 대한 대안을 선택하고 이유를 정리한다.

⑤ 전체 발표 및 교사의 피드백

- 모둠별 활동 결과를 전체 학생 앞에서 발표하고 교사가 피드백한다.

5. 평가

① 평가 및 점수 부여

- 교사 평가, 동료 평가 등 다면 평가 방식으로 활동 과정과 내용에 대한 종합 평가를 내리고 이를 수행 평가에 반영한다.

② 포트폴리오 만들기

- 활동 과정의 자료들을 포트폴리오 형태로 정리하고 자료실에 게시한다.

PBL 문제 사례

국어과 PBL문제

다음의 단어들을 활용하여 '진정한 사랑'을 주제로 단편 소설을 쓴다면? (국어과)

- 핵심 단어 : 시계, 교복, 교탁, 이름표, 책상, 거울, 바람, 운동장, 소나기, 지각

지리과 PBL문제

일주일 동안 정글을 탐험한다고 할 때 생존에 필요한 도구를 5가지 고른다면 무엇을 선택할 것인가? 또한 일주일간 이를 활용하여 어떻게 살아남을 것인가? (지리과)

- 도구 : 칼, 나침반, 휴지, 비닐, 구급약, 라면, 구급약, 버너, 코펠, 우산, 호루라기, 망치, 만화책, 게임기, 긴 옷, 담요, 그물, 깃발, 줄, 수건

과학과 PBL

빨대와 나무젓가락, 유리 테이프만 활용하여 4층에서 안전하게 달걀을 낙하

시킬 수 있는 방법은 무엇인가?

윤리과 PBL 문제

내가 만약 희진이라면 어떻게 행동할 것인가? 그렇게 행동하는 이유는 무엇인가?

희진이는 고등학교 2학년이다. 최근 3년간 짝사랑했던 오빠와 사귀기 시작했다. 짝사랑한 기간이 길었던 탓에 오빠와 만나는 것 자체가 너무나 기쁘고 즐거웠다. 만나면서 자연스레 손을 잡았고, 스킨십은 가벼운 포옹, 키스까지 나아갔다. 그런데 사귄 지 100일 무렵, 오빠가 갑자기 그 이상의 스킨십을 요구하기 시작했다. 희진이는 키스 정도는 괜찮다고 생각했지만 그 이상의 요구는 망설여졌다. 희진이는 일단 거부했고, 오빠는 그럴 때마다 희진이에게 서운해하고 냉담해졌다. 계속 거부만 한다면 관계가 깨질 것 같았다. 희진이는 어떻게 행동해야 할까?

온라인 PBL 수업모형

PBL 수업모형은 온라인 수업으로 구현할 수 있다. 온라인 수업 중 실시간 쌍방향형 수업에서는 PBL 수업을 그대로 운영할 수 있다. 과제수행형 수업에서 과제를 낼 때 PBL 문제를 제시하면 학생들은 게시판이나 패들렛 등을 활용하여 해결 방법을 모색할 수 있다. 다음은 실제 온라인 PBL 수업을 실천한 사례이다.

가정과 PBL 문제

나는 어떤 유형의 배우자를 만나고자 하는가? 최선의 선택이 힘들어서 차선의 선택을 한다면?

최근 소개팅을 통해 3명의 사람을 만났다. A는 외모가 매우 뛰어나지만 성격은 다소 까탈스럽고, 가치관은 나와 비슷하며, 재산 수준은 보통이다. B는 반대로 외모가 그리 좋지는 않지만 성격이 매우 좋고, 가치관은 나와는 조금 차이가 나도 재산 수준은 가장 부유하다. C는 외모가 평범하고 성격이 원만하며 가치관이 나와 가장 잘 맞아 대화가 잘 이루어진다. 하지만 가정 형편이 그리 좋지 않고 결혼하게 되면 가족들을 부양해야 한다.

거꾸로 하는 문제해결 수업(FPBL)

PBL 수업을 블렌디드 수업 형태로 진행한 것이 '거꾸로 하는 문제해결 수업'(Flipped Problem Based Learning, FPBL)이다. 한국교원대 창의인성 거점센터에서 새롭게 개발한 수업모형이다. 교육부와 한국과학창의재단과 협력하여 창의교육 선도프로그램을 개발하였다.

이는 거꾸로 수업(Flipped Learning)과 문제해결 수업(PBL)을 결합하여 만든 수업 모형이다. 거꾸로 수업(Flipped Learning, 逆進行 授業)은 미국의 존 버그만이 시작한 수업 방식으로 학생과의 상호작용에 수업 시간을 더 할애할 수 있는 교수학습 방식이다. 거꾸로 수업은 말 그대로 기존 교사와 학생의 역할을 뒤집는다는 의미이다. '학교에서 교사의 일방적인 강의식 수업을 듣고 집에서 숙제하며 혼자 공부하기'와는 달리 '수업 내용을 간단히 소개한 영상 따위의 자료를 보고 학교에서 모둠별로 배운 지식을 활용하는 활동하기'를 기본으로 수업을 진행하는 것이다.

거꾸로 수업의 일반적인 진행 절차는 다음과 같다.[15]

1. 수업 전 단계
- 교사가 수업 전 학습 자료를 제작한다. (디딤 영상 제작)
- 수업 목표와 성취 기준을 고려하여 준비한다.

2. 수업 중 단계
- 학생들의 선행 학습 상황을 파악하고 피드백한다.
- 교사가 학생들에게 학습 활동 과제를 제시한다.
- 학생들은 과제 성격에 따라 개별, 모둠별 과제를 수행한다.
- 교사가 개별적으로 피드백하면서 학습을 촉진할 수 있도록 한다.

3. 수업 후 단계
- 수업 후 수준 높은 과제를 제시하거나 피드백을 통해 학습 기회를 제공한다.

거꾸로 하는 문제해결 수업(FPBL)의 진행 절차는 다음과 같다.[16]

---

15) 전남교육청(2014), 거꾸로 수업 자료집
16) 교원대 창의인성 거점센터(2019), "거꾸로 하는 문제해결 학습(FPBL)" 수업 자료집, 교육부

단계		수업 과정
문제 인식	수업 전 (온라인)	1. 디딤 영상 시청을 통한 동기 유발
	수업 중 (온라인/대면)	2. 도입
		3. 문제 제시
		4. 잠정적 해결 방안 찾기
		5. 사실 찾기
문제해결 및 방안 찾기	수업 전 (온라인)	6. 추가 디딤 영상 시청
	수업 중 (온라인/대면)	7. 학습 과제 정하기
		8. 학습 과제 정하기
		9. 문제해결 단계
		10. 문제 후속 단계
		11. 결과물 제시 및 발표
		12. 문제 결론과 해결 이후
실행	수업 후	13. 실행

거꾸로 하는 문제해결 수업(FPBL)의 실제

거꾸로 하는 문제해결 수업의 실제 사례는 다음과 같다.[17]

과목 : 고교 생명과학

주제 : 암

대상 : 고등학교 1, 2학년

---

17) 천안여고 임지정 교사의 수업 사례이다.
  교원대 창의인성 거점센터(2019), "거꾸로 하는 문제해결 학습(FPBL) 고등 생명과학1" 수업 자료집, 교육부

수업 진행

[1-2차시]

· 수업 전 디딤 영상 시청 : '암이 사망원인 1위' 뉴스 영상 시청

· 디딤 영상 확인 및 소감 나누기

· 여배우 안젤리나 졸리의 암 예방 수술 사례에 대하여 소개

· PBL 과제 제시 (졸리의 주치의가 되기 위한 오디션을 준비하라)

· 잠정적 해결 방안 찾기 : 개별 학습, 모둠 토의, 유목화, 학급 전체 발표

· 사실 찾기 : 문제 해결을 위한 알고 있는 것을 정리하기

· 학습 과제 정하기

· 실천 계획 세우기

· 정리 및 사후 안내

[3-4차시]

· 수업 전 추가 디딤 영상 시청하기 : 암 발생과 전이에 대한 영상 보기

· 도입 : 추가 디딤 영상 시청 확인

· 실천 계획 세우기 : 실천 계획 완성하기, 역할 분담표 작성

· 문제 해결 단계 : 구체적 계획을 실천하기

· 문제 후속 단계 : 모둠 내 자료 공유 및 해결 방안 보완하기

· 결과물 제작

· 정리

[5-6차시]

· 사전 안내 : 발표 환경 안내

· 도입 : 오디션 개최

· 결과물 제작 : 최종 결과물 제작 및 발표 연습

· 결과물 발표 및 질의 응답, 모둠별 평가

· 문제 결론과 해결 이후 : 학습 내용 정리, 교사의 전체 활동에 대한 평가 및 피드백

· 정리 : 자기 평가서 및 동료 평가서 작성

· 실행

[PBL 문제 내용]

나는 할리우드의 유명 배우 줄리입니다. 저의 어머니는 40대에 난소암으로 돌아가셨고, 저의 이모도 얼마 전 유방암을 진단받았습니다. 저는 암이라는 질병이 가족력이 크다는 것을 잘 알고 있습니다. 그래서 저도 암에 걸릴까 두렵습니다. 암이 어떤 질병인지, 왜 걸리는지 궁금합니다. 그 외에 어떤 암이 있는지도 알고 싶어요. 어떻게 하면 암에 걸리지 않고 건강하게 살 수 있을까요? 이러한 것들을 알려줄 수 있는 주치의가 꼭 필요합니다.

줄리의 주치의가 되기 위한 오디션이 열립니다. 여러분이 주치의가 되기 위한 오디션 준비를 해주세요.

- 발표물 형태 : 자유

- 발표 시간 : 10분

- 주의 사항 : 암 세포의 특징을 세포 분열 주기와 관련하여 설명해야 하고, 과학적인 근거가 있으면서도 참신하고 이해하기 쉽도록 준비해 주세요.

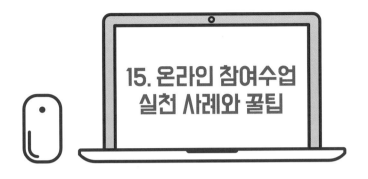

온라인 참여 수업의 다양한 실천 사례

스마트폰 카메라 수업

　실시간 쌍방향형 수업 중 가장 소박하게 수업을 진행할 수 있는 방법은 줌을 활용한 화상 통화이다. 별무리고등학교에서 실시한 온라인 수업의 사례에서 인상적이었던 것 중 하나가 연대 세브란스 병원 교수의 수업이었다. 그는 기생충 분야에서 세계적으로 유명한 학자이지만 프레젠테이션을 만드는 방법을 몰랐다. 그래서 칠판에 '기생충'이라고 쓰고 카메라를 비추면서 줌 수업을 시작하였다. 인용이 필요한 경우 랩실의 큰 테이블에 논문 열두 개 정도를 쭉 늘어놓고 실물화상기를 보여주는 것처럼 카메라를 갖다 대며 보여주었다.

　강의는 기생충이 박멸된 시점을 기준으로 인간에게 자가 면역질환이 생기기 시작했다는 것, 그리고 '기생충의 어떤 생물학적 조건이 인간에게 자가 면역질환이 생기지 않게 하는 것은 아닐까?'라는 내용이었다. 수업 자체는 사실 투박했다. 강의도 카메라를 들고 다니면서 실험실을 빙빙 돌아다니는 식이었다. 그러나 그 한 시간 남짓의 수업에 대한 학생들의 반응은 폭발적이었다.

이 수업을 보면서 온라인 수업에서 세련된 프레젠테이션이나 동영상을 보이는 것보다 전문가의 분석을 반영한 자료를 적절하게 잘 활용하는 것이 더 중요할 수 있겠다는 생각이 들었다. 이 수업에서도 우리나라의 감염 빈도, 홍역의 발생 빈도, 알레르기 천식이 어떻게 분포하는지 등의 자료들을 보여주는 것이 효과적이었다.

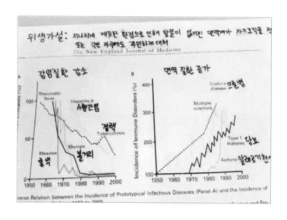

동영상 제작을 통한 수업

요게..25포기... 오늘..uh..함께 심겠습니다.

농사 수업은 비대면 상황에서 불가능한 수업이다. 고교 학점제를 진행하는 과정에서 학생들의 개설 요구를 반영하다 보면 학교 내에서 해당 전문가를 찾기 힘들 수 있다. 농사 수업은 학생들이 만나 직접 땅을 일구고, 거름을 만들고, 종자를 심어 기르고 수확해야 하는 수업인데, 비대면 상황에서는 모든 것이 불가능하다. 결국 교사가 직접 땅 만들기, 거름 만들기, 심고 가꾸는 것을 사진과 동영상을 촬영하여 학생들에게 제공하고, 전문 지식은 유튜브에 게시된 콘텐츠를 활용하여 수업을 진행했다.

힘겹게 수업을 진행하면서 평가까지 해야 하는 상황이었다. 그러던 중 어떤 학생들이 교사가 구글 클래스룸에 업로드한 사진과 동영상 자료를 바탕으로 팀별 동영상을 제작했다. 교사는 동영상 제작에 대해 잘 몰랐지만, 학생들이 교사가 찍은 사진과 동영상을 활용하여 잘 편집된 새로운 동영상 콘텐츠를 만든 것이다. 이를 통해 교사가 동영상 제작을 잘하지 못하더라도 학생들과 함께 수업을 만들어 가면 된다는 생각을 하게 되었다.

학생들이 학습 주제에 따라 팀별로 스토리보드를 만들어 직접 동영상을 제작하여 공유하는 것도 좋은 방법이 될 수 있다. 학기 초 각 팀에게 소단원을 하나씩 배정하고 해당 주제를 토대로 스토리보드를 만들게 하였다. 학생들은 교사가 스토리보드를 점검하고 피드백을 하고 나서 최종적으로 통과된 경우에만 동영상을 촬영할 수 있었다. 그렇게 해야 학습 주제와 상관없는 내용으로 흘러가는 것을 막을 수 있고, 제작 시에도 효율적으로 촬영하여 편집할 수 있기 때문이다. 동영상을 제작하고 나서 수업 시간에 상영하였고, 다면 평가(교사 평가 및 동료 평가) 방식으로 평가에 반영했다. 수업 이후 학생 작품 콘텐츠들을 공유하여 해당 학급만이 아니라 다른 학급 동영상도 볼 수 있도록 하였다.

공유 마인드 맵 활용 수업

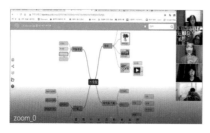

별무리고등학교에서 정보과학이나 스마트 농업에 대해 수업하는 교사는 공유 마인드맵이라는 소프트웨어를 자주 사용한다. 이 앱은 한 가지 주제로 학생들의 생각을 분류해보고 다듬는 데 매우 효율적이다. 줌(zoom)과 연동해서 사용하는 것도 가능하다.

온라인 교육 활동 실천 사례

수업뿐 아니라 학교 행사나 자치 활동 등 다양한 방면에서 온라인 교육 활동을 할 수 있다. 별무리고등학교에서는 학회 참여, 자치 활동 등 다양한 온라인 교육 활동을 실천하였다.

국제 온라인 학회 참여

교육학에 관심 있는 학생들을 대상으로 교육학 수업을 하고 학교의 교육과정에 대해서 정리한 후 그 결과를 국제 학회에 발표한 사례도 있다. 그 수업에서는 별무리고등학교에서 운영하고 있는 고교학점제의 특성에 대하여 함께 공부하고 이를 정리하여 프레젠테이션 자료를 만들었다. 그리고 이를 바탕으로 논문으로 써서 국제 학회에 제출하였다.

결국 이 논문은 국제 학회 논문 저널에 실리게 되었고, 온라인 학회 당일 학점제 기반 맞춤형 교육과정에 대해서 학생과 함께 약 31개국에서 참여한 교육 전문가들 앞에서 프레젠테이션 발표를 하였다. 질의응답 시간에는 함께 참여한 학생들에게 질문 세례가 쏟아졌다. 전문가들은 학생이 그 학점제 안에서 어떤 성장이 있었고 가장 좋았던 것은 무엇이었는지 궁금해했다. 학생들은 질의응답 과정을 통해 학생 중심 맞춤형 교육과정에 대하여 많은 사람들이 관심이 있다는 것을 알게 되었다. 이를 통해 자신들이 배우고 있는 학점제의 시스템이나 체계가 어떠한지 명확하게 알게 되었고, 학교에 대한 자부심을 가지게 되는 계기가 되었다.

학생자치회 운영

별무리고등학교 학생 자치회 임원이 되려면 선거에서 치열한 경쟁을 뚫고 당선되어야만 한다. 2019년에 학생 자치회가 미리 구성되었지만 2020년 코로나 상황이 발생하면서 대면 수업이 불가능하게 되었다. 학생자치회 회장단은 임원으로서 자기들이 학교를 위해 여러 가지 역할을 할 것으로 기대했는데 학교에 올 수 없는 상황이 되어 많이 아쉬워했다. 그렇다고 학생회가 가만히 있을 수 없기 때문에 줌(zoom)을 통해 회의를 하면서 본인들이 해야 할 일이 무엇인지를 고민하였다. 결국 다른 학생들이 겪는 온라인 수업의 고충을 덜

어주는 데 학생회의 힘을 모으기로 하였다. 학생회는 주간 카드 뉴스를 만들어 학교의 소식을 전하고 신입생들을 대상으로 오리엔테이션을 진행하였다.

온라인 참여 수업을 위한 플랫폼

현재 실시간 쌍방향형 수업의 플랫폼으로 가장 많이 활용하고 있는 것이 줌 (zoom)이다. 원래 줌(zoom)은 화상회의 시스템으로 개발되었지만, 코로나 19 이후 실시간 쌍방향형 화상 수업 플랫폼으로 기능을 확대하여 운영 중이다. 수업 시 교사들은 줌(zoom)을 사용하더라도 온라인 참여 수업을 위해 다각도로 재구성하여 운영해야 한다. 이를 위해 온라인 참여 수업을 잘 운영하기 위한 팁을 알아두면 좋을 것이다.

유튜브 (https://www.youtube.com/)

줌 내지 다른 온라인 플랫폼과 연결하기에 가장 유용한 것이 유튜브이다. 왜냐하면 수많은 크리에이터들이 개발한 콘텐츠들이 다양한 주제로 제시되어 있고 무료로 활용할 수 있기 때문이다. 특히 일부 교사들은 교사 유튜버로서 다양하고 좋은 수업 콘텐츠를 유튜브에 올리는데 이를 잘 활용하면 좋다. 해당 분야의 전문적 지식을 알기 쉽고 친절하게 제작한 콘텐츠들이 많이 있어서 적절히 활용하면 온라인 수업을 풍성하게 운영할 수 있다.

이전 언급한 온라인 농사 수업 때, 필자는 유튜브를 적극적으로 활용했다. '농사', '유기농', '천연 농약' 등의 검색어로 찾았더니 좋은 영상 자료들을 어렵지 않게 찾을 수 있었다. 유튜브 영상에는 배추를 심고 기르는 동안 필요한 모든 정보가 전부 나와 있었다. 모종 고르기, 모종 간 거리 유지, 초기에 필요한 유기농 거름과 물 주기, 배추가 충분하게 자라게 하면서 마지막에 결구를 어떻게 유도해야 하는지 등. 특히 무농약이기 때문에 발생하는 배추벌레를 없애기 위해 계란 노른자와 식용유로 만든 난황유를 사용하는 방법 콘텐츠를 통해 배추를 끝까지 건강하고 맛있게 기를 수 있었다. 물론 유튜브 콘텐츠 영상은 길이와 내용이 교사가 의도한 것과 조금 차이가 있을 수 있어서 학생들이 꼭 보아야 할 곳의 범위를 사전에 공지해 줘야 한다는 단점이 있다.

스트림 야드 (https://streamyard.com/)

실시간 쌍방향 라이브 방송을 할 수 있는 플랫폼은 '스트림 야드'이다. 스트림 야드는 유튜브나 페이스북 등을 통해 라이브 방송을 할 수 있도록 지원한다. 그래서 스트림 야드를 활용하면 다인수 학생들을 대상으로 유튜브로 연결하여 무료로 방송할 수 있다. 또 파워포인트와 연계하여 슬라이드와 강사를 동시에 보여줄 수 있다. 슬라이드와 교사의 화면상 사이즈를 조절하는 것도 가능하다. 학생들은 로그인을 하지 않아도 URL 링크를 클릭하여 참여할 수 있고, PC나 모바일 등 다양한 스마트 기기에서 사용할 수 있다. 사용하기가 쉽고, 다양한 운영 체제를 지원하며, 여러 사람이 함께 할 수 있어서 팀티칭도 가능하다.

학교 현장에서 온라인 개학을 했을 때 수업을 한다거나 동학년 회의를 진행하는 것 정도는 줌을 사용해도 문제가 되지 않았다. 그런데 전체 학년 모임이라든지 학부모님들이 참여하는 학교 행사 등 수백 명 이상의 참여자가 몰리는 프로그램에는 줌이 한계가 있었다. 그때 필요한 것이 '스트림 야드'이다. 수백 명 이상 참여 가능, 강연자의 프레젠테이션, 참가자들의 댓글을 통한 의견 수렴 및 질문 가능성, 행사를 마친 후 동영상 공유 등이 가능하기 때문에 학교 현장에서 다양한 목적으로 활용할 수 있다.

구글 어스 프로 (https://www.google.com/earth)

세계적인 감염병의 대유행으로 인해 지구촌이 경색되었다. 특히 다른 나라나 공동체를 방문하는 이방인은 가장 위협적인 존재가 되어 버렸다. 결국 직접 가서 눈으로 보고 마음으로 느껴야 할 세계적 유산에 대해 교육적 접근을 할 수 없는 상황이 되었다. 이때 구글 어스 프로를 이용하면 간접적이라도 답사 수업을 할 수 있다. 2D나 3D로 볼 수 있고, 스트리트 뷰 등으로 길거리를 걷는 느낌을 받을 수 있다.

역사과 수업에서 구글 어스 프로를 활용하면 우리나라 고궁을 방문해서 단청무늬가 어떠하고 우리나라 전통 건축물의 기둥 형태가 어떤 형태인지, 건물

배치와 그 건축물과 주변 경관들은 어떤 조화를 이루고 있는지에 대하여 이야기할 수 있다. 구글 어스 프로에는 화면 공유 기능도 있기 때문에 수업에서 용이하게 활용할 수 있다. 국내뿐 아니라 해외의 박물관이나 주요 관광지들도 돌아볼 수 있다. 예컨대 프랑스 루브르 박물관, 영국 대영박물관, 미국의 매트로폴리탄 박물관 등을 손쉽게 볼 수 있다. 우리나라에서 유일하게 방문하기 힘든 북한 지역도 구글 어스를 통하면 살펴볼 수 있다.

스텔라리움(https://stellarium.org)

평소 밤하늘의 별을 관찰하기를 즐기는 교사들이 즐겨 사용하는 앱이 '스텔라리움(stellarium.org)'이다. 이 앱은 천문 수업 진행 중 우천이나 구름이 많이 끼어 별을 육안으로 볼 수 없을 때 이용할 수 있다. 시간과 일자를 마음대로 지정하여 관찰할 수 있으며 해당하는 천체를 클릭할 경우 그 천체의 구체적인 정보들을 한 눈에 알 수 있다.

온라인 플랫폼을 기반으로 천문 수업을 할 경우 이 앱은 매우 유익하게 사용될 수 있다. 스텔라리움의 천체 망원경은 얼라인먼트를 거쳐 목록에 맞게 찾아야 하는 절차를 건너뛰고 검색을 통해 혹은 화면의 천체를 클릭하는 것만을 통해 학습이 가능하다는 장점이 있다. 학생들에게 스텔라리움의 자료를 보여주며 그 천체가 어떤 특징을 갖고 있고, 지구와는 어느 정도 거리를 두고 있는지 알려줄 수 있다. 안드로메다 은하의 확대한 모습을 관찰하며 메시에 목록(m31) 이나 다른 분류(ngc 224) 번호는 무엇이지도 함께 알아갈 수 있다.

게더 타운(https://gather.town)

　화상회의를 위해 고안된 줌(zoom)을 학습용으로 사용하기 위해서는 많은 세팅이 필요하다. 이 번거로움을 극복할 수 있는 실시간 쌍방향 앱이 있으니, 바로 게더 타운이다. 게더 타운을 사용하면 학생들은 가상공간 속에서 자신의 캐릭터를 가지고 수업 및 조별 활동에 참여할 수 있다. 또한 자기 캐릭터를 다양한 공간으로 이동시키거나 다른 캐릭터와 만나 온라인 대화를 나눌 수도 있다. 게더 타운은 기존의 줌(zoom)과 게임, 채팅 등이 결합된 형태로 서비스되고 있으며 25명까지는 무료로 이용할 수 있다.

• 다양한 모드

　게더 타운이 제공하는 공간 모드는 사무실, 회의, 소셜, 학교 등이 있다. 특히 학생들에게 가장 익숙한 것은 학교 모드일 것이다. 호스트는 교사 회의실, 강당, 소회의실, 조별 부스, 라운지, 대기실 등을 자유롭게 세팅할 수 있다.

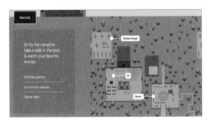 

• 실재감 넘치는 가상공간

또 게더 타운은 캐릭터를 소유하여 가상공간을 이동하며 수업이나 교육 활동에 참여할 수 있다는 장점이 있다. 특히 가상공간에 대한 이미지가 없는 다른 실시간 화상회의용 앱들이 갖고있는 한계들을 극복할 수 있다. 기존 앱들이 가지고 있는 화이트보드 기능과 화면 공유 기능은 물론이고, 가구, 장식, 게임, 게시물, 회의, 텍스트 등의 다양한 변화를 원하는 곳에 배치하는 것이 가능하다.

• 행사 플랫폼 구성

게더 타운에 실내외 공간의 실제 사진을 붙여 캐릭터로 산책하거나 보물찾기 등의 게임을 할 수 있다. 다른 사람의 캐릭터와 가까운 거리를 두고 대화를 나눌 수도 있다. 온라인 축제나 학교 행사의 경우 임시 홈페이지 개념으로 줌을 사용하는 경우가 많은데, 이 앱은 그 자체가 플랫폼으로 사용될 수 있다. 현실의 학교와 동일한 가상 공간을 배치할 수 있어서 장소를 재설정을 할 필요가 없고, 참가자들은 해당 공간으로 이동하여 행사에 참여할 수 있다.

　같은 테이블 혹은 가까운 공간에 들어온 사람들은 줌처럼 화상 회의를 진행할 수 있다. 그렇게 모인 상태에서 화면을 공유한다거나 채팅을 하며 해당하는 논의나 수업을 진행할 수 있다. 소회의실을 따로 만들 필요 없이 커서를 이용하여 캐릭터를 원하는 곳으로 이동하면 된다. 교사회의실이나 특별한 공간도 만들어 사용하면 좋다. 교사 회의실의 경우 큰 테이블, 소파, 조별 토의를 위한 작은 테이블을 배치하여 목적에 맞게, 만날 사람에 맞게 적절히 사용하면 편리하다.

　학생들에게 공개하여 이용하기 전에 공간 구성 및 다양한 장식들을 만들어 붙여야 한다는 절차가 있다. 이 절차는 복잡하고 힘들 수 있지만 그 공간을 구성하는 단계부터 학생들과 함께 진행한다면 더 의미 있는 가상의 학습 공간을 만들 수 있을 것이다.

미네르바 스쿨의 액티브 러닝 포럼

미국에서 가장 혁신적인 대학이라고 평가받는 미네르바 대학에서 개발한 'active learning forum'이 최근 주목받고 있다. 이 대학의 강사는 약 3개월 정도의 교수법에 대한 훈련을 받는다. 강사가 강의하고자 하는 내용을 어떻게 학생들에게 전달해야 하는지에 대한 논의를 전문가 집단과 함께 진행한다. 가장 중점적으로 익히는 것은 어떤 질문과 어떤 구조를 갖출 때 학생들의 참여를 극대화할 수 있는지다.

강사는 공식적으로는 20% 미만 정도만 발언할 수 있다. 강사의 어카운트에서는 각 학생들의 발언과 참여에 따라 어떤 학생의 화면은 붉게, 어떤 학생의 화면은 초록색으로 보인다. 말을 많이 할수록 붉은 창으로, 적게 할수록 초록 창으로 표시되기 때문에 강사는 초록 창의 학생들에게 발언의 기회를 주거나 참여를 유도하는 질문을 한다. 모든 학생들이 학습에 능동적으로 참여할 수 있도록 독려하는 것이다. 또한 즉석 설문 시스템을 사용하여 어떤 의견에 대해 참여하는 학생들의 생각을 투표를 통해 즉각적으로 공유할 수 있다.

3Key로 여는 배움 중심 온라인 수업

제4장. 온라인 수업의 평가와 피드백

16. 온라인 수업의 평가

온라인 수업의 평가 문제

'교육과정-수업-평가-기록'의 일체화 차원에서 평가 문제를 바라본다면 온라인 수업은 온라인 평가로 진행하면 된다. 하지만 현재 우리나라 입시 체제에서 온라인 수업의 평가를 온라인 평가로 진행하려고 할 때 문제가 되는 부분이 있다. 평가의 공정성을 확보하는 것이다.

2020년의 경우, 준비되지 않은 상황에서 온라인 수업이 진행되었기에 온라인 수업을 온라인 평가로 연결할 수 없었다. 온라인 수업을 대면 평가로 진행하려고 보니 여러 가지 문제점들이 발생했다. 온라인 수업 참여 정도와 과제 수행 정도가 평가에 반영되지 않게 되자 학생들의 참여도와 몰입도가 떨어지고, 과제를 제대로 하지 않거나 대충하다 보니 학력 저하 현상까지 나타나게 되었다. 내용적인 지식을 토대로 지필고사 중심의 평가가 진행되다 보니 결과적으로 수업 과정에 있어서 과정적인 지식을 소홀하게 되고, 과정 중심 평가가 불가능해졌다. 그리고 수행 평가의 비중이 낮아지게 되면서 온전한 평가가 이루어지기 힘들게 되었다.

다행히 2021년부터는 온라인 수업을 온라인 평가로 할 수 있도록 교육청 평가 지침이 개정되었다. 이를테면 토의 토론 수업이 온라인으로 진행됐다면 교사가 학생의 토론 참여 횟수와 태도, 내용 등을 토대로 평가할 수 있게 된 것이다. 원격 수업에서 학생의 수행 과정 및 결과를 직접 관찰•확인하여 평가하고 학생생활기록부에 기재하는 것이 가능해졌다. 또한 원격 수업에서 학생의 수행 과정 및 결과를 직접 관찰•확인하지 못할 경우라도 등교 수업에서 평가하고 학생부에 기재할 수 있도록 하였다.[1]

온라인 평가가 내실있게 기능하려면 공정성을 확보하면서 타당성을 담보할 수 있는 온라인 평가 체제를 구축하고 운영해야 할 것이다.

온라인 평가의 장점

온라인 평가의 문제점은 직접 대면하여 시험을 볼 수 없다는 것과 공정성을 확보하기 위한 장치가 필요하다는 것이다. 이러한 문제점을 잘 극복하면 온라인 평가는 대면 평가보다 유리한 장점들을 누릴 수 있다.[2]

첫째, 보관된 정보를 재사용하기 좋다는 점이다. 온라인 학습플랫폼에서 만들어지는 대부분의 온라인 정보는 자동 저장되기 때문에 게시한 정보를 의도적으로 삭제하지 않는 한 재사용이 가능하다. 평가에서도 마찬가지다.

둘째, 자동화로 인하여 편리하게 채점할 수 있다. 온라인 학습지의 다양한 기능을 활용하면 대면 평가 방식에 비해 채점 상의 번거로움을 줄이고 간편하게 점수를 산출할 수 있다. 구글 설문지의 경우 지필 평가를 진행하면 출제 항목의 개별화를 자동으로 설정할 수 있고, 채점 결과·문항 분석·석차 등을 평

---

1) 교육부(2021.1.28), 2021학년 원격수업 및 등교수업 출결·평가·기록 지침(가이드라인)
2) 제레드 스테인 외(2016), "블렌디드 러닝", 한국문화사

가에 임한 학생이 최종 제출하는 순간 즉각적으로 알 수 있다.

셋째, 다양한 멀티미디어를 활용하여 평가할 수 있다. 평가 문항 안에 동영상을 삽입하여 제공할 수 있고, 동영상 결과물이 평가 결과가 될 수도 있다. 촬영, 편집, 자막 넣기, 전체 기획하기 등의 과정에서 평가자들은 다양한 미디어들을 융합하여 가장 효과적인 결과를 만들어 낼 수 있다.

넷째, 시공간의 융통성을 발휘할 수 있다. 인터넷에 접근할 수 있는 장치만 갖추고 있다면 시간과 공간을 초월하여 평가에 임할 수 있다. 저장되는 평가 내용의 경우 학생이 원하는 시간에 시작할 수 있다. 이러한 온라인 평가의 장점 때문에 학생들은 학습 과정에 능동적으로 참여하여 창의적인 결과물을 제출할 수 있다.

온라인 평가의 방법

온라인 수업을 진행하기 전 가장 먼저 학생들에게 안내되어야 하는 것이 평가를 어떻게 진행할지에 대한 문제이다. 수행 평가의 횟수나 중간고사, 기말고사를 어떻게 진행할지에 대한 안내가 필요하다. 교사는 학생용 수행 평가 채점기준표를 작성하여 학생들에게 제공해야 한다. 이를 통해 학생들이 어떤 과제물을 제출해야 하고, 수업 중에 진행될 프로젝트가 있다면 그 프로젝트의 산출물을 어떤 기준으로 평가할지 설명해야 한다. 그리고 전체 평가의 비중에서 동료 평가나 자기 평가의 비중이 얼마인지도 이야기해야 한다. 온라인 평가의 방법으로는 온라인 퀴즈 및 시험, 과제물과 프로젝트, 동료 평가 및 자기 평가 등이 있다.[3]

---

3) 제레드 스테인 외(2016), "블렌디드 러닝", 한국문화사

온라인 퀴즈 및 시험

온라인 퀴즈나 객관식 문제를 통한 평가는 여러 과목에서 활용할 수 있다. 자동 채점기능이 있으며 답안에 대한 자동 피드백을 할 수 있게 설정할 수도 있다. 중간고사나 기말고사를 온라인으로 평가할 때 적절하다. 평가 시 유용한 학습 플랫폼에는 구글 클래스룸, 설문지 링크, 줌 등이 있다. 줌 비디오 화면을 켜 놓고, 실시간 쌍방향형 방식으로 중간고사나 기말고사를 볼 수 있다. 또한 구글 설문지의 선다형 평가를 통해 아래와 같이 문제를 출제할 수 있다.

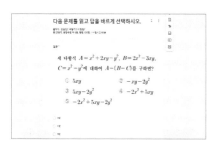
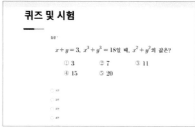

학생들에게 문제지를 배부하기 전 몇 가지 설정을 해야 한다. 일반 설정을 통해 학교 계정에 속한 학생들만 이 문제를 사용할 수 있도록 '사용자 제한 설정'을 해야 하고, '응답 횟수 1회로 제한' 설정을 해놓아야 학생이 복수로 응답할 수 없다. 프레젠테이션 설정에서는 질문 순서를 무작위로 섞어야 학생들이 편법을 사용하여 서로 정보를 공유하는 일을 방지할 수 있다.

퀴즈 설정에서는 '질문에 점수 값을 할당하고 자동 채점을 허용합니다.'란
에 체크해야 하며 성적 공개는 '직접 검토 후 공개'로 설정하면 된다. 응답자
가 볼 수 있는 항목도 '틀린 문제', '정답 수', '점수' 모두를 설정한다.

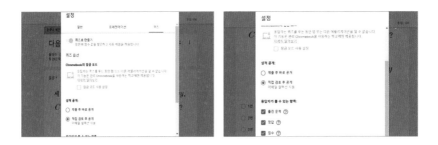

그렇게 출제된 설문 링크를 구글 클래스룸에 업로드하면 그대로 설문지에
들어가 평가에 임하면 된다.

평가를 마치고 교사는 설문 응답 항목에서 응답 인원, 점수 통계, 항목별 난
이도, 학생별 득점 상황 등을 자동으로 알 수 있다.

제1부 3Key로 여는 배움 중심 온라인 수업

과제물과 프로젝트 평가

온라인 학습 플랫폼을 기반으로 수업과 평가를 진행하다 보면 학습 방법에 따라 다양한 평가를 할 수 있다. 예컨대, 학생들이 구글 슬라이드에서 작성한 프레젠테이션이 평가의 내용일 경우도 있다.

음성 녹음이나 영상 녹화, 학생 제작 동영상 등을 통해서도 평가할 수 있다. 수업 내용이 무엇이고, 교사가 무엇을 평가하고 싶어 하느냐에 따라서 다양한 온라인 평가가 가능하다.

온라인 농사 수업을 다시 예로 들어보자면, 이 수업은 실습 중심의 활동이 많아 온라인 평가 과정이 쉽지 않았다. 고민 끝에 교사가 직접 농사한 과정을 사진과 영상자료로 보여주며, 학생들은 이러한 활동을 정리하고 영상으로 제작해 과제로서 제시하도록 했다. 이 과정을 통해 학생들은 모종 만들기, 거름흙 만들기, 모종 심기, 물주기 등의 활동을 종합해 보는 시간을 갖게 되었다. 블로그를 활용한다든지 혹은 유튜브 활동의 결과를 통해 자기만의 공부를 진행했던 흔적들도 평가에 포함하였다.

음악, 미술, 체육 등 실기 비중이 많은 과목의 경우, 해당 과목 활동을 직접 촬영하여 과제물로 제출할 수 있다. 예컨대, 음악 시간이라면 학생이 직접 악기를 연습하고 연주하는 장면을 동영상을 촬영하여 제출할 수 있다. 미술 시간이라면 학생이 그림을 직접 그리는 과정과 결과물을 동영상이나 사진으로 촬영하여 제출할 수 있다. 체육 시간이라면 학생이 줄넘기를 하는 동영상을 찍어서 제출하여 이를 토대로 평가할 수 있다.

동료 평가

온라인 수업을 통한 원격수업의 가장 큰 단점은 학생과 학생, 학생과 교사가 공간적으로 분리되어 있다는 것이다. 대면 수업뿐만 아니라 온라인 수업에서도 학생들 간의 상호작용이 활발하게 이루어져야 학습 효과를 높일 수 있

다. 학생들은 동료 평가가 이루어질 때 더 진지하게 수업에 참여할 수 있다. 동료 평가는 학생들의 참여를 이끌어 내고 평가의 공정성을 올릴 수 있는 방법 중 하나이다. 이메일을 통해서 측정 결과와 동료들과의 모둠 활동 결과를 공유할 수도 있다. 특히 프로젝트 과제의 프레젠테이션 이후에 어떤 것이 좋았고, 부족한 것이 무엇인지를 공유하면 좋다. 구글 문서의 경우, 학생들이 작성한 문서들을 서로 공유하면서 내용에 대한 의견을 제시할 수 있으며 동시다발적인 수정도 가능하다. 실시간 쌍방향 수업을 통해 프로젝트 발표를 진행할 경우, 발표 직후 바로 학생들이 동료에게 피드백을 하거나 평가에 대한 이야기를 할 수 있다. 줌을 이용해 토론 수업을 할 때도 소회의실을 열어서 해당 주제에 대해서 서로 이야기하고 나서 이를 동료 평가로 진행하면 좋다. 학생들이 상호작용한 동료 평가 내용에 대해서는 반드시 기록하도록 해야 한다. 협동학습이나 프로젝트 수업의 경우, 무임승차 학생과 일벌레 학생을 줄이기 위해서라도 자기만의 기록을 할 수 있도록 지도해야 한다. 동료평가를 실시한 경우, 교사는 그 과정과 결과에 대하여 확인을 해야 한다. 그렇게 하지 않으면 일종의 담합에 의한 점수 부풀리기 현상이나 특정 학생이나 모둠을 향한 깎아내리기 현상이 나타날 수 있기 때문이다.

자기 평가

온라인 수업의 전제 중의 하나가 자발성이다. 교사는 학습관리시스템(LMS)을 통해서 학생들이 자기평가를 자유롭게 쓸 수 있도록 관리해 주어야 한다. 매시간 학생들은 배운 것을 그대로 기록하고 구체적으로 더 배우고 싶은 것까지 쓸 수 있다. 교사들은 이것을 토대로 생활기록부와 연결해 학생의 교과별 세부 특기사항을 기록할 수 있다.

자기 평가

자기 평가 (LMS 자기평가 기록)

　구글 클래스룸의 경우, 교사가 과제를 제시한 게시물 밑에 학생들에게 그 반응에 대한 댓글을 달아달라고 요구할 수 있다. 하고 싶은 말이 많거나 댓글로 공개하기를 꺼리는 학생들이 있다면 이메일을 통해 질문 혹은 기록을 보내게 할 수 있다. 학교 차원에서 하루 일과의 마무리 활동으로 배움일지를 기록하게 하는 것도 좋을 것이다.

17. 온라인 수업의 피드백

피드백의 방향

피드백의 방향성은 매우 중요하다. 아래의 두 가지 그림에서 알 수 있듯이 수많은 사람들이 승차하고 있는 기차처럼 가는 길도 정해져 있고 종착역과 속도까지도 다 정해져 있는 방법은 문제가 있다. 많은 사람들을 한꺼번에 싣고 갈 수 있다는 것 외에는 별다른 장점이 없다. 개인이 멈추고 싶은 곳이 정해져 있지 않아 그냥 계속 달려야 하는 기차에 비유되는 트레이닝 개념의 피드백을 할 경우는 학생들이 어느 순간에 그 학습에 지루함을 느낄 확률이 높다.

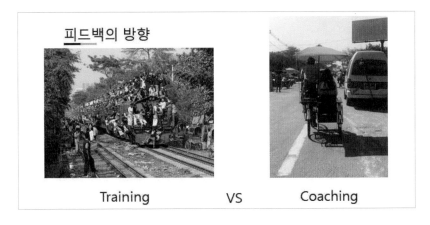

그에 반해 코칭의 개념으로 접근하는 온라인 수업은 성공할 확률이 높다. 코칭은 마차를 타거나 택시를 타고 목적지로 이동하는 것에 비유할 수 있다. 마차(택시)에 타는 순간 마부(택시 운전기사)가 승차자에게 "어디로 모실까요?"라고 물어본다. 출발 여부, 잠시 멈춤 여부, 모두 승객이 결정할 수 있다. 코칭 개념의 방향으로 피드백이 이루어진다면 학생들이 배우고 있는 학습에 대해서 학생들이 원하는 내용을 자연스럽게 배워 나갈 수 있다. 온라인 수업은 트레이닝 형태로 대량의 학생들을 한 방향으로 이끌고 가려는 것보다는 학생의 속도와 필요에 맞게 안내를 해주는 것이 필요하다.

피드백의 일반적인 원칙

효과적인 피드백의 일반적인 원칙은 다음과 같다.[4]

- 목표 달성에 초점을 맞춘다.
- 피드백을 주는 사람을 받는 사람이 신뢰할 수 있어야 한다.
- 구체적이어야 한다.
- 명료하고 이해하기 쉬워야 한다.
- 학습자 수준을 고려한다.
- 감정적 반응이기보다는 인지적 반응이어야 한다.
- 반영할 시간을 제공하기 위해 학습의 도중에 신속히 피드백한다.
- 지속적이고 일관성이 있어야 한다.
- 단순한 조언보다는 상호작용이나 질문형식의 피드백이 효과적이다.

---

4) 이찬승(2020), '피드백에 대한 모든 것1 – 피드백에 대한 오해 불식과 피드백 기법', 교육을 바꾸는 사람들 뉴스레터 (https://21erick.org)
　　김선, 반재전(2020), "과정 중심 피드백", AMEC

- 피드백은 가능한 2인칭을 피하고 1인칭과 3인칭을 사용한다.
- 피드백을 받은 사람을 존중하고 배려하는 자세로 접근해야 한다.

참조 유형에 따른 피드백의 방법

참조 유형에 따른 피드백 방식으로 목표 참조 피드백, 비계식 피드백, 자기 참조 피드백 등이 있다.(Brookhart & Nitko, 2019)[5]

목표 참조 피드백

목표 참조 피드백은 학생이 성취해야 할 학습 목표를 기준으로 진행 정도에 관한 정보를 담은 피드백을 구성하는 방식이다. 즉, 학습 목표에 초점을 두고 피드백하는 것이다. 예컨대, "네 글을 보니 전반적으로 문장 구조가 논리적으로 구성되어 있구나. 그런데 이번 수업의 목표는 자기 생각을 진솔하게 표현하는 것이니만큼 다음에는 네 생각과 주장도 잘 드러나면 좋겠어" 등으로 피드백하는 것이다.

비계식(스캐폴딩, Scaffolding) 피드백

비계식 피드백은 학습 과제를 세분화하고 학생이 학습 목표에 도달할 수 있도록 정보와 방법을 제시하는 것이다. 즉, 정답을 주는 피드백이 아니라 해답을 스스로 찾을 수 있도록 유도하는 피드백이다. 예를 들어 "처음부터 완성도가 있는 글을 쓰려고 하지 말고, 먼저 글의 개요부터 구성해보면 어떨까?", "일단 관련 주제에 대한 자료 검색을 통해 세부 연구 주제를 수정해보면 어떨까?" 등이 있다.

---

5) 성태제(2019), "교육 평가의 기초", 학지사 재인용

자기 참조 피드백

자기 참조 피드백은 학생의 현재 학습 진행 정도를 이전 수행과 비교하여 피드백을 제공하는 것이다. 다른 학생과 비교하는 것이 아니라 과거의 자기 모습과 상태를 기준으로 피드백하는 것이다. "예전에 쓴 네 글과 비교해보면 이번 글은 더욱 논리적이고, 네 생각이 보다 분명하게 드러나서 참 좋은 것 같아. 특히 이 부분이 인상적으로 느껴져." 등으로 이야기할 수 있다.

규준 참조 피드백

규준 참조 피드백은 다른 학생들의 수행 과정이나 결과와 비교하여 상대적인 서열 정보를 제공하는 것이다. 다른 학생과 상대적인 비교를 하기 때문에 해당 학생에게 학습 개선을 위한 구체적인 정보를 충분히 주지 못하고 자존감을 상하게 할 수 있어서 바람직한 피드백 방법이라고 보기 힘들다. "민철이의 글과 네가 쓴 글을 비교해보면 너의 부족함이 구체적으로 무엇인지 알 수 있을 것 같아", "다른 학생들은 20분 안에 글을 다 썼는데, 너는 아직까지 다 쓰지 못한 것을 보니 문제가 있는 것 같네" 등으로 말하는 것이 예시이다.

정교성 정도에 따른 피드백의 방법

정교성에 따른 피드백의 방법과 기능에는 정답 여부 확인, 2차 기회 제공, 실수 영역 표시, 정오답 이유 설명, 힌트 제공, 오개념 제공, 통합 정보 제공 등이 있다. 교사가 학생에게 제공하는 피드백이 단순하게 확인하는 정도를 넘어 다양한 방법들을 정교하게 운영할수록 학습효과는 높다.[6]

---

6) Shute(2008), "Focus on formative feedback", Review of Educational Reaserch
윤상철, 이민규(2020), '교육과정-수업-평가의 선순환을 촉진하고 교사와 학생의 성장을 돕는 피드백', "더불어 수업 평가나눔 자료집", 서울시교육청 재인용

정교성 정도	피드백 종류	기능
단순	정답 여부	학생의 대답이 맞고 틀린 여부를 알려준다.
	2차 기회 제공	정답이 아닌 것을 알려주고 다시 한번 기회를 준다.
	실수 영역 표시	어느 부분에서 실수가 있었는지 표시해 준다.
	정오답의 이유 설명	학생의 반응이 정답 또는 오답인 이유를 설명한다.
	힌트 제공	정답의 내용과 관련된 힌트나 팁을 제공한다.
	오개념 제공	실수를 분석하여 오개념을 설명한다.
정교	통합 정보 제공	학생의 답이 오답인 경우, 정답을 제공하지 않고, 정답 여부, 실수 영역 표시, 힌트 제공 등을 종합적으로 사용한다.

타이밍에 따른 피드백의 방법

온라인 수업의 피드백 방법은 온라인의 특성과 연관이 깊다. 실시간으로 이루어지는 즉각적인 피드백과 학생이 의도적으로 확인하지 않으면 안 되는 비실시간 피드백, 그리고 이 두 가지 특성을 다 가지고 있는 혼용된 피드백이 있을 수 있다.

실시간 피드백

줌, 구글 미트, 페이스타임 등의 다양한 화상 통화 앱이 있다. 이러한 앱들은 실시간으로 얼굴을 보면서 피드백을 할 수 있다는 장점이 있다. 줌 수업의 경우 채팅이 실시간 피드백의 좋은 예가 될 수 있다. 온라인 메신저를 활용하여 실시간 피드백을 할 수 있다.

비실시간 피드백

비실시간 피드백의 가장 일반적인 예는 이메일이다. 이메일을 통한 피드백은 피드백을 한 정보나 요청 사항이 메일에 그대로 저장되며, 수신자가 확인할 때까지 정보가 그대로 보존되어 있다.

비/실시간 피드백

실시간과 비실시간이 공존하는 피드백 방법은 문자 메시지, 트위터, 페이스북, 구글 문서, 구글 클래스룸 등이 있다. 확인하는 사람이 그것을 어떻게 이용하느냐에 따라서 실시간 피드백이 될 수도 있고 비실시간 피드백이 될 수도 있다. 학생들이 편하게 여기는 방법으로 온라인 피드백을 적용하는 것이 가장 효율적인 피드백의 선택 방법이 될 것이다.

수업 단계에 따른 온라인 수업 피드백의 실제

온라인 수업에서 학생들에게 피드백을 진행할 수 있는 가장 대표적인 통로는 학교의 온라인 학습플랫폼이다. 구글 워크스페이스 기반의 플랫폼을 갖고 있다면 구글 클래스룸의 게시판이나 스트리밍을 통하는 방법이 좋다. 전화나 카카오톡 등 학생들이 많이 이용하는 도구를 사용하는 것도 좋다. 학생들이 수업 내용에 대해서 질문을 하려고 할 때는 구글 클래스룸 게시물 아래에 댓글을 달 수 있다고 안내할 수도 있다. 카카오톡으로 선생님과 연결되어 있는 학생은 개인톡을 남겨 질문을 할 수 있을 것이다. 학교 계정으로 운영되는 경우, 교사의 이름만 알면 이메일 정보를 알 수 있다. 이메일을 통해서도 궁금한 것들을 질문할 경우 개별적인 피드백이 가능하다는 안내를 하면 좋다.

수업 전 피드백

    교사가 의도한 피드백이 있을 수 있다. 수업을 시작하기 전에 이미 그 수업을 들었던 학생이 만들어놓은 산출물을 미리 업로드하는 것으로 새롭게 수업에 참여한 학생들이 앞으로 배우게 될 내용을 이해할 수 있다. 어떤 교사가 해당 과목을 담당하고 있는지 학생들이 사전에 파악할 수도 있게 된다.

사전 피드백은 앞으로 배울 내용의 기준이 되고, 어떤 학생에게는 동기부여가 될 수도 있다. 이것은 비실시간 피드백이기는 하지만 학생들이 언제든지 볼 수 있다는 장점을 갖고 있다. 학교 계정의 경우 모든 아이들이 연동이 되어 있기 때문에 클래스룸에 공지된 사항이 이메일로 가게 된다.

수업 중 피드백

줌을 활용해서 실시간 온라인 수업을 할 경우, 즉각적인 피드백을 할 필요가 있다. 동영상을 함께 볼 수도 있고 프레젠테이션을 통한 설명을 진행할 수도 있는데, 수업을 마치면서 배운 것에 대해서 교사가 학생들에게 질문을 요청할 수 있다. 이런 상황에서 자신의 마이크를 활성화시켜서 질문을 할 수 있는 학생들은 매우 적극적인 학생일 경우가 많다. 채팅을 통해서도 질문을 받을 수 있다. 이런 형태의 질문에 대한 피드백은 모든 학생들이 실시간으로 수업에 참여하고 있는 상태이기 때문에 신중하게 답할 필요가 있다. 수업에 참여 중인 모든 학생들이 그 질문에 대해 인식하게 되고 그 질문에 대해 함께 고민하게 되는 기회가 되기 때문이다.

줌을 활용한 피드백(실시간)

줌 채팅, 대화 : 즉각적이고 적극적인 학생들이 많이 사용함.

- 학생 채팅 질문 : '니체는 절대 진리가 사라진 시대에 인간이 어떻게 살아야 하냐고 말했나요?'
- 교사의 피드백 : '니체는 이 세상에 뿌리박지 않은 철학, 이 세상에 뿌리박지 않은 형이상학은 공허하다고 말했다.' '이원론적 형이상학에 대해서 형이상학과 실제를 분리해서 생각하는 이원론이 가장 큰 문제가 될 것이라고 예언하였다.'

수업 후 피드백

① 구글 클래스룸

구글 클래스룸을 통해서 수업 후에 추가 자료를 제공하는 형태로 피드백을 할 수 있다. 교사에 따라서 준비한 수업을 하고 난 이후, 아이들의 질문을 받을 수도 있다. 때로는 교사가 미처 생각하지 못한 부분에 대하여 학생들이 관심을 가지기도 한다. 이러한 경우 추가적인 자료들을 업로드해 주면 학생들은 심화 학습과 반복 학습을 할 수 있게 된다.

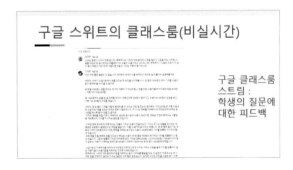

언제는 수업 후 학생으로부터 질문을 받은 적이 있었는데, 필자가 대답하기에는 부족함이 있어서 그 분야 전문가의 의견을 듣고 피드백을 해주었다.

[댓글 질문]

- 학생 : "선생님, 질문이 있어서 댓글을 답니다. 부르주아도 시장에 대해 분석하고 돈을 빌리고 사업을 하는 것처럼 노동을 하는데 왜 공산주의는 프롤레타리아의 노동만 노동이라고 생각하나요? 부르주아가 노동한 것보다 더 많이 벌기 때문인가요? 만약 그렇다면 노동의 가치는 어떻게 평가하나요?"
- 전문가 조언 : 우선 아주 좋은 질문입니다! 경제학의 배경지식을 배제하고 최대한 쉽게 풀어서 설명해볼게요. 예컨대, 19세기 산업사회에서 옷을 만드는 한 공장을 생각해봅시다. 한 벌에 1000원인 옷의 가격을 다음과 같이 분해해 볼 수 있을 것 같아요. 옷 한 벌 1000원 = 옷을 만드는 데 쓰인 재료의 가격(200원) + 옷을 만든 노동자들에게 지급한 임금(300원) + 자본가의 수입(500원) 즉, 1000원짜리 옷을 한 벌 판매할 때마다, 재료 값으로 200원이 들어가고, 노동자는 300원의 임금을 받고, 자본가는 500원의 수입을 얻습니다. 그런데, 옷 한 벌의 가격을 저렇게 분해해 볼 수 있다는 것은 알겠는데, 원재료의 가격(200원)은 어떻게 형성된 것일까요? 옷을 만드는 데에는 면화가 필요하니까, 여기서는 면화를 재배해서 옷 제조공장에 판매한 농사꾼을 예시로 들 수 있을 것 같아요. 아마도 면화를 직접 기르고, 재배하고, 운반한 농사꾼의 노동이 없었다면, 면화는 자연에 존재하는 식물일 뿐 재화로서의 가치를 지니지는 않았을 것입니다. 이러한 점에 착안하여 마르크스는 '상품의 가치는 노동이 만들어내고, 가치의 크기는 상품을 생산하는 데 필요한 노동량이 결정한다'는 주장을 펼칩니다. 이를 '노동가치설'이라고 부릅니다. 옷 한 벌에 들어가는 면화의 가격이 200원이라고 치면, 면화를 재배한 농사꾼의 노동이 200원만큼의 가치를 창출한 것이라고 할 수 있습니다. 또한 옷을 만들 때에도 옷을 만드는데 투입된 노동이 옷 한 벌당 300원의 추가적인 가치를 창출했다고 할 수 있습니다. 그런데 창출된 가치만 따져보면 옷의 가격은 면화(200원) + 인건비(300원) = 500원이어야 할 것 같은데, 자본가가 취하는 초과이윤 500원이 더해져 시장에서는 옷 한 벌이 1000원에 판매됩니다. 산업사회의 자본주의를 예리하게 비판했던 마르크스에게 이러한 구조는 노동을 통

해 가치를 창출하지 않는 자본가들이 노동자들을 착취하는 것으로 이해되었습니다. 부르주아도 시장에 대해 분석하고 돈을 대부하는 등의 가치 창출 활동을 하는 것 같은데, 마르크스는 왜 이러한 점을 인정하지 않았는가 하는 질문은 아주 좋은 질문입니다. 실제로 비슷한 비판을 수용한 후기 마르크스 경제학자들은 자본이 어느 정도의 가치를 창출하는데 기여한다는 것을 인정하지만, 자본가들이 가져가는 이윤이 자신들이 투입한 노력에 비해 여전히 과다하다고 봅니다. 정상이윤을 전제하는 주류 경제학과 조금 다릅니다. 오히려 시장이자율에 가깝습니다. 덧붙여 마샬의 한계혁명 이후 오늘날의 주류 경제학은 위의 노동가치설과 결별했다고 해도 과언이 아니고, 상품의 가치는 노동량이 아니라 상품의 주관적인 만족도가 결정한다는 효용가치설이 오늘날의 통설입니다. 물론 이에 대한 비판도 가능합니다.

② SNS (카카오톡 등)

실시간 쌍방향형 수업을 할 때도 음성이나 채팅으로 질문하기 꺼리는 내성적인 학생들은 개인적으로 카카오톡을 사용해 질문을 보내기도 한다.

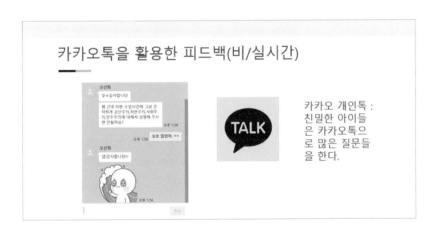

[카톡 질문]

'샘, 이번 수업 시간에 간략하게 공산주의, 자본주의, 사회주의, 민주주의에 대해서 설명을 해 주셨는데, 정확하고 자세히 설명해 주시면 안 될까요?'

이 질문은 한 학생의 질문이지만 수업에 참여하는 모든 학생이 궁금해할 것 같아서 다음 수업 시간에 공개적으로 답을 하였다.

③ 이메일을 통한 피드백

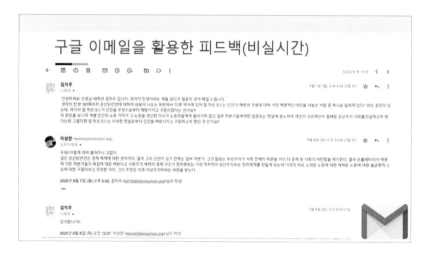

- 학생 : 안녕하세요, 선생님. 10학년 김지우입니다. '생각의 탄생'이라는 책을 읽다가 질문이 생겨 메일 드립니다. 생각의 탄생 101페이지 공산당 선언에 대한 내용이 나오는 부분에서 '인류 역사에 있어 칼 마르크스는 인간의 해방과 구원에 대해 가장 혁명적인 대안을 내놓은 사람 중 하나로 알려져 있다.' 라는 문장이 있는데, 여기서 칼 마르크스는 인간을 무엇으로부터 해방시키고 구원시켰다는 것인가요? 뒷 문장을 보니 개별 인간의 노동 가치가 그 노동을 생산한 다수의 노동자들에게 돌아가지 않고 일부 자본가들에게만 집중되는 현실에 분노하여 개인의 사유재산이 철폐된 공산주의 사회를 건설하고자 했다는데, 그렇다면 칼 마르크스는 이러

한 현실로부터 인간을 해방시키고 구원하고자 했던 것인가요?

- 교사 : 우와! 이렇게까지 물어주니 고맙다. 일단 공산당 선언은 경제 체제에 대한 생각이다. 결국 그의 선언이 있기 전에는 일부 자본가, 그의 말로는 부르주아가 사회 전체의 자본을 거의 다 갖게 된 사회의 비탄함을 이야기한다. 결국 프롤레타리아 혁명에 의한 자본가들의 폭압에 대한 해방이고 사회주의 체제의 경제 구조가 정치화되는 가장 마지막이 공산주의라는 정치체제를 만들게 된다고 주장했어. 이 것이 바로 소외된 노동에 대한, 해체된 노동에 대한, 불균형적 소유에 대한 구원이라고 주장한 것이다. 그의 주장은 이후 이상주의자라는 비판을 받게 되었다.

④ 전화를 통한 피드백

교사는 온라인 수업 상황에서 학생들을 면밀하게 살펴보아야 한다. 학생들이 온라인 수업에 잘 참여하고 있는지, 학생이 사용하는 장치가 어떤 오류가 있거나 수업을 참여하는 데 있어 어떠한 어려움이 있는지를 물어볼 필요가 있다. 온라인은 연결되어 있는 것 같지만 면밀하게 보면 아이는 덩그러니 자기만의 공간에서 하루하루를 힘겹게 견뎌내고 있는 상황이다. 그러므로 교사가 학생에게 수업 참여 상황에 대해서 확인하고, 그 상황에서 느끼는 고충은 무엇인지 물어야 한다. 부모님들은 어떻게 도와주고 있는지, 부모님들이 도움이 부족하다면 왜 그러한 지, 그리고 선생님이 도움을 줄 수 있으면 구체적으로 어떤 도움을 줄 수 있는지를 물어볼 수 있다면 가장 좋을 것이다. 이메일이나 카카오톡으로 문의한 것에 대해서 교사가 직접적으로 통화하면서 아이들에게 피드백을 할 수도 있다. 학습 관리시스템에 기록한 자기평가를 확인하고, 그 확인 사항에 대해서 자기평가가 얼마나 대단한 것인지 이야기해 주어도 좋다. 이러한 과정을 통해 학생들은 선생님이 자신을 돕고 있다고 느끼며 자신의 학습에 참여하고 있다고 느낄 것이다. 해당 교과목에 대해서 어떻게 배우고 느끼고 있는지 전화해서 확인한다면 학생들에게는 큰 힘이 될 것이다.

⑤ 자기평가 요청

학생들이 줌 소회의실에서 모둠 활동을 하거나 팀별 프로젝트를 할 때 어떤 활동을 했고 그 활동에서 자신의 역할은 무엇이었으며 그 과정을 통해 배운 것은 무엇이지 기록하도록 요청해야 한다. 이 과정은 학생들에게 피드백이 될 뿐만 아니라 무임승차 학생들을 줄일 수 있는 기회가 되기도 한다.

미래를 여는
온오프라인 수업

제2부
미래를 준비하는
온오프라인

연계수업

미래교육 관점에서 온오프연계수업 수업을
고민하는 분들에게 실질적인 도움, 제안이 된다.

제5장. 온오프연계수업, 블렌디드 러닝

1. 블렌디드 러닝의 이해와 고민
2. 블렌디드 수업 디자인
3. 블렌디드 교육과정과 평가

블렌디드 러닝이란?

스마트 스쿨 등 온라인 수업 환경이 이상적으로 구축되었다 하더라도 대면 수업의 장점을 온라인 수업에서 있는 그대로 구현할 수는 없다. 예컨대 실기, 실습을 보여줄 수는 있지만 직접 활동하는 것에는 분명한 한계가 있다. 유치원, 초등학교 저학년, 특수 학생들은 주변의 도움 없이 온라인 수업 도구를 활용하는 것이 쉽지 않다. 지식과 이해 중심 수업은 어느 정도 가능하지만 적용, 분석, 종합, 평가 등 고차원적 사고 역량을 기르기에는 불편함이 있다. 그리고 대면 수업에 비해 교수 실재감이 떨어지고, 참여 수업에 있어서 제한이 있다.

이러한 온라인 수업의 한계를 극복하기 위한 대안으로 개발된 것이 블렌디드 러닝(Blended Learning, 혼합수업)이다. 글자 그대로 해석하면 서로 다른 수업 방식을 혼합한 학습 형태를 말한다. 블렌디드 러닝은 대개 대면 수업과 온라인 수업을 결합한 수업 형태를 말한다.[1] 하지만 '블렌디드(Blended)'의 뜻 자체는 '혼합'이라는 의미이기 때문에 블렌디드의 범위는 사용자에 따

---

[1] 제러드 스타인 외(2016), "블렌디드 러닝 이론과 실제", 한국문화사

라 다르게 정할 수 있다. 넓은 의미로 해석하면 서로 다른 수업 방식을 결합한 모든 수업 형태들이고, 좁은 의미로 해석하면 대면 수업과 온라인 수업을 결합한 것이다.

교육부에서는 블렌디드를 정의할 때 대면 수업과 온라인 수업의 결합뿐 아니라 온라인 수업 유형이 다른 것을 혼합한 것도 포함시켰다.[2]

예컨대, 실시간 쌍방향형 수업과 콘텐츠 활용형 수업을 혼합했다면 블렌디드 러닝이라고 한 것이다. 이는 넓은 의미로 개념을 정리한 것인데, 그렇다면 대면 수업 모형 간의 혼합된 방식도 블렌디드라고 정의를 해야 한다. 그러다 보니 학교 현장에서 블렌디드의 개념을 사용할 때 혼란이 생겨났다. 특히 시도교육청마다 블렌디드의 용어와 개념을 약간씩 다르게 사용하다 보니 학교 현장에서 어려움이 생기기도 하였다. 현재는 블렌디드 대신 혼합수업, 온오프 연계 수업 등으로 표현하고 있고, 개념도 각 시도교육청에서 추구하는 정책 방향에 따라 약간씩 다르게 정의되어 사용되고 있다. 여기에서는 블렌디드를 좁은 의미로서 '온라인 수업과 대면 수업이 결합된 혼합수업'으로 지칭하여 사용하겠다.

블렌디드 러닝은 서로 다른 수업 방식을 결합하지만 단순한 물리적 결합을 넘어 화학적 결합을 추구한다. 다시 말해 각각의 수업 방식이 가지고 있는 장점이 유기적으로 결합되어 드러날 수 있어야만 블렌디드 러닝이라는 것이다. 블렌디드 러닝은 칵테일에 비유하여 설명할 수 있다. 성질이 다른 술을 섞어서 기존 술맛보다 더 맛있게 섞어서 만드는 것이 칵테일이다. 만약 기존 술보다 칵테일의 맛이 덜하다면 구태여 힘들게 칵테일을 만들어 먹을 필요가 없을 것이다. 그러므로 온라인 수업의 장점과 대면 수업의 장점이 온전하게 결합되어야만 진짜 블렌디드 수업이라고 할 수 있다. 고차원적 사고 능력 개발에 유

---

2) 교육부(2020.8.6.), '2020학년도 2학기 학사 운영 세부 지원방안'

리하고, 실기, 실습, 활동이 가능하고, 다양한 참여 수업을 실행할 수 있고, 관계 세우기 및 인성교육에 도움이 되는 대면 수업의 장점과 지식 전달과 내용 이해에 도움이 되고, 개별 맞춤형 피드백을 할 수 있고, 언제 어디서나 수업이 가능하고, 경제적이라는 온라인 수업의 장점이 나타나야만 블렌디드 러닝에 의의가 있다. 만약 형식적으로 온라인 수업과 대면 수업을 결합하였다 하더라도 각각의 장점 대신에 단점이 나왔다면 제대로 된 블렌디드 수업이라고 보기 힘들다.

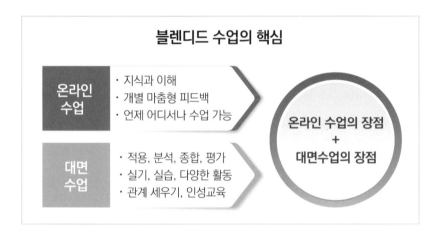

블렌디드 러닝은 교사의 대면 수업(Teaching)과 학생의 온라인 학습(Learning)이 결합된 것이다. 학생이 학습의 시간, 장소, 순서를 조절하여 자신의 능력과 속도에 맞추어 개별적으로 온라인 학습을 하고, 학생이 온라인으로 학습한 것에 대하여 교실이나 정해진 공간에서 교사가 일정 부분을 지도 및 관리하여 온라인 학습 내용과 교실 수업 내용이 통합되도록 조직된 정규 교육 과정이다. 그래서 대면 수업시간에 컴퓨터나 스마트폰 등을 활용하여 검색하는 것이나 온라인 학습플랫폼에 과제를 제출하는 것, 단순히 학생이 자기 방에

서 인강(인터넷 강의)을 수강하는 것 등은 블렌디드 수업이라고 볼 수 없다.[3]

일반적으로 블렌디드 러닝은 접근성 및 편리성이 증가하고, 학습 향상에 도움이 되고, 경제적인 비용을 줄일 수 있다는 장점을 가진다.[4]

접근성 및 편리성 증가

블렌디드 수업을 진행하면 학생들이 학교에 직접 나와 대면 수업을 하는 경우가 줄어들게 된다. 온라인 수업의 경우 다양한 스마트 디바이스를 활용하여 언제 어디서나 수업에 참여할 수 있다. 학교까지 가지 않아도 되고, 자기 방에 있거나 대중교통을 이용할 때에도 공간의 제약 없이 수업에 참여할 수 있다. 시골 학교의 경우 시간 강사를 채용하9기 쉽지 않은데, 블렌디드 수업으로 진행하면 상대적으로 시간 강사를 초청하여 수업하기가 좋다.

학습 향상 효과

온라인 수업만으로 수업을 진행한 경우와 블렌디드 수업으로 수업을 한 경우의 학습 효과를 비교 분석했더니 블렌디드 수업의 학습효과가 더 높게 나왔다. 온라인 수업에 비해 다양한 수업 디자인이 가능했고, 학생들의 학습 동기부여가 잘 이루어졌으며, 맞춤형으로 학습할 기회가 생겼다. 또한 사회적 상호작용을 통한 참여도가 증가했고 시간 관리를 하기에도 용이했다. 온라인 수업에서 부족했던 부분을 대면 수업 시에 보완할 수 있다는 것이 블렌디드 수업의 좋은 장점이다.

---

3) 박상준(2020), "코로나 이후 미래교육", 교육과학사
4) 제러드 스타인 외(2016), "블렌디드 러닝 이론과 실제", 한국문화사

경제적인 비용 절감

블렌디드 수업을 하게 되면 이동 시간 단축, 교통비 절약, 공간 절약 등을 기대할 수 있다. 다인수 학급이나 다른 학교 학생들과 함께 협력 수업이 가능하기에 경제적 비용을 줄일 수도 있다.

우리나라의 블렌디드 수업은 방역 차원에서 불가피하게 도입된 것이지만, 팬데믹 현상이 사라진다 하더라도 이러한 블렌디드 수업 방식의 장점을 살려서 운영할 필요가 있다.

블렌디드 러닝의 유형

블렌디드 러닝을 잘 이해하려면 블렌디드 러닝의 유형들을 알아야 한다. 블렌디드 러닝의 유형에는 순환 모델, 플렉스 모델, 알라카르테 모델, 가상학습 강화 모델 등이 있다.[5]

순환 모델

순환 모델은 교사의 통제에 따라 대면 수업과 온라인 수업을 정해진 시간에 따라 운영하는 방식이다. 교사의 강의와 학생의 모둠 활동이라는 기존 대면 수업 방식에 온라인 학습 활동을 추가한 것이다. 학생은 교실에서 온라인 학습에 참여할 수도 있고, 가정이나 외부 공간에서 참여할 수도 있다. 교사의 강의-학생의 모둠 활동-온라인 학습 방식이 순환되면서 수업이 진행되는 방식이다. 대면 수업을 기반으로 온라인 수업의 요소를 받아들인 것으로서 온라인 수업보다는 대면 수업에 강조를 두고 있다. 순환 모델에서 3가지 수업 방식을 조절하는 주체는 학교이다. 순환 모델에는 스테이션 순환학습, 랩 순환

---

5) 마이클 혼 외, 정혁 외 역(2017), "블렌디드", 에듀니티

학습, 개별 순환학습, 플립 러닝(거꾸로 교실) 등이 있다. 스테이션 순환학습은 가정 온라인 학습, 교사의 대면 강의, 학생의 대면 모둠 활동을 하나의 스테이션으로 정한 뒤 모든 학생이 학급별로 순서에 따라 각 스테이션에 참여하도록 하는 것이다. 랩 순환학습은 온라인 학습을 가정 대신 학교의 컴퓨터실(lab)에서 하고 나서, 학급별로 모든 학생이 여러 과목의 수업 교실을 순환하며 교사의 대면 수업에 참여하는 것이다. 개별 순환학습은 모든 학생이 동시에 이동하는 것이 아니라 학생들의 학습 속도와 수준에 따라 개별적으로 순환하며 학습하는 것이다. 그래서 다른 순환학습 모델과 달리 대면 수업보다 온라인 수업의 비중이 더 큰 편이다. 플립 러닝(Flipped learning, 거꾸로 교실)은 가정에서 온라인 학습을 하고 학교에서 대면 수업을 통해 다양한 학습 활동이나 심화 학습을 하는 것이다.

이 중에서 대표적으로 잘 알려진 것이 '플립 러닝(Flipped learning)'이다.[6] 교사가 미리 기초 지식과 개념을 디딤 영상으로 촬영하여 온라인 학습 플랫폼에 게시하면 학생들이 가정에서 온라인을 통해 디딤 영상을 보고 공부한다. 디딤 영상이 사전 예습 역할을 한다. 디딤 영상은 핵심 개념을 설명하는 내용 전달형, 학습 과제를 안내하는 과제 제시형, 오개념제시 및 비판에 이어 탐구 유도를 하는 탐구 촉진형, 대면 수업의 활동 단계를 소개하는 활동 소개형 등이 있다. 디딤 영상은 수업에 대한 이해를 증진하고 해결할 문제에 대한 흥미를 유발한다. 사전 배경 지식을 제공하고 일종의 피드백 역할도 한다. 그리고 학교 대면 수업에서 토의, 토론, 심화 문제 풀기, 피드백, 모둠 활동 등을 하는 것이다. 모둠 활동 시 교사는 학습 속도가 느린 학생들을 개별적으로 보충 지도할 수 있다.

---

6) 이민경 외(2016), "플립 러닝 이해와 실제", 교육과학사

[거꾸로 교실 운동 이야기]

2007년 미국 콜로라도에서 존 버그만 등 일부 교사들을 중심으로 실험적으로 플립 러닝이 시행되었다. 플립러닝의 교육적 효과가 드러나면서 점차 국제적으로도 알려지게 되었는데, 우리나라에서는 KBS의 교육 프로그램을 통해 부산 동평중 실천 사례가 방영되면서 많은 교사들이 관심을 가지게 되었다. 이후 미래교실네트워크(https://www.futureclassnet.org)를 중심으로 거꾸로 수업이라는 이름의 수업 혁신 운동이 전국적으로 확산되었다.

플립 러닝을 성실하게 참여한 학생들은 학업 흥미도와 학업 성적이 올라갔다. 하지만 학생들이 미리 온라인 수업 동영상을 보지 못한 상태에서 수업 활동에 참여하면 반대로 학습 효과가 떨어질 수 있다. 학생들이 가정 형편상 스마트 기기를 가지고 있지 못하거나 가지고 있어도 활용하지 못하면 기대한 학습 효과를 가질 수 없다. 교사 입장에서는 매번 수업 동영상을 제작하여 올려야 하기 때문에 여러 가지 부담감이 있었다. 수업에 대한 교사의 열정과 노력 없이는 실천하기 힘들었기에 일반화되는데 한계가 있었다. 일부에서는 온라인 예습을 강조한 특이한 수업 방식 정도라고 평가하기도 하였다.

플렉스(Flex) 모델

플렉스 모델은 방송통신고등학교나 사이버대학교처럼 기본적으로 온라인 수업으로 진행하지만 온라인 방식으로 하기 힘든 교육 활동을 대면을 진행하는 것이다. 예컨대 체육대회, 입학식 각종 행사, 시험 등을 대면 활동으로 진행하고 대부분의 교과 수업은 온라인 수업, 원격 수업으로 진행하는 것이다.

순환 모델은 대면 수업에 방점이 있다면 플렉스 모델은 온라인 수업에 방점이 있다. 기본적으로 온라인 수업으로 운영하지만, 온라인 수업으로 진행하기 힘든 것만 불가피하게 대면 활동으로 실행, 보완한 것이다. 플렉스 모델에서 학생들은 테크놀로지 기반 학습 플랫폼을 통해 자신의 학습 계획을 선택·관리하고, 교사들은 수행 평가나 형성, 총괄 평가를 통해 학습결과를 평가한다. 미네르바 스쿨의 경우, 온라인 토의 토론 수업을 잘 지원할 수 있는 온라인 학습 플랫폼을 만들어 사용하고 있고, 피드백도 이를 통해 실시하고 있다.

알라카르테(A La Carte) 모델

알라카르테는 품목별로 가격이 매겨져 있는 일종의 일품요리를 뜻한다. 알라카르테 모델에서는 기본적으로 대면 수업을 진행하지만 선택 과목 등 일부 과목은 온라인으로만 개설하여 운영한다. 이를테면 일반 교과목은 대면 수업으로 진행하되 중국어, 일본어 등 제2 외국어 과목은 온라인 과목으로만 개설하여 수강할 수 있도록 하는 것이다.

그래서 알라카르테 모델은 현실적으로 고교 학점제 상황에서 활용하기 좋은 모델이다. 즉, 기초 교과는 대면 수업으로 진행하고, 사회탐구, 과학탐구, 생활 교양 등 일부 선택 과목 영역에서는 온라인만으로 개설하여 운영하는 것이다.

가상학습 강화 모델

가상학습 강화 모델은 필수 과목 등 일부 수업시간만 대면 수업을 하고 나머지는 온라인 수업에 참여하는 것이다. 예컨대, 주 2-3회 출석하여 대면 수업을 하고 나머지는 온라인 수업으로 진행하는 것이다. 아니면 오전이나 오후만 나와 대면 수업에 참여하고 나머지를 온라인 수업으로 진행하는 식이다. 온라인 과목과 대면 과목의 비중은 반반 정도 된다. 온라인 수업에 대한 비중이 플렉스 모델과 알라카르테 모델의 중간적 위치에 있다고 볼 수 있다.

현실적인 블렌디드 러닝의 시행착오 과정과 고민들

우리나라의 블렌디드 러닝은 방역 차원에서 도입되었다 보니 원래의 방식대로 운영하기 힘들었다. 본디 블렌디드 러닝의 온라인 수업과 대면 수업 방식은 교육과정 특성에 따라 결정해야 하지만, 현실적으로는 방역을 고려해 결정하다 보니 많은 어려움이 있었다. 특히 대면 수업 기간이라고 하더라도 사회적 거리 두기를 위해 학생 간 상호 접촉을 제한하는 상황에서 대면 수업은 내실화되기 힘들었다. 예를 들어 플립 러닝(거꾸로 교실)의 경우, 방역 원칙을 지키면서 모둠 활동 등 학생 상호 간 대면 활동을 시도하기가 힘든 상황이었다. 방역 차원에서 블렌디드 러닝이 도입되다 보니 불가피하게 진행되고 있는 파행적인 교육과정과 수업 운영의 현실을 그럴듯한 용어로 포장한 느낌이 강하다. 블렌디드가 우리에게 던지는 다음의 7가지 질문에 우리가 어떻게 대답하느냐에 따라 블렌디드가 성공적으로 발전할 수도 있고, 일회용품처럼 불완전하게 사용되다가 폐기될 수도 있다.

현재 블렌디드 운영 방식이 진짜 블렌디드 러닝인가?

블렌디드의 핵심은 온라인 수업의 한계를 극복하기 위해 대면 수업을 병행함으로서 온라인 수업의 장점과 대면 수업의 장점을 결합하자는 것이다. 그런데 현행 블렌디드 체제는 방역 차원에서 도입되었기 때문에 임시방편적으로 이루어졌고, 원래 블렌디드 러닝 방식과는 거리가 있다. 예컨대, 대면 수업 기간이 1/3이 될지 2/3가 될지를 방역 차원에서 결정하다 보니 배움을 위한 선택과는 멀어졌다. '언제 대면 수업을 하는 것이 학생들의 학습에 도움이 되는가'나 '학급 구성원을 어떻게 분반하는 것이 교육적으로 좋은가'의 기준으로 결정한 것이 아니다. 플립 러닝도 온라인 가정 학습을 전제로 교실 대면 활동을 통해 학습 효과를 높이려고 하는 것이지만, 사회적 거리 두기를 강조하는 방역 상황에서는 대면 활동에 제한이 생긴다. 모둠 활동 등 학생 상호 간 사회적 작용을 줄이고 수업할 수 있는 방식은 일제학습과 개별학습뿐이다. 그런데 일제학습 방식은 대면수업보다 온라인 수업이 더 유리한 수업 방식이다. 개별학습은 다인수 학급에서 진행하기 쉽지 않다. 그러므로 우리는 학습과 방역 사이의 딜레마를 잘 해결할 수 있는 블렌디드 방식을 모색해야 한다.

학생 간 학습 격차를 어떻게 줄일 수 있을 것인가?

최근 온라인 수업 탓에 학생들의 학습 격차가 심화되고 있다. 특히 중위권 학생들의 하향화 현상이 나타면서 학습 격차 문제가 부각되고 있다. 자기관리 역량이 있는 상위권 학생들은 온라인 수업에 잘 적응하여 효율적으로 학습하고, 적절하게 자기 시간 활용을 하면서 사교육을 통해 보완할 수 있었다. 반면 자기관리역량이 부족한 중하위권 학생들은 상대적으로 그러하지 못했다. 이를 해결하기 위해서는 기존 대면 수업 체제로 전환하거나 온라인 수업에 있어서 개인맞춤형 피드백 체제가 확립되어야 한다.

블렌디드 수업은 특성을 잘 이해하는 경우 학습 격차를 줄일 수 있는 대안이 될 수 있다. 필자는 수년 동안 블렌디드를 실천한 특성화 고교 선생님과 인터뷰를 한 경험이 있었다. 해당 선생님이 수년 동안 학교 현장에서 블렌디드를 실천한 이유는 특성화 고교생의 학습을 돕기 위해서였다. 중하위권 학생들의 배움을 실질적으로 돕고, 현장 실습생들의 수업 결손을 보완하기 위해서 블렌디드 방식을 도입하여 운영한 것이다. 대면 수업 시간에 잘 이해하지 못한 것은 온라인 수업으로 보충하고, 현장 실습 기간 동안 대면 수업에 참여하지 못한 경우 온라인 수업으로 이를 대신하였다고 한다.

학교나 교사의 온라인 및 블렌디드 수업 역량을 어떻게 증진시킬 것인가?

온라인 수업 시 어떤 학교는 주로 콘텐츠 활용형 수업으로 운영하고, 어떤 학교는 첫 출발부터 실시간 쌍방향형 수업으로 운영하였다. 블렌디드 수업 시 어떤 학교는 학급을 오전반과 오후반으로 나누어 플립 러닝으로 운영하였지만, 어떤 학교는 기계적으로 1/3, 2/3 등교만 하고 예전처럼 강의식 수업이나 문제 풀이식 수업을 그대로 진행하였다.

어떤 교사는 교육과정-수업-평가-기록의 일체화 맥락에서 블렌디드 수업을 적극적으로 실천하지만, 어떤 교사는 기존 동영상을 탑재만 하는 식으로 대충 온라인 수업을 진행하며 대면 수업에서도 별다른 차이점 없이 진도만 나가는 경우도 있다.

온라인 및 블렌디드 수업 수준의 격차를 줄이고 수업을 내실 있게 운영하기 위해서는 교사의 수업 역량을 길러야 한다. 대면 수업을 잘하는 교사가 온라인 수업도 잘한다. 대면 수업을 힘들어하는 교사가 온라인 수업이나 블렌디드 수업을 잘하는 경우는 없다. 교사의 블렌디드 수업 역량을 기르기 위해서는 연수나 수업코칭이 뒷받침되어야 한다. 그리고 교원 연수에서도 단순히 스마트 도구 활용법을 다루는 것을 넘어 교사들이 창의적인 온라인 및 블렌디드 수업 모형을 개발하고 적용할 수 있도록 돕는 방법을 모색해야 한다.

블렌디드 수업의 평가는 어떻게 이루어져야 하는가?

평가는 기본적으로 교육과정-수업-평가-기록의 일체화 차원에서 이루어져야 한다. 즉 교육과정대로 수업을 하고, 수업을 한 것을 토대로 평가하고, 이를 정직하게 기록하면 된다. 그런데 현행 평가 체제는 대면 수업을 전제로 구성되었기 때문에 온라인 수업이나 블렌디드 수업 상황에서는 여러 가지 문제점들이 발생할 수밖에 없었다. 교육과정-수업-평가-기록의 일체화 측면에서 볼 때, 블렌디드 수업으로 했으면 블렌디드 수업에 맞는 평가 모형을 개발하여 운영 해야 한다.

블렌디드 수업 상황에서 학생들의 생활지도를 어떻게 할 것인가?

온라인 수업은 비대면 수업 방식이다 보니 학생들의 인성 교육과 사회성 교육을 하기 힘든 상황이다. 공동의 목표를 이루기 위해 다른 사람들과 협력하는 대인관계기술을 익혀야 성숙한 사회인으로서 활동할 수 있는데, 온라인 수업 상황에서는 이를 배우기 쉽지 않다. 다른 사람과 좋은 관계를 맺고 싶은 마음만 가지고 관계를 형성, 유지하는 것이 아니라 구체적인 삶의 기술인 관계기술이 있어야 한다. 관계기술이란 칭찬하기, 격려하기, 공감하기, 배려하기, 갈등해결하기 등을 말한다. 저출산과 부모의 과보호 현상으로 인하여 개인주의적 성향의 아이들이 늘어나고 있는 상황에서 행해지는 온라인 수업이나 블렌디드 체제는 이를 더욱 가속화시킬 가능성이 높다. 온라인 수업 기간에는 중하위권 학생들의 게임 중독 현상이 늘어나기 쉽고, 스마트 기기 과의존 현상이 더 가속화될 것이다. 특히 온라인 수업 탓에 연령이 낮은 아이들이 일찍 스마트 기기를 접하게 되면서 스마트 기기 과의존 현상과 게임 중독 현상을 나타내는 일이 많아지고 있다. 이러한 현상은 학습 격차로 이어지게 될 것이다. 그 때문에 미디어 리터러시에 대한 관심과 교육이 더욱 절실해지고 있다.

유아, 초등학교 저학년생, 특수학생들은 어떻게 할 것인가?

온라인 수업에서 소외되기 쉬운 학생들은 유치원 유아, 초등학교 저학년생, 특수 학생들이다. 부모나 주변의 사람들의 도움 없이는 온라인 수업에 따라가기 힘들기 때문이다. 온라인 수업 상황에서 유아, 초등학교 저학년생, 특수학생들의 배움을 위해서는 교사뿐 아니라 부모들의 역할이 상대적으로 더 중요해진다. 부모가 자녀를 사랑하는 마음만으로는 좋은 교육을 하기 힘들다. 온라인 수업에서 저연령 아이들과 특수 학생들의 학습효과는 부모의 관심과 가정 환경이 큰 영향을 미친다. 블렌디드 수업이 효과적으로 이루어지기 위해서는 부모의 역할과 참여가 중요하다. 일부 유치원에서는 온라인 수업 기간 동안 유치원 선생님들이 가정에서 할 수 있는 교육놀이 꾸러미를 전달하고 수시로 소통하면서 재택 학습이 잘 이루어지도록 많은 노력을 기울였다. 그 결과 학부모들도 유치원에 대한 신뢰가 더욱 높아지는 기회가 되었다. 블렌디드 수업 상황에서는 교사가 학부모를 교육의 대상이 아니라 교육의 동반자로 바라보고 협력하는 체제를 구축해야 한다.

그렇다면 수업의 본질과 성격이 블렌디드 상황에서는 바뀌는 것일까?

블렌디드 수업에서는 티칭(Teaching)보다는 코칭(Coaching)이 더 중요하다. 즉, 교사가 무엇을 가르치는가의 문제보다 학생들이 스스로 공부할 수 있도록 도움을 주는 것이 중요하다는 것이다. 온라인 수업은 단순한 지식을 전달하거나 이해시키는 활동은 대면 수업에 비해 유리하지만 적용, 분석, 종합, 평가 등 고차원적 사고 개발이나 실기, 실습, 대면 활동 등은 쉽지 않다. 온라인 수업 특성과 대면 수업 특성을 파악하여 각각의 장점이 극대화될 수 있는 접근이 필요하다. 하지만 온라인 수업이나 블렌디드 수업에서도 변하지 않는 수업의 본질이 있다. 배움은 관계 안에서 이루어진다는 것이다. 교사와 학생 간의 신뢰적 관계가 있어야 하고, 학생 상호 간 사회적 상호 작용이 활발히 일어나야 하고, 교사-학생, 학생-학생 간의 친밀감이 있는 관계가 형성되어야 의미있는 배움이 일어날 수 있다. 그러므로 블렌디드 수업 환경에 맞게 관계 세우기 활동을 해야 한다. 교사가 지식을 전달하는 객관론적인 인식론 모델에서 벗어나 교사와 학생이 교학상장(敎學相長)하면서 학습 공동체 모델을 추구할 수 있어야 한다. 교사도 수업을 통해 배워가고, 학생들도 교사에게 도움을 받는 동시에 동료 학생들과 도움을 주고 받으면서 성장할 수 있어야 한다. 온라인상에서도 이러한 학습 공동체가 형성되어야 의미있는 배움이 이루어질 수 있다.

블렌디드 수업디자인의 단계

수업디자인이란 수업을 준비하는 일련의 과정을 말한다. 블렌디드 수업디자인의 단계를 제시하면 다음과 같다.

학습자 및 블렌디드 수업 환경 분석

학생들의 학습 수준과 특성, 요구를 파악하는 것이 필요하다. 그리고 블렌디드 수업을 하려면 학교뿐 아니라 가정에서 스마트 기기를 어느 정도 활용할 수 있는지 확인하고 부족하다면 지원할 수 있어야 한다. 온라인 수업 특성상 인터넷망이나 스마트 기기가 뒷받침되지 않으면 효과적으로 수업을 진행할 수 없다.

교육과정 분석

국가 수준 교육과정에서 제시하고 있는 교육과정의 내용과 특징, 성취 기준 등을 파악하고 교과서 내용에 어떻게 구성했는지를 파악해야 한다. 교육과정 재구성을 넘어 교육과정 디자인 차원에서 새로운 과목을 개설하여 운영하고자 할 때는 새로운 과목에 어떠한 핵심 내용을 담을지를 찾아야 한다.

핵심 질문 만들기

핵심 질문이란 학습목표와 성취기준을 토대로 수업 시간에 꼭 다루어야 할 것을 질문 형태로 표현한 것이다. 핵심 질문은 추상적이기보다는 구체적이어야 하며, 학생의 흥미를 유발할 수 있는 형태로 만든다. 질문은 내용적인 지식뿐 아니라 과정적 지식도 포함해야 한다. 핵심 질문을 바탕으로 흥미를 유발하는 출발 질문, 내용의 이해를 돕는 전개 질문, 지식을 심화하거나 삶에 적용할 수 있는 도착 질문을 만들면 좋다.

교육과정 재구성

핵심 질문에 따라 교육과정을 재구성한다. 기존 교과서 내용을 토대로 재구성할 수 있다. 교육과정 재구성을 통해 어려운 내용은 쉽게 풀어줄 수 있고, 심화 내용을 덧붙이거나 일부 내용을 생략할 수 있다. 블렌디드 수업에서는 교육과정 특성상 지식과 이해 등 온라인 수업에서 유리한 것을 온라인 수업으로 진행하고, 다양한 활동이나 실습 등 대면 수업에서 유리한 것을 대면 수업으로 담아낼 수 있도록 한다.

학습구조 디자인 및 수업 유형/방법 선정

학습 구조란 교사와 학생, 학생과 학생 사이의 상호작용 방식이다. 교육과정의 특성에 따라 일제학습, 개별학습, 경쟁학습, 협동학습 중에서 적절하게 선택한다. 특정한 하나의 학습구조만 선택하는 것보다는 여러 가지 학습 구조들을 복합적으로 활용하는 것이 좋다. 온라인 수업과 대면 수업에 있어 어떠한 교육내용이 적합할지 고민해야 한다. 온라인 수업의 경우 실시간 쌍방향형 수업, 콘텐츠 활용형 수업, 과제 제시형 수업 유형 중 교육과정 특성에 알맞은 것을 선택한다. 구체적인 수업 방법과 관련해서는 강의식 설명법, 토의토론, 문제해결 수업, 프로젝트 수업, 온라인 방탈출 게임 등 적절한 수업 모형과 방법을 찾아야 한다. 그리고 선택한 수업 방법에 적합한 온라인 수업 도구들(구글 설문지, 패들렛, 잼보드, 멘티미터, 띵커벨 등)을 선택하면 된다. 대면 수업도 어떠한 학습 활동을 할 것인지 심사숙고하여 준비해야 한다. 무엇보다 온라인 수업과 대면 수업이 유기적으로 잘 연결될 수 있도록 노력해야 한다.

수업 실행

블렌디드 수업을 직접 실행한다. 사전 수업 준비 단계에서는 철저하게 준비할수록 좋겠지만 수업 실행 단계에서는 유연하게 운영하는 것이 좋다. 실제 수업은 계획한 대로 운영되는 것이 아니기 때문에 학생들의 반응과 참여 정도에 따라 유연하게 실행해야 한다. 특히 온라인 수업은 대면 수업에 비해 돌발 변수가 크기 때문에 이를 고려하여 운영하는 것이 필요하다. 그리고 온라인 수업에서는 피드백이 더욱 중요하므로 가급적 수업 진행 과정 중에 피드백할 수 있도록 한다.

평가 및 피드백

수업 이후 학습한 내용을 평가할 수 있도록 한다. 기본적으로 온라인 수업에서 다룬 것은 온라인 평가로, 대면 수업에서 다룬 것은 대면 평가로 운영하는 것이 좋다. 내용적인 지식은 지필 평가를 중심으로 실시하면 좋고, 과정적인 지식은 수업 방법에 따라 수행평가로 실시하면 좋다. 사후 피드백을 통해 학생들의 부족한 학습을 보충하고, 심화 학습을 통해 좀 더 성장할 수 있도록 해야 한다. 배움일지를 통해 학생들이 자기가 배운 것과 그렇지 않은 것, 더 배우고 싶은 것을 정리해보는 것도 좋다. 학생의 배움 상태에 따라 교사의 수업 방식도 개선하는 노력이 필요하다.

블렌디드 수업디자인의 기본 접근 방식

블렌디드 수업디자인의 기본 접근 방식은 크게 플립 러닝형과 프로젝트형으로 구분할 수 있다. 플립 러닝형은 지식 습득을 온라인 학습 형태로 진행하고, 다양한 학습 활동을 통해 심화하거나 적용할 수 있는 것을 대면 수업 형태로 진행하는 것이다. 이에 반해 프로젝트형은 대면 수업에서 지식 습득과 활동에 대한 소개를 진행한 뒤 온라인상에서 자료 조사, 토의토론, 발표 준비, 프레젠테이션 등 다양한 학습 활동을 전개하는 것이다.

[블렌디드 수업디자인(플립 러닝형)]

[블렌디드 수업디자인(프로젝트 수업형)]

제2부 미래를 준비하는 온오프라인 수업

블렌디드 수업도 연역적인 수업디자인 방식보다는 귀납적인 수업 디자인 방식으로 진행하면 좋다. 연역적인 수업 디자인 방식은 학습 목표를 제시하고, 정답을 이야기하고 나서, 그 정답이 왜 정답인지 증명하거나 활동으로 익히도록 하고 복습, 평가하는 것이다. 이 경우 핵심 내용은 수업 앞부분에 배치된다. 반면 귀납적인 수업 디자인은 학습 목표를 제시하고, 질문을 통해 수업의 방향을 제시한 뒤 다양한 학습 활동을 통해 해답을 찾아갈 수 있도록 하고, 결과적으로 핵심 내용을 도출하여 강조하면서 마무리하는 것이다.

[연역적 수업디자인 방식]

[귀납적 수업디자인 방식]

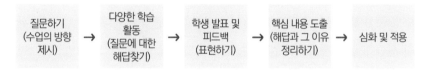

연역적인 수업 디자인 방식은 짧은 시간 안에 가장 효율적인 방법으로 정답을 찾고, 정답을 암기하는데 초점을 둔다. 그러기에 지식 중심, 교사 중심 수업 형태로 진행된다. 그에 반해 귀납적인 수업 디자인 방식은 학생이 자기주도적으로 학습에 참여할 수 있도록 유도하고, 하나의 정답이 아니라 다양한 해답을 찾을 수 있도록 한다. 학생 중심, 경험 중심, 문제 해결 중심이라는 특징이 있다. 두 가지 접근 방식은 각기 장단점이 있기 때문에 학습 목표와 교육과정 특성에 따라 적절하게 선택하여 운영하면 된다.

그런데 현재 블렌디드 수업은 연역적인 수업 디자인 방식으로 접근하는 경우가 많다. 예컨대 먼저 학생들이 콘텐츠 활용형 수업으로 지식을 배우고, 지식을 제대로 이해하고 있는지 대면 수업 평가를 통해 확인하고 피드백하는 것이다. 하지만 블렌디드를 귀납적인 방식으로 접근한다면 배움 중심으로 수업을 진행할 수 있다.

블렌디드 수업 모형

블렌디드 러닝 유형 중 순환 모델은 스테이션 순환학습, 랩 순환학습, 개별 순환학습, 플립 러닝(거꾸로 교실) 등이 있다. 이는 교사의 강의, 학생의 모둠 활동, 온라인 학습의 기본 요소를 어떻게 순환하느냐에 따라 그 유형이 구분될 수 있다.

최근 블렌디드 수업이 전국적으로 실시되면서 다양한 블렌디드 수업 모형이 개발되고 있다. 서울시교육청의 경우, 온라인 수업 유형을 중심으로 대면 수업 중심 블렌디드 수업 모형, 실시간 쌍방향형 중심 블렌디드 수업 모형, 관찰 실습 중심 블렌디드 수업 모형, 전문가 연계 중심 블렌디드 수업 모형, 과정중심 평가와 피드백 중심 블렌디드 수업 모형, 학습 꾸러미 중심 블렌디드 수업 모형 등을 제시하였다.[7]

대면 수업 중심 블렌디드 수업 모형

대면 수업에서 핵심적인 학습 활동이 이루어지는 수업 형태이다. 온라인 수업에서 배경 지식, 개념 관련 콘텐츠를 제시하고 대면 수업에서 토의 토론 활동, 학습 결과물 제작, 발표 준비 등을 하는 것이다. 기존 플립 러닝 방식과 비슷하게 운영한다. 저학년 학생에게 초점을 맞추어 개발한 수업 모형이다.

---

7) 서울시교육청(2020), "블렌디드 수업 사례로 디자인하다"(초등 블렌디드 수업자료집)

온라인 수업	대면 수업	온라인 수업	대면 수업
과제 수행형 (독서, 동영상 시청 등 학습과제) →	토의 토론 및 피드백 (과제 발표 및 모둠 토의) →	실시간 쌍방향형 (결과물 제작 및 발표 준비) →	발표 및 평가 (결과물 발표, 다면 평가, 피드백)

실시간 쌍방향형 중심 블렌디드 수업 모형

실시간 쌍방향형 수업을 기반으로 온라인 수업을 진행하되, 부분적으로 콘텐츠 활용형 수업이나 과제 제시형 수업을 보완하여 운영하는 것이다. 실시간 쌍방향형 수업은 대면 수업과 유사하게 운영할 수 있으므로 실시간 쌍방향형 수업을 그대로 대면 수업 형태로도 진행할 수 있다.

온라인 수업	온라인 수업	대면 수업
콘텐츠 활용형 + 과제 수행형 (강의 동영상 시청, 온라인 학습지 활동) →	실시간 쌍방향형 (토의 토론 및 피드백) →	발표 및 평가 (결과물 발표, 다면 평가, 보완 설명, 피드백)

관찰 실습 중심 블렌디드 수업 모형

장기간의 시간이 필요한 프로젝트 수업을 블렌디드 수업 모형으로 구현한 것이다. 식물 기르기 및 관찰, 실험 탐구 등에 적합한 수업이라고 할 수 있다.

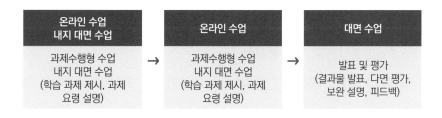

전문가 연계 중심 블렌디드 수업 모형

　전문가를 초청하거나 피드백을 받을 수 있도록 고안한 수업 모형이다. 자연, 예술, 문학, 시민운동 등 다양한 방면의 전문가와 협업하여 수업을 진행할 수 있다.

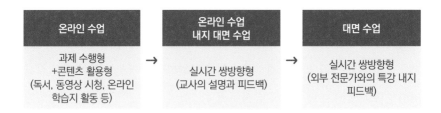

과정중심 평가와 피드백 중심 블렌디드 수업 모형

　온라인 수업 상황에서도 과정 중심 평가를 운영하는 등 피드백을 강조한 수업 모형이다. 프로젝트 수업의 경우, 학생들의 학습을 촉진하고 피드백할 수 있도록 한다. 학습 결손을 최소화하기 위해 개발되었다.

온라인 수업		대면 수업		온라인 수업		대면 수업
콘텐츠 활용형+과제 수행형 (독서, 동영상 시청, 온라인 학습지 활동 등)	→	과제 수행 결과에 대한 피드백 (형성평가와 피드백)	→	실시간 쌍방향형 (학습 과제물 제작 및 발표 준비, 과제 수행 과정에 대한 피드백)	→	발표 및 평가 (결과물 발표, 다면 평가, 피드백)

학습 꾸러미 중심 블렌디드 수업 모형

　실제로 산출물을 제작하는 수업에서 학습 꾸러미를 제공하여 운영하는 수업 모형이다. 가정에서의 과제 수행형 수업이나 실시간 쌍방향형 수업에서의 과제 제시 등으로 진행할 수 있다.

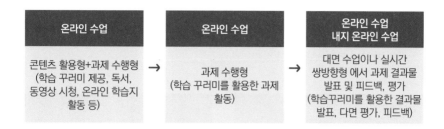

온라인 수업	온라인 수업	온라인 수업 내지 온라인 수업
콘텐츠 활용형+과제 수행형 (학습 꾸러미 제공, 독서, 동영상 시청, 온라인 학습지 활동 등)	과제 수행형 (학습 꾸러미를 활용한 과제 활동)	대면 수업이나 실시간 쌍방향형 에서 과제 결과물 발표 및 피드백, 평가 (학습꾸러미를 활용한 결과물 발표, 다면 평가, 피드백)

기존 참여 수업 모형을 블렌디드 수업 모형화하여 운영할 수 있다.

블렌디드 토의 토론 수업모형

토의 토론 수업을 블렌디드 방식으로 진행하는 것이다. 콘텐츠 활용형 수업과 과제 수행형 수업을 통해 토의 토론 주제에 대한 사전 학습과 안내를 실시하고, 실제 토의 토론은 대면 수업 내지 실시간 쌍방향형 수업으로 진행하며, 수업 후에는 평가 및 피드백을 실시하는 것이다. 디베이트 토론, 두마음 토론, 찬반논쟁 수업 모형 등 다양한 토의 토론 모형의 특성에 따라 세부 진행 방식은 다르게 진행된다.

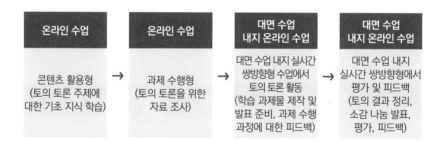

온라인 수업	온라인 수업	대면 수업 내지 온라인 수업	대면 수업 내지 온라인 수업
콘텐츠 활용형 (토의 토론 주제에 대한 기초 지식 학습)	과제 수행형 (토의 토론을 위한 자료 조사)	대면 수업 내지 실시간 쌍방향형 수업에서 토의 토론 활동 (학습 과제물 제작 및 발표 준비, 과제 수행 과정에 대한 피드백)	대면 수업 내지 실시간 쌍방향형에서 평가 및 피드백 (토의 결과 정리, 소감 나눔 발표, 평가, 피드백)

블렌디드 문제해결(PBL) 수업모형

문제해결 수업(PBL)을 블렌디드 방식으로 구현할 수 있다. 과제 수행형 수업 혹은 실시간 쌍방향형 수업에서 교사가 간단하게 배경을 설명한 후 PBL

문제를 제시한다. 그러고 나서 대면 수업 내지 실시간 쌍방향형 수업에서
PBL 문제에 대한 해결 방안을 모둠 토의하고 전체 학급에서 발표한 뒤 교사
가 피드백하면서 마무리한다.

온라인 수업		대면 수업 내지 온라인 수업
과제 수행형 내지 실시간 쌍방향형 (PBL 문제 제시)	→	대면 수업 내지 실시간 쌍방향형 수업에서 개별 활동, 모둠 활동, 전체 발표 및 피드백 (PBL 문제 해결 방안 모색 및 모둠별 해결 방안 발표, 발표에 대한 피드백 등)

블렌디드 프로젝트 수업모형

프로젝트 수업을 블렌디드 방식으로 진행할 수 있다. 대면 수업에서 기초적
인 지식을 이해하도록 하고, 프로젝트 수행 과정을 안내한다. 이를 바탕으로
과제수행형 수업에서 프로젝트 과제를 수행하거나 실시간 쌍방향형 수업에
서 모둠별 프로젝트 활동을 진행한다. 프로젝트 발표 및 평가는 대면수업이나
실시간 쌍방향형 수업으로 마무리한다. 프로젝트 수업은 교사와 학생 간의 피
드백이 수업 성공 여부를 결정하기 때문에 실시간 쌍방향형 수업이나 대면 수
업을 통해 매끄럽게 피드백할 수 있어야 한다.

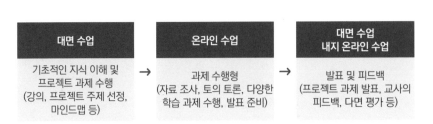

대면 수업		온라인 수업		대면 수업 내지 온라인 수업
기초적인 지식 이해 및 프로젝트 과제 수행 (강의, 프로젝트 주제 선정, 마인드맵 등)	→	과제 수행형 (자료 조사, 토의 토론, 다양한 학습 과제 수행, 발표 준비)	→	발표 및 피드백 (프로젝트 과제 발표, 교사의 피드백, 대면 평가 등)

블렌디드 협동학습 모형

블렌디드 방식으로 협동학습을 운영할 수 있다. 협동학습은 학생 상호 간의 상호작용이 일어나야 하기 때문에 온라인이라면 실시간 쌍방향형 수업으로 진행하는 쪽이 낫다. 협동학습 모형들이 다양하므로 그에 맞는 블렌디드 방식으로 진행하는 것이 좋다.

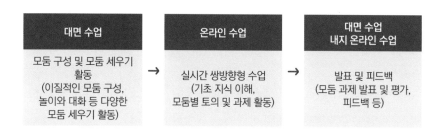

블렌디드 하브루타 모형

하브루타 수업도 블렌디드 방식으로 운영할 수 있다. 콘텐츠 활용형 수업으로 기초 지식을 습득하고, 하브루타 방식으로 자유롭게 질문을 만들며 자기 생각을 정리한다. 실시간 쌍방향형 수업이나 대면 수업을 통해 질문을 중심으로 짝 토의나 짝 토론 활동을 실시한다. 학생들은 대면 수업이나 콘텐츠 활용형 수업을 통해 기초 지식을 배우고, 과제수행형 수업을 통해 자유 질문을 만들고 패들렛이나 잼보드 등에 자기 생각을 기록한다.

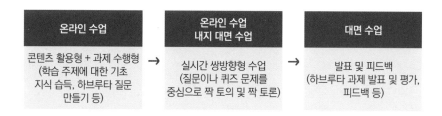

온라인 기반 참여 수업 모형을 토대로 블렌디드 수업 방식으로 전환하여 운

영할 수 있다. 앞으로 블렌디드 수업 모형에 대한 연구와 실증 과정을 통해 창의적인 블렌디드 수업 모형이 많이 개발되어 실제 교실에서 잘 활용될 수 있도록 노력을 기울여야 할 것이다.

블렌디드 수업 관점과 체크리스트 항목

성공적인 블렌디드 수업을 운영하기 위해서는 다음과 같은 관점을 가지고 접근해야 한다.

- 학습목표와 성취기준, 학생 특성에 맞게 수업디자인이 이루어졌는가?
- 온라인 수업과 대면 수업의 장점이 잘 결합되었는가?
- 교수 실재감(교사의 존재감, 관계성)이 잘 드러났는가?
- 학생의 참여(상호작용)가 잘 이루어지고 있는가?
- 학생 개별 맞춤형 피드백이 잘 이루어지고 있는가?
- 온라인 및 오프라인 수업 도구들을 잘 활용했는가?
- 블렌디드 수업 방식에 맞는 적절한 평가가 이루어졌는가?

질문 기반 수업디자인의 이해

수업디자인은 크게 연역적인 접근 방식과 귀납적인 접근 방식으로 나눌 수 있다. 귀납적인 수업디자인 방식의 대표적인 방법은 질문 기반 수업디자인이다. 질문 기반 수업디자인은 핵심 질문을 기반으로 수업디자인을 하는 것이다.[8]

---

8) 김현섭(2015), "질문이 살아있는 수업", 수업디자인연구소

핵심질문

　핵심질문이란 학습목표와 성취기준을 토대로 수업에 맞게 표현된 질문 형태이다. 즉, 수업시간에 꼭 가르쳐야 할 내용을 질문으로 표현한 것이다. 핵심질문은 학습목표를 단순하게 질문으로 전환하는 것 이상의 의미를 담고 있다. 학습목표를 단순하게 질문으로 전환하면 질문이 추상적이 되기 쉽고, 학생 흥미 유발에 한계가 있기 때문이다. 그래서 학습목표를 질문으로 전환하고 나서 학생 배움의 관점에서 구체적인 질문, 학생 흥미 유발 질문으로 만드는 노력이 필요하다.

[핵심질문 만들기 과정 예시]

학습 목표

"분배 정의의 의미를 설명할 수 있다."

질문 형태로 단순하게 전환하기

"분배 정의란 무엇인가?"

배움 관점에서 질문을 다듬기

"빵을 서로 싸우지 않고 공평하게 나누어 줄 수 있는 기준과 방법은 무엇인가?"

　핵심 질문은 방향키나 기둥 역할을 한다. 수업의 방향을 제시하고 수업 구성의 중심축 역할을 한다. 핵심 질문을 뒷받침하는 출발 질문, 전개 질문, 도착 질문이 필요하다.

출발질문(흥미유발)

출발 질문이란 흥미를 유발하는 질문으로서 닫힌 질문보다는 열린 질문이 좋고, 선지식이 없어도 답변할 수 있는 질문이 좋다. 학생의 참여를 유도할 수 있는 매력적인 질문으로 구성해야 한다. 출발질문을 만들 때는 교과서에만 매달리지 말고 주제와 관련한 다양한 소재와 정보를 찾아보자.

전개질문(내용이해)

전개 질문이란 내용의 이해를 돕는 질문이다. 교과서 내용을 충실하게 반영하여 질문을 만드는 것이 좋다. 닫힌 질문이 좋고, 성취기준과 내용 요소를 잘 담을 수 있는 질문이 좋다. 일반 수업에서 많이 활용하는 질문들은 대개 전개 질문에 해당하는 경우가 많다.

도착질문(심화 및 적용)

도착 질문은 배운 지식을 심화하거나 삶 속에서 실천할 수 있도록 도와주는 질문이다. 전개 질문이 지식을 심어주는 질문이라면 도착 질문은 역량을 키워주는 질문이다. 그래서 전개 질문을 이해해야 할 수 있는 심화 질문을 도착 질문으로 만들면 좋다. 닫힌 질문보다는 열린 질문이고 좋고, 난도가 낮은 질문보다는 난도가 높은 질문이 좋다.

[핵심질문 예시(분배 정의)]

학습주제	분배 정의
핵심질문	"빵을 서로 싸우지 않고 공평하게 나누어 줄 수 있는 기준과 방법은 무엇인가?"
출발질문	• 일상 생활과 관련한 질문 "할아버지가 삼형제에게 용돈 10,000원을 주었다. 이 경우 삼형제가 어떻게 나누는 것이 가장 좋을까? 그 이유는?" • 신문 기사 등 관련 정보를 활용한 질문 "최저 임금 인상으로 인하여 많은 기업들이 부담을 느낄 뿐 아니라 자동화를 통해 오히려 일자리가 줄어들 수 있다고 하는데, 이에 대하여 어떻게 생각하는가? 최저 임금 액수가 구체적으로 얼마가 되어야 합리적이라고 생각하는가? 그 이유는?"
전개질문	"분배의 기준은 무엇인가?" "공정한 분배를 위한 절차적 정의의 원리는 무엇인가?" "노직의 자유지상주의와 마르크스의 공산주의에서는 어떠한 기준으로 분배해야 한다고 말하는가?" "롤스가 말한 분배 정의의 원칙과 기준은 무엇인가?"
도착질문	• 생각 넓히기 (심화) "노직, 마르크스, 롤스 입장에서 최저 임금 문제를 바라보자. 그들은 어느 정도 수준이 타당하다고 주장할 것 같은가?" "누군가가 롤스가 말한 차등의 원칙을 역차별이라고 비판한다면, 이에 대하여 여러분은 어떻게 이야기할 것인가?" • 삶에 반응하기 (실천) "우리 사회에서 분배 정의가 가장 구현되지 않는 부분이 무엇이라고 생각하는가? 이 문제를 해결하기 위해 어떠한 노력을 기울이면 좋을까?" "우리 학교에서 부당하다고 느껴지는 것과 이를 해결하기 위해 실천할 수 있는 것을 찾아 실제로 행동해 본다면?"

블렌디드 수업을 위한 교육과정 재구성 실천 사례

　본격적으로 블렌디드 수업을 하기 위해서는 먼저 교육과정 재구성이 필요하다. 학습 활동 중 온라인 활동에 적합하면 온라인 수업으로, 대면 활동에 적합하면 대면 수업으로 구성하는 것이 기본 원칙이다. 다음은 사회과 사례이다.[9]

---

9) 수업디자인연구소, "초등 5-6학년 질문이 살아있는 사회과 수업 자료집", 비상교육

01. 수업의 기본 구성

학년/학기	6학년 2학기	과목	사회	주제	민주적 의사결정
성취기준	[6사05-03] 일상생활에서 경험하는 민주주의 실천 사례를 탐구하여 민주주의의 의미와 중요성을 파악하고, 생활 속에서 민주주의를 실천하는 태도를 기른다. [6사05-04] 민주적 의사 결정 원리(다수결, 대화와 타협, 소수 의견 존중 등)의 의미와 필요성을 이해하고 이를 실제 생활 속에서 실천하는 자세를 지닌다.				
핵심질문	민주주의는 우리의 일상생활에 어떤 영향을 미칠까?				
학습자 분석	사회교과 흥미도가 타 교과에 비해 높지 못한데, 그 이유로 참여 수업이 적고 강의식 수업이 많아서 그렇다고 답변한 학생이 있었음.				
평가방법	관찰평가+패들렛 결과물 평가				
지도상 유의점	- 이 수업에서는 일상생활에서 의사 결정이 필요한 구체적인 사안을 선정해 민주적 의사 결정 과정을 경험해 보게 한다. 또한 일상생활 속에서 발생하는 공동체 문제를 선정해 문제 발생의 요인을 탐구하고, 상호 토의와 협력으로 문제를 해결하는 경험을 하게 한다. 민주 사회에서 합의 도출방식으로 대개 사용되는 다수결 원칙은 일정한 한계가 있으므로 의사 결정 과정이 민주적으로 실현되기 위해서는 대화와 타협, 소수 의견 존중이 전제되어야 한다는 점을 강조해 지도한다. - 실시간 쌍방향 수업 중 소회의실 기능을 적극 활용하여 교사중심의 일방향 수업이 아니라 학생중심의 활발한 의사소통이 이루어지도록 수업을 진행한다.				

02. 블렌디드 수업의 흐름

단계 수업유형 (대면/온라인)	학습주제	교수학습 활동	비고 (온라인 수업, 도구, 기타)
1차시 온라인	• 공동의 문제를 가위바위보로 결정한다고 가정해보기	• 패들렛을 활용하여 생각-짝-나누기 • 모둠 발표	패들렛 또는 잼보드
2차시 온라인	• 생활 속 정치의 사례 찾기	• 생활 속 정치의 사례 관련 동영상 시청(콘텐츠 활용형) • 생활 속 정치의 사례 조사하여 패들렛에 기록하기	패들렛 또는 잼보드
3차시 온라인	• 민주주의의 의미와 중요성 알아보기	• 옛날과 오늘날의 정치 모습 변화를 보고 민주주의의 기본 정신 돌아가며 말하기 활동 • 동영상을 보고 활동지에 기록하기	동영상 자료 활동지

4차시 온라인	• 생활 속에서 민주주의를 실천하는 태도 지니기	• 민주주의 실천 태도 점수 점검하기 • 구글 설문지를 통해 점수 점검하기	구글 설문지
5차시 온라인	• 민주적 의사 결정과정에서 양보와 타협이 중요한 까닭 알아보기 • 다수결의 원칙을 사용할 때 유의할 점 알아보기	• 만화로 설명하기 • 동영상 시청후 활동지 기록하기 • 돌아가며 말하기	동영상 자료 활동지
6차시 온라인	• 민주적 의사 결정 원리에 따라 학급문제 해결해 보기	• 모둠 토의하기 • 전체 학급 발표 및 피드백	활동지

질문 기반 블렌디드 수업지도안 사례

다음 수업지도안 사례는 온라인 수업과 대면 수업에서 수업을 진행할 수 있
도록 구성한 것이다.[10]

학습주제 : 민주적인 의사결정 방법

학습 목표	민주적인 의사결정 방법을 알고 실천할 수 있다.
학습 질문	민주주의는 우리의 일상생활에 어떤 영향을 미칠까요?

수업 단계	주제	교수학습 활동(대면)	온라인 수업 활동
생각 열기 (흥미)	공동의 문제 해결방법 고민해 보기	• 출발 질문 : 공동의 문제를 결정할 때 가위바위보로 결정한다면 어떻게 될까요? – 모둠 토의한 후 발표하기(보드판 활용)	– 패들렛을 활용하여 질문에 대한 답을 기록한 후 발표하기

---

10) 수업디자인연구소, "질문이 살아있는 사회과 수업(초등 5–6학년 질문 기반 수업자료집)"

생각
키우기
(이해)
	민주적인
	의사
	결정
	원리
	알아보기
		• 전개질문 : 민주적인 의사결정과정은 무엇일까요?
		– 영상 시청하고 느낌 말하기
		 1) 헌법시간탐험대-4편: 인간 존엄과 가치, 행복
		  추구권」, 법사랑사이버랜드(7분40초)
		  https://youtu.be/9xH4AMliyps
		  신분 제도로 인해 인간의 존엄, 자유와 평등이
		  보장받지 못했던 시대의 모습과 헌법에 보장된
		  민주주의의 기본 정신을 애니메이션으로 설명하기
		 2) 「님비 우린 몰라요」, MBC경남
		  https://youtu.be/7oQB8Xs9nEI
		  : 창녕 부곡법무병원 설립 과정에서 법무부와 주민의
		  양보와 타협의 사례 소개
		– 민주적인 의사결정이 필요한 사례 및 결정방법을
		 발표하기
		 1) 포스트잇 또는 허니컴보드를 이용하여 자신의
		  의견을 기록한 후 칠판에 붙이기
		 2) 자주 등장한 낱말에 동그라미 쳐서 핵심단어
		  추출해보기
		 3) 그 낱말로 문장 만들어보기
		– 민주적인 의사결정은 어떻게 하는 것이 옳은지 문장
		 모으기
		 1) 롱보드에 문장 적어 칠판 판서 완성하기
			– 실시간 쌍방향
			 수업의 경우,
			 화면공유를 통해
			 함께 영상을
			 시청한다.
			– 콘텐츠 활용
			 온라인수업의
			 경우, 동영상
			 주소를
			 공지한다.
			– 쌍방향 수업의
			 경우에는 구글
			 스프레드시트에
			 상황과
			 해결방안을
			 적어보도록
			 한다.
			– 공유하여
			 반복되는 낱말을
			 찾아 문장으로
			 조합한다.
			– 미리캔버스로
			 문장 구성하여
			 활용한다.

생각 넓히기 (심화)	소수의 의견의 중요성 알기	• 도착 질문 : 민주적 의사 결정 원리에 따라 우리 학급 문제를 해결해 볼까요? – 미리 조사하였던 학급의 여러 문제 중 한 가지를 골라 해결 방안을 토의하기 – 대화와 타협 – 양보와 경청 – 다수결의 원칙 – 소수의 만족 등 절차에 따라 해결방안 합의하기 – 해결 방안을 기록하여 칠판에 붙이기	– 온라인 투표의 방법을 활용하여 학급의 의사를 결정한다.
삶에 반응하기 (적용)	민주적 의사 결정 원리에 따라 학급문제 해결해 보기		

3Way 수업디자인

방역 차원에서 불가피하게 블렌디드 수업이 이루어지는 경우, 상황에 따라서 수업 방식이 다르게 운영될 수 있다. 이러한 경우는 전면 온라인 수업, 전면 대면 수업, 블렌디드 수업 3가지 방식을 함께 수업 디자인하여 현실적으로 선택하여 운영하는 노력이 필요하다.

[3Way 수업 사례(과학과 태양계의 구성)][11]

출발	전개				도착
태양이 우리에게 미치는 영향 알아보기	태양계 행성의 종류와 특징 알아보기	태양계 행성의 실제 크기와 상대적인 크기 알아보기		태양에서 각 행성까지의 거리 알아보기	태양계 형성에 대해 조사한 내용을 바탕으로 지구 대신 살 수 있는 행성 결정해보기
문답법 PPT	조사학습 [활동지 1]	모둠학습 모형 만들기 [활동지 2]		모둠학습 [활동지 3]	문제중심학습 [활동지 4]
패들렛으로 자기 생각을 기록하기	콘텐츠 활용형 수업에서 설명하거나 관련 영상 보여주시	과제수행형 수업에서 온라인 활동지 제시하기		과제수행형 수업에서 온라인 활동지 제시하기	과제수행형 수업에서 PBL 문제 제시하거나 쌍방향형 수업에서 토의하기

단계 수업유형 (대면/온라인)	학습주제	교수학습 활동	비고 (온라인 수업, 도구, 기타)
1차시 온라인	알쏭달쏭 다섯 고개 알아맞히기	• 문답법 • 퀴즈 게임(띵커벨)	패들렛, 잼보드 띵커벨
2차시 온라인	태양은 우리에게 어떤 영향을 미칠까요?	• 모둠 토의 • 강의식 설명법	모둠칠판
3차시 온라인	태양계에는 어떤 구성원이 있을까요?	• 관련 동영상 시청 • 온라인 학습지	구글 설문지
4차시 온라인	태양계 행성의 크기를 비교해볼까요?	• 다양한 물건을 활용하여 모둠별로 크기를 유추하기 • 모둠 활동 및 학습지 기록하기	공, 과일, 알, 클레이, 과자 등
5차시 온라인 내지 대면	태양계 행성은 태양에서 얼마나 떨어져 있을까요?	• 관련 동영상 시청 • 온라인 학습지 기록 • 교사의 설명 및 피드백	동영상 ppt

학습주제 : 태양계의 구성

학습 목표	태양계의 구성에 대하여 설명할 수 있다.
학습 질문	태양계는 어떻게 구성되어 있을까요?

---

11) 수업디자인연구소, "초등학교 5-6학년 질문이 살아있는 과학과 수업 자료집", 비상교육

수업 단계	주제	교수학습 활동(대면)	온라인 수업 활동
생각 열기 (흥미)	태양이 우리에게 미치는 영향	• 출발 질문 : 만약 태양이 사라진다면 어떤 일이 생길까요? - 상상하기(구체적인 상황 제시하기), 의외의 사실 깨닫게 하기; 동물들은 겨울잠을 잘 시기를 놓친다, 과일이 맛없어진다 등	실시간 수업 시 문답법으로 진행하거나 패들렛에 기록해보기
생각 키우기 (이해)	태양계 행성의 종류와 특징 알아보기 태양계 행성의 실제 크기와 상대적인 크기 알아보기 태양에서 각 행성 까지의 거리 알아보기	• 전개질문 **태양계를 구성하는 행성의 특징은 무엇일까요?** - [활동지 1]을 통해 태양계를 구성하고 있는 것과 태양계 행성의 특징을 조사한다. (태양계는 태양, 행성, 위성, 소행성, 혜성 등으로 구성 되어 있다.) **지구가 탁구공 크기라면 목성은 얼마나 클까요?** - [활동지 2]를 통해 태양계 행성의 크기를 지구의 반지름을 기준으로 하여 공의 크기로 비교하기 (상대적 크기 비교) 각 모둠별로 다양한 물체를 이용하여 태양계 행성의 크기를 표현해볼까요? (예: 1모둠-공, 2모둠-과일, 3모둠-알, 4모둠- 클레이, 5모둠-알, 6모둠-과자(홈런볼, 비틀즈 등)) **지구에서 태양까지 가는데 얼마나 걸릴까요?** - [활동지 3]을 통해 지구에서 태양까지의 거리를 기준으로 각 행성에서 태양까지의 거리를 표현하기 〈두루마리 휴지 1칸 = 태양에서 지구까지의 거리〉로 정하고 거리를 표현하기] 탁구공, 농구공, 배구공 등을 각 행성으로 가정하고 각 행성으로부터 태양까지의 거리를 직접 배치해보기 지구에서 태양까지 가는데 걷기/자전거타기/KTX 등을 이용하여 갈 때 걸리는 시간 표현하기 태양계 행성 간 거리 비교 동영상 https://www. youtube.com/watch?v=aa42BZIyvEA	모둠원끼리 조사할 행성을 나누고 관w련 내용을 조사하여 구글 프레젠테이션에 공유한 뒤 모둠별로 PPT를 완성한다. 종목을 정해서 태양계 올림픽 만들어보기 : https://www. youtube.com/
생각 넓히기 (심화) 삶에 반응하기 (적용)	지구 대신 살수 있는 행성	• 도착 질문 **지구 대신 살 수 있는 행성은 어디일까요?** - [활동지 4]를 통해 지구 온난화, 미세 먼지 등 환경과 관련된 문제로 지구에 더 이상 살기 어려워진 상황을 가정하고, 태양계 행성에 대해 조사한 내용을 바탕으로 지구 대신 살 수 있는 행성을 선택해보기	- 한국항공 우주연구원 웹사이트를 이용하여 한국의 우주 개발 연구에 대한 내용 학습하기 https://www. kari.re.kr/kor.do - 온라인 학습지로 확인하기

활동지3

지구에서 태양까지 가는데 얼마나 걸릴까요?

___학년___반___번 이름:_____

다음 표는 각 태양계 행성으로부터 태양까지의 상대적인 거리입니다.

태양계 행성	지구	수성	금성	화성	목성	토성	천왕성	해왕성
태양까지의 거리	1	0.4	0.7	1.5	5	10	20	30

1. 지구에서 태양까지의 거리를 두루마리 휴지 1칸이라고 가정해봅시다.

    지난 시간에 모둠별로 만든 태양계 행성 모형과 두루마리 휴지를 이용하여 태양계 행성의 위치를 표시해봅시다.

2. 이를 통해 알 수 있는 것은 무엇인가요?

_____

_____

3. 더 알고 싶은 것은 무엇인가요?

_____

_____

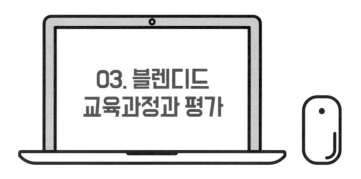

블렌디드 러닝으로 교육과정에 대한 새로운 상상력을 키우기

블렌디드 러닝은 수업 방법의 개선 수준을 넘어서 기존 교육과정 운영 방식의 근본적인 혁신 방안으로도 활용할 수 있다. 블렌디드 러닝은 존속적 혁신과 파괴적 혁신으로 구분할 수 있다. 존속적 혁신이란 기존 교육과정-수업-평가의 문화를 유지하면서 부분적인 개선을 추구하는 것이다. 블렌디드 모델중 순환 모델이 여기에 해당한다. 순환모델은 대면 수업에 방점을 찍고, 온라인 수업의 장점을 부분적으로 끌어온 방식이다. 그에 비해 파괴적 혁신은 기존 교육과정-수업-평가의 문화를 해체하면서 새로운 운영 방식으로 만들어가는 전면적인 혁신이다. 온라인 수업을 기반으로 하여 대면 수업을 끌어오거나 교육과정의 상당 부분을 온라인 수업으로 운영하는 것이다. 블렌디드 모델중 플렉스 모델, 알라카르테 모델, 가상학습 강화 모델은 이러한 파괴적 혁신에 해당한다.[12]

수원중앙기독초등학교와 중학교의 경우, 전체 학급을 오전반과 오후반으

---

12) 마이클 혼 외, 정혁 외 역(2017), "블렌디드", 에듀니티

로 나누어 플립러닝을 실시하고 있다. 오전반은 전날 디딤 영상이 올라오면 이를 가정에서 온라인 학습을 하고, 오전에 등교하여 다양한 활동을 통하여 익히고, 오후반은 오전에 올라온 디딤 영상을 통해서 학습하고, 오후에 등교하여 대면 수업에서 익히고 있다. 이를 통해 기존의 다인수 학급을 소인수 학급 형태로 운영하고 있다.

현재 우리나라의 경우, 블렌디드 러닝을 방역 차원에서 처음 도입하다 보니 대부분 존속적 혁신 방안으로 운영하고 있다. 하지만 앞으로 파괴적 혁신 방안으로 활용한다면 새로운 교육과정 운영이 가능하다. 이미 방송통신학교나 대안학교 등 일부 학교에서는 블렌디드를 파괴적 혁신 방안으로 운영하고 있다. 예컨대 방송통신중학교, 방송통신고등학교, 사이버대학교 등은 플렉스 모델을 취하고 있다.

S고교의 경우, 한동안 블렌디드 러닝 중 알라카르테 모델 방식으로 수업을 진행했다. 작은 규모의 학교다 보니 소인수 과목을 운영하는데 어려움이 있었다. 그래서 사회탐구, 과학탐구 등 선택 과목을 운영하는 데 있어서 일부 과목을 온라인 수업으로 이수할 수 있도록 하였다. 희망 학생 중 자기관리역량이 있는 학생들에 한해서 개별학습 방식으로 운영하였다. 학생들이 온라인 강좌(EBS 콘텐츠)를 수강하고 나서 해당 과목 교사가 학습코칭 방식으로 개별 학생들의 학습 상태를 점검하고 피드백하였다. 그리고 평가도 온라인 수강 여부, 프로젝트 과제 등으로 수행 평가를 실시했고, 지필고사를 통해 학습 내용에 대한 평가를 시행하였다. 참여한 학생들의 만족도가 대면 수업과 비교하여 크게 떨어지지 않았고, 학습 효과도 대면 수업과 비슷하였다. 적은 수의 교사로 다양한 학생들의 필요를 채울 수 있는 현실적인 방법이었다.

M고교의 경우, 전체 교육과정의 1/3은 전통적인 대면 과목, 1/3은 프로젝트 기반(PBL) 수업, 1/3은 온라인 수업(콘텐츠 활용형 수업+과제수행형 수

업)과 학습코칭 방식으로 수업을 운영하고 있다. 즉, 1/3 정도의 과목은 학생들이 자기 희망 과목을 온라인 과목으로 수강하고 해당 교과 교사는 피드백과 평가를 하는 형태로 수업을 진행한다. 이러한 방식을 채택했기에 전체 학생 수가 약 100명밖에 되지 않았지만 약 280개가 넘는 다양한 과목을 개설하여 교육과정을 운영할 수 있었다. 학생들에게 과목 선택권을 줬을 뿐 아니라 학생들이 자기가 원하는 과목을 개설할 수 있도록 하였기 때문에 학생들의 수업 참여도와 만족도가 매우 높게 나올 수 있었다.

블렌디드 러닝 체제는 일반 학교에서도 교육과정 운영에 대한 새로운 상상력을 불러일으킨다. 온라인 수업은 시간과 공간으로부터 상대적으로 자유롭다. 온라인 수업의 비중만큼 등교 수업의 비중은 낮아진다. 주 3-4일 정도만 등교하고 나머지는 가정이나 지역 사회 등에서 온라인 수업을 할 수 있다. 공간적으로도 1교 다(多)캠퍼스 체제를 구축하여 운영할 수 있다. 학교 안에서만 수업이 가능한 것이 아니라 학교 밖에서도 수업이 이루어질 수 있기 때문에 지역 사회의 학습시설과 연계하여 수업을 운영하기 좋다. 교육청 차원에서 공유 캠퍼스를 만들어 다양한 학생들이 공유 캠퍼스에서 공부할 수 있다. 또한 먼 거리에 떨어져 있는 학생들끼리도 협력 프로젝트 수업 진행이 가능하다는 장점이 있다. 파괴적 혁신 방식으로 학교 교육과정에 과감하게 블렌디드 방식을 적용한다면 현재보다 창의적이고 유연한 교육과정 운영이 가능해질 것이다.

온라인 수업과 대면 수업에서 다루는 학습 주제와 방식은 각기 달라야 의미가 있으므로 각각에 따른 교육과정 및 수업 디자인이 이루어져야 한다. 플립러닝처럼 온라인 수업에서 지식과 이해를 중심으로 진행된다면 대면 수업에서는 프로젝트 기반(PBL) 수업 등 다양한 대면 활동을 시도할 수 있을 것이다.

고교학점제 수업 시 성취 기준에 도달하지 못한 학생의 경우, 해당 과목을 온라인 수업으로 재수강할 수 있다. 학력 수준과 상관없이 출석 일수만 채우면 졸업하는 현재 방식에 대하여 고민할 필요가 있다. 기초 학력이 부족한 경우, 해당 부분을 온라인 수업이나 블렌디드 방식으로 보완하도록 하면 좋다. 이를테면 방학 중 온라인 과목을 개설하여 보충 수업을 진행할 수 있다.

미래 교육 담론에서는 학습공원과 학습조직 네트워크 개념을 강조하고 있다. 학습공원이란 지역 사회와 통합되어 연령과 관계없이 다양한 배경의 사람들이 만나 서로에게 배우는 것을 말한다. 학습조직 네트워크는 작은 규모의 학습조직들이 네트워크로 연결되어 창의적이고 유연하게 학습활동이 이루어지도록 하는 것이다. 이러한 학습공원과 학습조직 네트워크를 현실화할 수 있는 도구가 블렌디드 러닝이 될 수 있다.[13]

우리가 블렌디드 러닝을 어떻게 이해하고 활용하느냐에 따라 앞으로 학교 교육과정 운영 방식에도 큰 영향을 미칠 것이다.

블렌디드 러닝의 평가를 둘러싼 시행착오 과정

평가는 기본적으로 교육과정-수업-평가-기록의 일체화 차원에서 진행하는 것이 필요하다. 교육과정대로 수업하고, 수업한 대로 평가하고, 그 결과를 기록하면 된다는 것이다. 즉, 대면 수업을 했다면 대면 수업에 맞는 기존 평가 방식으로 진행하면 되고, 온라인 수업을 했다면 온라인 수업에 맞는 평가를 하면 된다. 블렌디드 수업을 했다면 온라인 수업 요소와 대면 수업 요소를 분석하여 그에 맞게 블렌디드 방식으로 평가한다.

---

13) 학습공원이란 벨기에의 'Learning and Redesign Lab'에서 소개한 미래 학교의 형태로 지역 사회와 통합되어 연령과 관계없이 다양한 배경의 사람들이 만나 서로에게 배우는 학교를 말한다. 학습 조직 네트워크란 학습 소모임이 네트워크로 연결되어 유연하게 교육과정을 운영할 수 있는 것을 말한다. 김현섭, 장슬기(2019), "미래형 교육과정을 디자인하다", 수업디자인연구소

지난 2020년 1학기 경우, 체계적인 준비 없이 방역 차원에서 갑자기 온라인 수업이 전격 도입되었기에 온라인 수업의 평가가 제대로 이루어지기 힘들었다. 처음에는 온라인 수업을 임시방편적 도구라고 여겼기에 학교에서도 온라인 수업의 평가 문제를 충분히 고려하지 못했다. 교육부에서도 평가의 신뢰성, 공정성이 확보되기 어렵다는 이유로 온라인 평가를 금지하였다. 당시 대부분의 대학들도 사이버 강의 형태로 진행하였고, 많은 대학들이 온라인 평가를 실시했지만 실제 일부 대학생들이 부정 행위를 해서 문제가 되기도 했다. 그러다 보니 학생들이 제대로 수업에 참여하지 못한 상황에서 수행평가나 지필평가를 해야만 하는 상황이 생겼다. 특히 중하위권 학생 입장에서는 배운 것은 별로 없는데, 시험만 보게 되는 느낌을 받게 되었다. 일부 학교들의 지필고사 성적을 분석한 결과 많은 중위권 학생들이 하향화되어 상위권과 하위권 학생들로 양극화되는 현상이 나타나게 되었다.[14]

2020년 2학기의 경우, 교육부 평가 지침이 개정되어 100% 지필고사나 100% 수행평가를 할 수 있도록 하였다. 교사들의 온라인 평가의 부담감을 줄이기 위한 조치였다. 그래서 많은 교사들이 수행평가를 없애거나 비중을 현저하게 낮추고 지필고사 중심으로 평가를 진행했는데, 그 탓에 그동안 강조했던 과정 중심 평가와 성장 중심 평가가 잘 이루어지지 못했다. 콘텐츠 활용형 수업 특성상 지식과 이해를 주로 다루다 보니 적용, 분석, 종합, 평가, 실기, 실습 평가는 현실적으로 하기 힘든 상황이 되었다.

이러한 문제점을 보완하기 위해 2021년부터는 온라인 수업 내용과 활동도 평가할 수 있도록 교육부의 평가 지침이 다음과 같이 개정되었다.[15]

---

14) 중앙일보, 2020.7.21
15) 교육부(2021), '코로나19 대응을 위한 2021학년 중등 원격수업 및 등교수업 출결·평가·기록 세부 운영지침'

[학생평가, 학생부 기재 개념도]

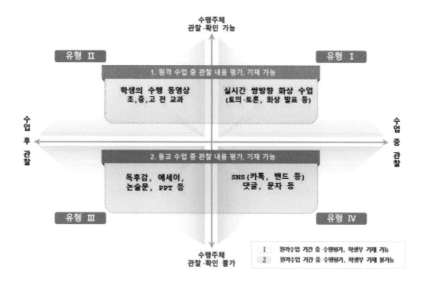

* 원격수업에서 학생의 수행 과정 및 결과를 직접 관찰·확인하여 평가하고 학생부
  에 기재 가능
  - 실시간 쌍방향 화상 수업을 통한 토의·토론, 화상 발표 등(유형Ⅰ), 학생이 제출
    한 수행 동영상(유형Ⅱ)으로 평가·기재 가능
* 원격수업에서 학생의 수행 과정 및 결과를 직접 관찰·확인하지 못할 경우 등교수
  업에서 평가하고 학생부에 기재 가능
  - 원격수업에서의 학생 활동을 등교수업과 연계하여 교사가 직접 관찰·확인한 내
    용을 평가·기재 가능(유형Ⅲ,Ⅳ)

※ 원격수업에서 교사가 직접 관찰·확인하지 못한 학생 활동은 평가·기재할 수 없음

[평가 및 학생부 기재 예시]

· 실시간 쌍방향 화상 수업 시 실시한 토의·토론에서 교사가 직접 관찰한 사항을 바탕으로 평가하거나 학생부에 기재

· 학생이 수행하여 제출한 생활체조 영상을 교사가 직접 관찰·확인하여 자세 및 순서 정확성 등을 평가하거나 학생부에 기재

· 등교수업에서 '비평의 기법'에 대해 지도하고, 원격수업 중 작성한 독후감을 수정·작성 및 발표하게 하여 교사가 관찰·확인한 이해도, 태도 등을 평가하거나 학생부에 기재

· 원격수업 시 댓글을 활용하여 창작한 모둠별 단편극을 바탕으로 등교수업에서 실시한 모둠별 단편소설 창작 활동에서 교사가 관찰한 창의성, 협동성 등을 평가하거나 학생부에 기재

블렌디드 수업의 평가 방안

블렌디드 평가는 블렌디드 방식에 따라 평가 요소를 추출하여 평가 방안을 마련하여 운영하면 된다. 블렌디드 수업 모형에 따른 평가 요소를 정리하면 다음과 같다.

수업 모형	평가 요소
블렌디드 하브루타 수업	질문 수준과 개수, 질문에 대한 자기 생각에 대한 타당성과 논리성 등
블렌디드 문제 해결 수업	문제 해결 방안과 그 이유에 대한 타당성과 논리성 등
블렌디드 토의 토론 수업	학생 토의토론 참여횟수와 토론 내용에 대한 타당성과 논리성 등
블렌디드 프로젝트 수업	프로젝트 과제 개인별 참여 정도, 내용의 타당성, 발표 반응 등 다면 평가 등

다음 수행평가 채점기준표는 블렌디드 토론 수업에 대한 채점기준표 사례이다.

구분	토론 내용	실시간 쌍방향형 수업 (대면수업)에서 토론 참여 횟수	과제수행형 수업에서 토론 의견 정리 및 기한
상	질문 수준과 개수, 질문에 대한 자기 생각에 대한 타당성과 논리성 등	2회 이상 참여	(1) 토론 의견 정리가 잘 이루어짐 (2) 제출 기한을 잘 지킴
중	문제 해결 방안과 그 이유에 대한 타당성과 논리성 등	1회 참여	(1)과 (2)중 하나만 지킴
하	프로젝트 과제 개인별 참여 정도, 내용의 타당성, 발표 반응 등 다면 평가 등	참여하지 않음	(1), (2) 모두가 잘 이루어지지 않음

다음은 블렌디드 프로젝트 수업 채점기준표 사례이다.

요소	내용의 충실도	온라인상의 수행 과정	결과물의 분량과 형식	발표 태도 및 자세	개인 역할 기여도
상(2)	탐구 주제가 적절하며, 보고서 내용이 논리적이고 잘 정리되어있다.	온라인상 과제 조사, 모둠 토의, 도구 활용이 잘 이루어졌다.	(1) 10쪽 이상이다.(2) 서론, 본론, 결론 형식이 잘 갖추어져 있다.	(1) 발표 태도가 바르고 발음이 정확하여 의사 전달이 명확하다. (2) 발표 형식이 독창적이다.	맡겨진 역할을 충실히 수행했을 뿐 아니라 과제 수행에 적극 참여하였거나 리더 역할을 수행하였다.
중(1)	탐구 주제가 적절하고 내용은 좋은 편이나 일부 내용이 부실하다.	온라인상 과제 조사, 모둠 토의, 도구 활용에 있어서 일부분 활동만 진행되었다.	(1), (2) 중 하나가 부족하다.	(1), (2) 중 하나가 부족하다.	맡겨진 역할에 충실했으나 적극적인 모습이 부족하다.
하(0)	탐구 주제가 적절하지 못하거나 내용이 전반적으로 부실하다.	온라인상의 과제 조사, 모둠 토의, 도구 활동이 거의 이루어지지 않았다.	(1), (2) 모두 부실하다.	(1), (2) 모두 부실하다.	맡겨진 역할을 제대로 수행하지 못했거나 과제 수행에 소극적이었다.

수행평가 채점기준표는 학습과제를 제시하는 단계에서 미리 제시되어야 학생들이 블렌디드 수업 과제를 잘 수행할 수 있다.

블렌디드 수업 평가의 학생생활기록부 기록 사례

다음은 국어과 시 경험 쓰기 수업을 블렌디드 수업을 진행한 후 그에 따른 학생생활기록부 교과 특기 사항의 기재 사례이다.[16]

> 한 편의 시를 읽고, 시와 관련된 자신의 경험을 수필로 작성하는 '시 경험 쓰기' 활동 중 대면 수업에서 '여운(김석환)'을 선택하여 나팔꽃의 꽃말인 허무한 사랑과 기쁜 소식에 빗대어 자신이 경험한 사랑과 이별에 대한 통찰이 담긴 수필을 작성함. 선택한 시와 맞닿아 있는 사랑의 기쁨과 충만함, 이별의 허무와 상실감 등 경험에서 우러나오는 솔직한 감정을 꾸밈없이 드러냄. 감정 변화에 따른 자신의 생각을 담담하면서도 실득력 있게 글 쓰는 능력이 돋보임. 주제를 드러내기 위해 사용하는 어휘나 문장 구조가 올바르면서도 진부하지 않고 개성이 있음. 원격수업에서는 '여운'을 시의 분위기와 어울리는 어조, 성량, 표정을 활용하여 낭만적인 분위기를 연출하며 낭송함.

미래형 수업의 평가 방향에서의 블렌디드 평가

블렌디드 수업 평가는 미래형 학생 평가 혁신의 방향에 따라 발전될 수 있어야 한다. 즉, 미래형 수업의 평가는 기본적으로 하나의 모범 정답을 찾는 것이 아니라 다양한 해법을 모색하여 복잡하고 풀기 힘든 실제적인 삶의 문제들을 해결할 수 있는 역량 중심 평가로 발전해야 한다. 미래형 평가는 다음과 같은 방향으로 혁신이 이루어져야 한다.

- 상대평가에서 절대평가로!
- 객관식 평가에서 수행평가 중심으로!
- 교육과정-수업-평가-기록의 분리에서 교육과정-수업-평가-기록의 일체화로!

---

16) 충북교육청(2020), "충북 온오프라인 연계 교과별 혼합수업 실천 사례집 I"

· 단답형 지필 평가(기존 지식 습득 여부 확인)에서 논서술형 평가(자기 생
  각 표현하기)로!
· 지식 중심 평가(아는 것)에서 역량 중심 평가(할 수 있는 것)로!
· 결과 중심 평가에서 과정 중심 평가도!
· 경쟁학습 평가에서 협동학습 평가로!
· 선발 중심 평가에서 성장 중심 평가로!
· 교사 개인 중심 평가에서 집단 지성 중심 평가로!
· 논·서술형 평가와 수행 평가의 객관성을 확보할 수 있는 것으로! (평가의
  공정성, 전문성 확보하기)

온전한 블렌디드 평가를 위해서는 먼저 온라인 수업 활동에 따른 평가 방안을 개발하여 운영할 수 있어야 한다. 현재의 평가 방법은 대면 수업에 맞게 개발된 것들이다. 그러므로 온라인 수업의 특성을 반영한 평가 방안이 새롭게 개발될 필요가 있다. 과정적 지식으로서 온라인 도구 활용 역량을 평가에 일부 반영할 필요가 있다. 그래서 온라인 수업과 대면 수업이 가지고 있는 각각의 특성을 반영한 평가 방안이 마련되어야 한다.

무엇보다 현행 지필고사 방식을 근본적으로 바꿔야 한다. 온라인 수업의 평가에 있어서 가장 우려하고 있는 부분은 부정행위의 가능성 문제이다. 부정행위의 가능성을 없애고 평가의 타당성을 확보하기 위해서는 근본적으로 하나의 정답이 있는 객관식 평가보다 다양한 해답이 가능한 논서술형 평가를 실시해야 한다. 다음의 평가 문항을 살펴보자.

- 공부했던 수필 중 열린 결말로 마무리하는 작품을 최소 두 작품을 골라 그 효과에 대하여 논하시오.(국어)
- 한국 전쟁 발발에 대한 외세의 책임은 어느 정도인가? (역사)
- 문화의 날 행사를 개최한 후 그 후기를 영어 250단어~400단어 분량으로 쓰시오.(영어)
- 말라리아 발생 수와 강우량의 계절별 패턴 그래프를 비교하고 말라리아 발생 패턴이 연간 강우량 변화에 기인한다는 가설을 검증해 보시오.(과학)

위의 평가문항은 국제 바칼로레아(IB)에서 실시한 한국 국제학교의 IB 평가 문항 사례이다.[17] 국제 바칼로레아(IB)에서는 생각을 표현하는 힘을 기르는 것을 중시하여 자기 생각을 논리적이고 설득력 있게 주장하고 있는지, 문제 해결력이 얼마나 되는지에 초점을 두어 평가하고 있다. 이러한 평가 문항은 부정행위를 하기 쉽지 않다. 단순한 지식을 가지고 있어서 풀 수 있는 평가 문항이 아니다. 이러한 평가 문항들은 오픈북 테스트 형태로 진행할 수 있다. 저차원적 사고 개발을 넘어 고차원적 사고 개발을 할 수 있는 방식으로 평가가 운영될 수 있어야 한다.

그런데 현실적으로 그렇게 하지 못하고 있는 이유는 객관성과 공정성 문제 때문이다. 국제 바칼로레아(IB)는 국제적인 공신력을 인정받았기 때문에 세계 유수의 대학에서도 IB 점수를 신뢰하고 활용한다. 그래서 국제학교들뿐만 아니라 로컬학교에서도 국제 바칼로레아를 도입하고 있다. 공정성을 확보한 이유는 국제 바칼로레아(IB) 본부에서 단위 학교의 교육과정 운영과 평가의 질 관리를 잘하고 있기 때문이다. 예컨대, 국제 바칼로레아(IB)에서 제시하고 있는 교육과정의 기준에 어느 정도 도달하고 있는지 정기적으로 점검하고 평가 문항 제작 시 연수나 컨설팅을 실시한다. 스파이 답안지를 마련하여 교사가 공정하게 평가하고 있는지 확인한다. 만약 문제가 발생한 경우, 해당 학

---

17) 김나윤, 강유경(2020), "국제 바칼로레아, IB가 정답이다", 라온북

교 성적을 전체적으로 조정한다. 그래서 IB 학교에서는 점수 부풀리기 현상이 나타나지 않는다. 평가의 공정성과 신뢰성을 확보할 수 있는 제도적인 장치와 피드백 체제를 구축하여 운영하고 있다는 것이 국제 바칼로레아의 장점이다.

일부 교육청에서 IB 도입을 추진하고 있고, 이에 대한 사회적 찬반 논란도 있다.[18]

그런데 IB 도입에 대한 찬성 입장이나 반대 입장이나 모두 한국형 바칼로레아(KB) 체제 구축에 대해서는 긍정적인 입장을 가지고 있다. 사회적 합의 과정을 통해 한국형 바칼로레아(KB)를 만들고, KB에서 공정성과 신뢰성을 확보한 논·서술형 평가와 수행 평가를 개발하고 운영할 수 있도록 지원한다면 의미가 있을 것이다. 이를 통해 교사의 평가 전문성을 함양하고, 집단 지성을 통한 평가의 신뢰성과 객관성을 확보할 수 있는 체제를 구축할 수 있으면 좋겠다. 한국형 바칼로레아(KB)가 교육과정 및 평가 지원센터 역할을 수행하고, 학교 컨설팅 및 연수 기능을 함께 진행할 수 있기를 바란다. 이를 위해서는 교육과정과 평가의 질 관리 체제의 다원화가 필요하다. 교사의 역할도 수업과 생활 지도 중심으로 재편되어 행정 업무 부담을 과감하게 감축하고 그 대신 교사의 수업 및 평가의 전문성과 책무성을 늘릴 수 있으면 좋을 것이다.

---

18) 대구교육청과 제주교육청에서 IB를 도입하여 일부 학교가 IB를 운영할 수 있도록 지원하고 있다.

제6장. 미래 교육을 위한 온오프라인 교육 활동

4. 국내학교의 온오프라인 교육활동 사례
5. 해외학교의 온오프라인 교육활동 사례
6. 미래형 수업과 온오프라인 수업

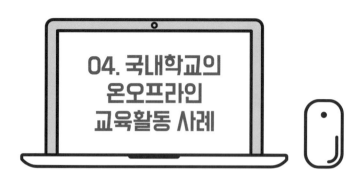

영훈초등학교의 온라인 교육 활동 이야기

영훈초등학교는 서울에 위치한 사립 초등학교이다. 전면 온라인 수업 체제로 바뀌었을 때 내부 구성원들의 고민과 토론 끝에 실시간 쌍방향형 수업 방식으로 운영하기로 하였다.

학부모들의 온라인 학습에 대한 기대

쌍방향형 온라인 수업을 하기 전 학부모들의 마음을 알아보는 설문조사를 한 적이 있다. 학부모들의 마음속 생각은 아래와 같았다.

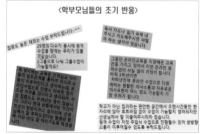

[학부모들의 온라인 수업에 대한 마음]

1. 집중도 높은 재밌는 수업 부탁드립니다~

2. 두 그룹으로 나눠 그룹 수업이 가능할까요?

3. 교육은 선생님과 아이들의 상호관계를 통하여 지식과 소통이 이루어진다고 생각하는데, 온라인 수업으로 진행 시 이러한 점이 조금 어려울 것이라고 생각되며, 수업 집중도도 우려되는 점이 있습니다. 그러나 지금 상황에서는 이것이 최선의 방법이라고 생각되며, 선생님께 잘 부탁드린다는 말씀과 함께 저와 OO도 잘 따라가도록 하겠습니다.

4. 독서 지도나 일기 숙제 내주시고 지도해주시면 어떨까 하는 생각이 있습니다.

5. 그동안 온라인 교육을 지양해온 교육관을 가지고 있어서 이번 온라인 원격수업이 사실 많이 걱정이 됩니다. 아직 3학년이면 저학년인데 온라인 수업으로 다 함께 하는 원활한 의사소통과 자유로운 의사 표현이 어느 정도 가능할지 가장 우려가 됩니다.

6. 학교가 아닌 집이라는 편안한 공간에서 오랜 시간 동안 한자리에 앉아 흐트러짐 없이 수업이 가능할지 염려되지만 선생님께서 잘 이끌어주시리라 믿습니다. 원격 수업이 자칫 주입식 수업으로 진행될 수 있어 쌍방향 소통이 이루어질 수 있도록 부탁드립니다.

7. 예체능 온라인 수업 진행 여부가 궁금합니다.

8. 스마트 기기나 컴퓨터를 다루는 게 OO도 부모인 저도 익숙치 않아서 걱정이 되긴 합니다. 태블릿 pc를 쓰기 힘든 상황이면(언니 수업과 겹치는 일) 컴퓨터를 이용해서 접속하려고 생각 중입니다. 안내해 주신대로 잘 따라해 보겠습니다.

9. 아직 OO는 ebs처럼 일방적인 화상수업은 좋아하지 않는 것 같습니다. 집중을 잘할 수 있을까 걱정도 되지만 수업은 선생님께서 원격수업으로 적당한 내용을 잘 꾸려서 해주시리라 믿고 있습니다. 처음이라 시행착오가 있겠지만 지침을 주시는 대로 열심히 따라가 보겠습니다~

10. 온라인 수업의 특성상 아이들이 집중하기 힘든 환경이라고 생각됩니다. 수업 참여를 자주 하도록 유도해주시면 집중하는 데 도움이 되지 않을까 합니다.

핵심은 '쌍방향 온라인 수업을 해도 오프라인에서 하는 것에 거의 근접하게 해달라'는 것이다. 무엇보다 집중력 문제와 흥미 그리고 아이들의 참여가 가능한지에 대해 반신반의하는 반응을 보이고 있었다. 필자도 사실 처음 설문 결과를 받았을 때는 상당히 부담됐었다.

교사들의 고민

　교사들은 처음으로 시행하는 온라인 수업에 대한 준비 모임을 많이 가지게 되었다. '어떤 철학에서 시작해야 하는가?', '교육적 가치는 무엇인가?', '어떤 도구를 사용할까?', '어떻게 사용하는 것인가?', '어떤 연수를 받아야 하는가?', '어떤 플랫폼을 기본으로 해야 할까?' 등 여러 방식의 장단점을 분석하면서 선택을 해야 했고, 결정하는 과정에서 교사들이 상당한 스트레스를 받았다. 연수를 통해 배워야 할 것도 많고, 학부모들의 요구사항을 어디까지 들어주어야 하는지나 돌봄을 하는 아이들은 어떻게 해야 하는지 등 막막함과 답답함으로 쉽지 않은 시간을 보냈다.

　처음 가는 길이었기 때문에 많은 벽들이 있었다. 교사들 간에 갈등도 있었다. '쌍방향으로 꼭 해야 할까?'에 대한 고민부터 왜 이런 프로그램을 써야 하는지까지 여러 의견 충돌이 있었고, 다양한 의견들을 모으기까지 많은 회의를 거듭했다. 그럼에도 교사들에게는 공통적인 전제가 하나 있었는데, '학생들의 배움'에 얼마나 도움이 될 것인가였다. 사회적 거리두기를 하는 대면 수업이 과연 의미가 있는 수업이 될 수 있을 것인지에 대한 의구심이 들었지만, 아이들이 마스크 뒤에서 지은 미소처럼 온라인상에서도 활짝 웃는 모습을 그려보면서 수업을 준비해야겠다고 생각하였다.

온라인 수업 실천 과정

처음에는 교사들이 동영상으로 수업을 찍어서 링크를 걸어 보여주었다. 재미있는 어플리케이션을 찾아보기도 하고, 여기저기서 망가지는 모습을 보여주기도 하면서 학생들의 흥미를 끌기 위해 노력하였다. 초등학교의 특성상 어떻게하면 학생들에게 더 재미있게 다가설 수 있을지 고민을 많이 하면서 나름대로 재미있게 동영상 편집도 하였지만, 머지않아 한계에 봉착했다.

동영상으로 녹화를 시도하다가 한 명, 두 명 줌으로 수업을 바꾸게 되었고 결국은 100% 쌍방향형 온라인 수업으로 가게 되었다. 콘텐츠 활용형 수업의 경우, 교사 한 명이 모든 과목을 가르쳐야 하는 초등학교 특성상 직접 녹화하고 편집하여 탑재하는 것은 교사에게 지나친 부담이 되었기 때문이다. 콘텐츠 활용형 수업은 교사와 학생 간의 사회적 상호작용을 할 수 없다는 단점도 있다. 10시간 동안 동영상 녹화하고 편집하는 것보다 소통이 원활한 쌍방향 수업을 여는 것에 대한 수업 만족도가 훨씬 높았다.

또한 처음에는 많은 교사들이 줌 수업에 대한 막연한 두려움을 갖고 있었는데, 한 번 두 번 하며 그렇게 어렵지 않다는 것을 깨닫게 되면서 줌 수업을 더 선호하게 되었다. 무엇보다 동영상은 실수를 하면 다시 녹화를 하거나 편집해야 하는 부담이 있었기 때문에, 그럴 필요가 없는 줌 수업이 훨씬 더 편안하게 다가 오게 되었다.

성공적인 온라인 수업의 열쇠, 학년모임(교사학습공동체)

영훈초등학교에서 성공적으로 온라인 수업이 이루어질 수 있었던 열쇠는 '동 학년 똘똘 뭉침'이라고 할 수 있다. 초등학교 교사는 여러 과목 수업을 준비해야 한다. 그래서 온라인 수업에서는 온라인 수업 흐름을 위한 별도의 파워포인트 파일을 정교하게 만들어야 하는 어려움도 있었다. 교사들이 과목을 하나씩 담당 하여 파일 공유방을 만들었다. 그리고 다른 교사들이 보면서 업그레이드 파일을 다시 올리는 작업을 하였다. 이 과정을 통해서 혼자서 모두 다 해야 하는 부담을 덜고 더 전문화되고 세분화된 수업을 만들어나갈 수 있었다. 매주 화요일 동학 년 정기모임을 가지고 필요에 따라 수시 모임까지 이어지면서 혼자보다 함께할 때의 기쁨을 맛볼 수 있었다.

"1년 내내 줌 수업을 해도 하나도 아쉽지 않 을 수업을 해주셔서 감사합니다."

학원을 운영하고 있는 어떤 학부모가 이 런 문자를 담임 선생님에게 보낸 적이 있었 다. 이를 통해서 부모님들의 마음을 읽을 수 있었다. 교육의 본질에 대한 고민을 함 께 나눌 수 있는 교사학습공동체가 활성화 되면 온라인 수업도 더욱 활성화될 수 있을 것이다.

별무리중고등학교의 온오프연계 교육활동 이야기

미래형 학교 교육과정에 대한 고민

충청남도 금산에 위치한 별무리학교는 중고교 과정의 대안학교로서 미래형 교육과정을 고민하면서 다양한 운영을 하고 있다. 학교에 속한 모든 학생들이 배우고, 배운 만큼 성장해야 한다는 전제를 가지고 있다. 학교 구성원들이 여러 차례 모여서 고민하고 토론하면서 교육과정 운영에 있어서 몇 가지 원칙을 합의하였다.

첫째, 학생의 흥미와 진로에 맞게 교육과정을 맞춤형으로 진행해야 한다. 특히 학점제의 도입이나 교과 멘토링의 확대는 기본 전제가 될 것이다.

둘째, 중핵교육과정이 필요하다. 그 학교만이 중요하게 생각하는 가치 교육과정, 학교 공동체가 숙고하여 찾아낸 역량 중심 교육과정, 이를 서로 연결하는 보조 교육과정 등의 전향적이고 순환적인 배치가 필요하다.

셋째, 온오프연계 수업이 가능한 학습 환경을 구축한다. 교사는 온라인과 오프라인을 넘나들며 학생들의 가장 극대화된 배움을 위해 이 둘을 블렌딩할 수 있는 전문가로 거듭나야 한다. 자체 온라인학습플랫폼을 개발하여 학교 교육과정 운영을 잘 뒷받침할 수 있도록 노력해야 한다.

학점제 중심의 개인 맞춤형 교육과정

학점제 중심의 교과교육과정, 전문가와 학교 안팎의 멘토가 아이의 진로를 함께 찾아주는 교과 멘토링, 학생의 정체성 기반으로 관심 있는 영역과 더 배우고 싶은 영역을 입체적으로 도와주는 어드바이징 시스템이 갖추어진 형태로 운영하고 있다.

중핵교육과정(learning core)

개인 맞춤형 교육과정이 학생들의 배움과 성장을 위해 어떤 구조적 외형을 갖추느냐의 문제라면 중핵교육과정은 그 형식에 어떤 내용을 채울 것인가에 대한 문제이다. 학교의 중핵 교육과정은 세계관 교육과정, 가치 교육과정, 역량 중심 교육과정으로 구성되어 있다.

2015 교육과정에서는 자기관리역량, 지식정보처리역량, 창의적 사고 역량, 심미적 감성 역량, 공동체역량, 의사소통역량을 6대 핵심 역량을 제시하고 있는데, 별무리학교에서는 이 중에서도 자기관리 역량, 사고력, 의사소통 역량을 선택하여 강조하고 있다. 3가지 역량을 잘 구현할 수 있도록 체계적이고 집중적으로 배울 수 있는 교과를 전 학년에 걸쳐 개설하여 운영하고 있다. 해당 과목으로 토론, 인문학의 이해, 논리적 글쓰기, 학문적 글쓰기, R&E(research and education) 졸업프로젝트, 졸업 논문 등이 있다.

[의사소통 역량]

의사소통역량을 기르기 위한 능력을 언어적 문해력, 미디어 리터러시, IT 리터러시 등으로 세부적으로 나누었다. 언어적 문해력을 기르기 위해서는 독서 교육을 강조하고 있다. 그리고 국제화 시대에 필요한 영어 교육도 강조하고 있다. 소프트웨어 교육과 관련하여 스크래치 시각, 모바일 앱 개발, 피지컬 컴퓨팅을 배울 수 있도록 하였다.

[사고 역량]

전 학년에 걸쳐 토론 수업을 강조한다. 토론 과정에서 자신의 생각을 표현하고 상대방의 생각을 논리적으로 비판하며 질의 응답하는 방법을 배우고, 특히 논쟁 과정에서 감정적 소모를 최소화하는 요령을 익힐 수 있도록 하였다. 비판적 사고력, 창의적 글쓰기, 서평 등의 과목을 개설하였고, '다니엘의 서재'라는 온라인 시스템을 이용하여 학생들이 읽은 책을 스스로 기록하도록 하였다.

[자기관리 역량]

자기관리 영역에서는 시간 관리, 영성 관리, 체력 관리, 마음 관리를 배울 수 있도록 도와준다.

영역	대상	6학년	7학년	8학년	9학년
비판적사고력	창의적 글쓰기		포트폴리오 작성→글쓰기 대회		
	서평		독서 습관 , 책의 비교 분석→다니엘의 서재		
의사소통	토론	토론의 기초에서 심화, 전교과로 확대→ 디베이트 대회			
	SW 교육		생활속 문제 sw 교육		
		6학년 스크래치/7학년 모바일 앱 개발 // 8학년 피지컬 컴퓨팅 구현			
	영어		생활 속 영어 구현		인도 몰입 영어
		Shadow Reading, 영어 말하기 대회, 영어 일기쓰기, 영어 독서			
자기 주도성	자기관리		선택적 자기 관리(계획) - 습관화		
		시간관리, 영성관리, 체력관리, 마음관리			

다문화 인구의 비중이 높은 금산 지역의 특성에 맞게 다문화 교육의 일환으로 다문화 동화책 만들기 프로젝트 활동을 진행하였다. 학생들은 다문화센터의 추천을 받아 베트남, 중국, 필리핀 세 나라에서 온 결혼 이주민들을 찾아갔다. 그리고 그들의 이야기를 자신들의 말로 자녀들에게 당당하게 할 수 있는 다문화 동화책을 만들 수 있도록 하였다. 이 동화책은 학생들이 직접 인터뷰, 편집, 삽화, 디자인 등을 하여 정식 출판사를 통해 출간하였다.

IT 리터러시를 배우는 학생들은 메이커 스페이스란 곳에서 활동하면서 정보과학 문해력을 성장시켜 나가고 있다. 미세먼지가 기승을 부릴 때 교실에 공기청정기를 설치하는 것과 공기 정화 식물을 교실에 배치하여 어떤 경우가 더 효율적인지에 대하여 실험하였다. 학생들은 실험을 진행하면서 센서링, 아두이노, 코딩 등을 배웠다. 결과적으로 공기정화식물의 정화 기능이 훨씬 뛰어나다는 것을 발견했다.

맹학교 학생들은 앞이 보이지 않기 때문에 졸업생들에게도 앨범을 주지 못한다는 사실을 알게 된 별무리학교 학생들은 맹학교 학생들의 얼굴 모습을 모델링하고 3D 프린팅으로 출력하여 친구들에게 졸업 선물로 주었다. 이러한 과정들을 통해 학생들은 기술이 사회에 이바지하는 방법을 배웠다.

온라인 학습플랫폼

별무리학교는 시골에 위치해 있다. 그러다 보니 애초에 학교를 시작할 때부터 학교의 범위를 어떻게 확장시킬 수 있을지에 대하여 고민하였다. 학생이 스스로 교육과정을 기획하고 결정하는 구조를 만들어 학교 전체의 분위기가 더욱 자발적이고 진취적인 방향으로 조성되기를 원했다.

온라인 플랫폼

학생주도형 학습
설계 및 평가

맞춤형 교육과정   자기주도학습

우리 학교의
환경에 맞는 I
T 플랫폼

거꾸로 수업   프로젝트기반 수업

학교 지원시스템   프로그래밍 수업

온라인 학습플랫폼을 통해 학생들은 학생주도형 학습설계와 평가를 진행했다. 현재는 온라인 플랫폼을 기반으로 하는 자기주도학습, 프로젝트기반 수업, 코딩이나 피지컬 컴퓨팅, 디베이트 수업, 거꾸로 교실 등 다양한 교육 활동을 진행하고 있다.

구글 워크스페이스(구 스위트) 기반의 플랫폼을 중심으로 구글 앱스를 활용하고 크롬북을 통해 교육 활동을 진행하였다. 크롬북을 사용한 이유는 가격이 저렴할 뿐 아니라 동영상이나 게임 등이 지원되지 않기 때문에 교육용 디바이스로 사용하기에 용이하기 때문이다.

구글 계정으로 학생들을 관리하는 것도 매우 유용하였다. 학생들이 학교에 들어오면 그 연도와 학년 그리고 학생의 순서에 따라서 학번을 만든다. 예를 들면 201008@bmrschool.org - 20은 2020년 입학 / 10은 그해의 10학년 / 08은 그 학년에서의 번호 / bmrschool.org는 학교 고유의 계정이다. 이학교 계정은 모든 교사와 학생이 이메일링, 구글 클래스룸, 구글 스프레드시트, 설문지, 구글 다큐멘터리, 프레젠테이션 등 모든 어플리케이션에서 정보를 공유할 수 있다는 장점이 있다. 이를 토대로 맞춤형 교육 시스템을 정착시킬 수 있었고 현재는 학교 자체 학습관리 온라인플랫폼인 BLMS(byulmuri learning management system)으로 발전시켜 운영 중이다. 이를 통해 학점제 관리, 생활기록부 등록, 출석부 등을 관리하고 있다.

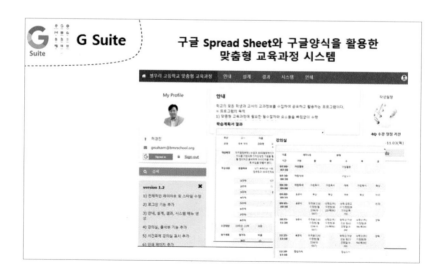

또한 구글 문서나 구글 파워포인트 슬라이드를 활용한 모둠 발표 자료 공동 작업을 하고 있다.

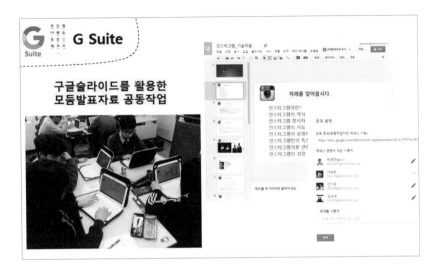

학생들은 모든 발표 자료를 함께 보며 작성하고, 수정사항이 있으면 즉시 동시다발적으로 반영할 수 있다. 구글 양식을 활용하면 다양한 설문 조사들이 가능하다. 별무리학교 개인연구과제를 진행할 때 설문지를 제시하면 학생들이 즉각적으로 기록하도록 하였다. 교사들은 학생들의 자기성찰 저널을 통해 학생들이 어떤 생각을 하고 있고 어느 정도의 학습 성취를 보이는지 바로바로 확인할 수 있다. 학교와 학생 간의 소통 채널이 자리잡고, 온라인 교육과정을 일정 이상 진행한 이후에는 만족도 조사를 시행했다. 특히 학점제 시스템으로 전환한 후에 학점제 시스템이 학생들에게 어떠한 효과가 있었고, 어떠한 장점과 단점이 있었는지에 대해 조사하였다.

구글 클래스룸은 수업 및 학급 관리를 넘어서 교사 교육 및 교사가 소통할 수 있는 채널이 될 수 있다. 학교 부설 연구소가 중심이 되어 교사들의 전문적 학습공동체(배움 공동체)를 만들었다. 가치 및 세계관, 미디어 영상, PBL, 청소년문화예술, 진로학습코칭, 역량중심 교육, 국제교육협력, 회복적 생활교육이라는 8개의 영역을 정하여 모든 교사들이 활동에 참여하고 있다. 이를 통해 교사들은 추진하고 있는 학교 업무의 계획을 알 수 있었고, 업무와 학습의 통합이 자연스럽게 이루어졌다. 학교 차원의 온라인 플랫폼 기반 교육과정 운영을 통해서 플랫폼 사용자들을 위한 온오프라인을 넘나드는 의사소통 채널을 구축할 수 있었다.

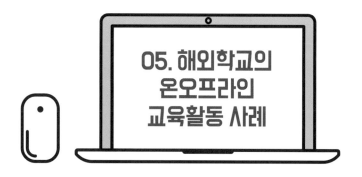

05. 해외학교의
온오프라인
교육활동 사례

교육 분야 국제기구들의 움직임

코로나 19 이후, UNESCO, OECD, World Bank 등 국제기구는 국가별 교육 현황을 비롯한 각종 온라인 사례 및 개선 방안 등을 제시하였다. 코로나 19 팬데믹 선언 하루 전날, 73개국이 참여하는 유네스코 화상 교육 장관 회의를 개최하여 국가별 상황을 공유하고, 네트워크를 공고히 하기로 결정하였다. 전 세계적으로 확산되는 코로나19를 예의 주시하면서 위생과 청결에 관한 교육 프로그램을 마련하고, 필요시 학교 폐쇄(휴교) 및 원격 교육을 준비하기로 하였다. 무엇보다 유네스코 홈페이지를 통하여 학교 폐쇄와 같은 각 국가 교육 현황을 파악하고, 어디서나 활용 가능한 온라인 교육 플랫폼, 교육 당국이 활용할 수 있는 체크리스트, 국가별 사례를 공유하는 노력에 함께 힘을 모으기로 했다. 또한 OECD는 코로나 19 확산으로 인한 교육 기회 제공의 공백을 최소화하고, 교육 정책가와 관계자들이 현명한 결정을 할 수 있도록 돕는 교육 방향을 제시하기로 하였다. 전 세계는 지금 국가 차원의 교육정책과 체계적인 가이드라인을 수립하여 코로나 19 시기 동안 학생들의 교육 공백을

최소화할 수 있는 적극적 대체 교육 방법이 필요함을 절실히 공감하고 있다.[1]

온라인 교육을 주도하는 주체 및 온라인 학습플랫폼

주요 국가들은 모두 정부가 주도하여 교육정책들을 마련하고 있다. 독일은 학생과 학부모까지 아우르는 종합적 지원 시스템을 운영하고 있고, 영국은 온라인 수업 운영에 의무를 두지 않는다. 코로나19 유행 기간이 길어지면서 주요국들의 온라인 교육에 대한 정책 범위들이 조금씩 넓혀지고 있는 추세이다.

미국과 영국의 경우, 우리나라에도 널리 알려져 있는 구글 클래스룸 및 MS 팀스를 많이 사용하고 있다. 독일은 기존에 운영하던 자체 온라인 학습플랫폼 (Lernraum Berlin)을 활용하고 있다. 싱가포르는 자체 온라인 학습관리시스템(SLS)을 구축하고 ZOOM이나 구글 클래스룸 등을 다양하게 활용할 수 있도록 하였다. 중국은 5천만 명에 해당하는 인원이 동시접속 가능한 인터넷 클

---

1) 한국교육개발원(2020), "코로나 19에 대응하는 주요국 교육정책과 시사점", 이슈동향보고서

라우드 플랫폼을 개발하여 운영하고 있다.[2]

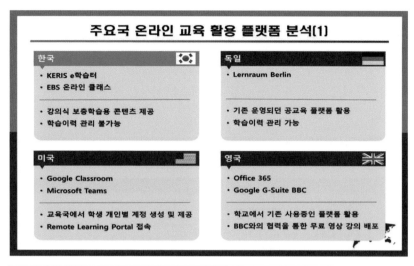

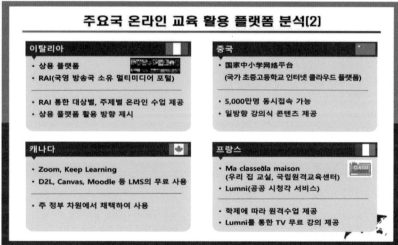

주요 국가들의 온라인 교육 콘텐츠 및 지원

　주요국들은 모두 실시간/비실시간으로 교육콘텐츠를 제공하고 있다. 독일

---

2) 한국교육개발원(2020), "교육분야 COVID-19 대응 동향 리포트(국외 온라인 교육 대응 현황)"

은 비실시간 콘텐츠를 중심으로 교사가 플랫폼 안에서 수업을 설계하고 제공할 수 있도록 하였다. 미국, 호주는 활동지 등을 포함하는 보충 학습자료를 제공하고 있다. 캐나다는 실시간 쌍방향형 수업을 중심으로 Keep Learning 사이트 구축을 통해 자료를 공유하고 있다. 프랑스는 국립원격교육센터에서 제공하는 '우리 집 교실'과 공공 시청각 서비스를 실시간 및 비실시간으로 제공하고 있다.

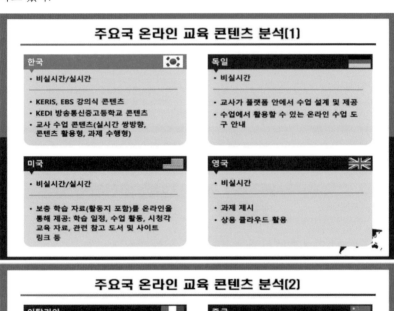

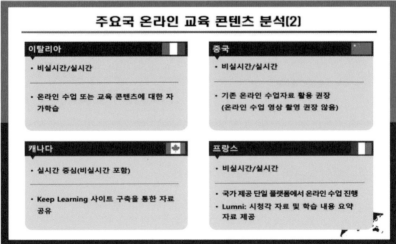

제2부 미래를 준비하는 온오프라인 수업

주요 국가들에서는 지속적인 온라인 수업을 위한 교사 연수가 다양하게 진행되고 있다. 미국의 경우, 소외계층을 위해서 스마트 기기를 대여하고 이를 배송하는 서비스를 하고 있다. 독일과 캐나다의 경우, 부모들이 어떻게 학습 지도를 하면 좋을지에 대한 가이드라인을 제공하고 있다. 이탈리아의 경우, 교사와 저소득층 학생을 위해 많은 예산 확보를 하였다.[3]

해외 미래형 학교 사례와 우리에게 주는 시사점

미네르바 스쿨

미네르바 스쿨은 2015년에 개교한 신생 대학으로 미국 샌프란시스코에 본부를 두고 있다. 이 학교는 '하버드 대학보다 입학하기 어려운 대학'으로 알려지며 단기간에 세계적인 유명세를 얻었다. 전 세계에서 뛰어난 인재들이 모이고 있고, 최근 입학 경쟁률이 100대 1을 넘어섰다. 이러한 이유는 미네르바 스쿨에서 이루어지는 '파괴적 혁신(disruptive innovation)'에 있다.

우수한 교수진에 의해서 최고의 강의가 제공될 뿐만 아니라, 7개국(미국, 영국, 독일, 아르헨티나, 인도, 대만, 한국)에서 경험하는 기숙사 생활은 글로벌 체험을 원하는 요즘 청년들에게 있어 더할 나위 없는 매력적인 옵션이다. 각국의 학생들은 문화 체험만이 아니라, 다양한 기업, 비영리단체, 사회혁신 기관 등을 경험하는 기회를 갖는다.

미네르바 스쿨에서는 모든 수업이 온라인 플랫폼 기반의 소규모 세미나로 이루어진다. 능동적 학습(active learning)을 촉진하기 위해 13~15명의 학생들이 실시간 토론을 하는 형태로 수업이 진행된다. 학생 참여 정도가 온라인 학습플랫폼에 자동 표시되고, 미네르바 스쿨에서 추구하는 핵심 역량에 기반하여 수업 직후 교수의 피드백 의견이 학생들에게 보내진다. 학생들은 상호

---

3) 한국교육개발원(2020), "교육분야 COVID-19 대응 동향 리포트(국외 온라인 교육 대응 현황)"

토론을 하고, 교수는 피드백을 제공한다. 교수의 강의 비중은 20%를 넘지 않도록 사전에 철저하게 준비한다.

미네르바 스쿨의 매력 중 하나는 저렴한 등록금이다. 2018~2019학년도 학부생 기준으로 미네르바 스쿨의 연간 등록금은 $24,950 정도로, 미국 명문 사립대학(하버드, 스탠포드 대학 등) 대비 약 1/4에 불과하다. 캠퍼스 유지 및 보수비용이 들지 않고, 온라인 플랫폼을 활용하여 수업, 학사 행정 및 학생 서비스 등을 제공하기 때문에 교육비용을 획기적으로 낮출 수 있었다.

에꼴 42

'에꼴42(E'cole42)'는 3無(강사, 교재, 학비)인 교육기관으로서 유명하다. 프랑스 파리에 위치한 에꼴42는 2013년 이동통신사를 경영하는 자비에 니엘(Xavier Niel) 회장이 4차 산업혁명에 대비하여 IT 인재 육성 시스템을 혁신하기 위해 설립한 교육기관이다. 에꼴42는 2017년 IT 기술대학 평가에서 3위를 차지했고, 졸업생들이 IT 분야에서 두각을 나타내면서 대학교육 혁신 모델로서 주목받고 있다. 이에 따라 미국, 우크라이나, 남아프리카공화국, 루마니아로도 확산되고 있다. 에꼴42는 IT 기본교육을 이수한 18~30세 청년이면 누구나 지원할 수 있어 전 세계에서 우수한 인재들이 모여들고 있다.

우리말로 번역하면 '수영장(Lapiscine)'이라고 불리는 선발 과정은 그 자체가 에꼴42 교육의 특징을 잘 보여준다. 에꼴42의 입학생으로 최종 선발되기 위해서는 두 개의 관문을 통과해야 한다. 1차는 '논리와 추론 능력 테스트'로 이를 통해 3배수의 학생이 뽑힌다. 2차는 4주 과정으로, 입학생들은 매일 주어지는 프로젝트를 코딩(coding)을 사용하여 풀어야 한다. 컴퓨터가 가득한 방에서 학생들은 먹고 자며 문제를 풀고, 그에 따라 방안에는 수영장처럼 수건이 널려져 있다. 시간이 지날수록 해결해야 할 프로젝트의 난이도는 높아지며 동료끼리의 협업과 상호평가를 통해 솔루션을 찾아가야 한다. 이러한 과정을 통해서 학생들은 끊임없이 변화해가는 현실에 적응하는 역량을 키워간다. 수영장 과정을 성공적으로 통과한 약 1,000명의 학생은 3년의 본 과정을 이수하게 된다. 본 과정은 협력을 통한 프로젝트 추진, 게임을 통한 학습, 수준별 자율학습이라는 세 가지 특징을 지닌다. 이러한 과정을 통해서 육성된 인재는 인공지능의 고도화와 더불어 급속히 진화하는 IT 분야를 선도할 수 있는 역량과 자질을 갖추게 된다.

메트스쿨

메트스쿨은 비영리 교육단체인 '빅 픽처 러닝'(Big Picture Learning)과 로드아일랜드 주 교육부의 협업으로 1996년 프로비던스(Providence)에 개교한 미국의 대안적 공립 고등학교이다. 첫해 50명의 아이들로 시작한 메트스쿨은 현재 재학생이 750여 명에 이르며, 흑인 36%, 백인 31%, 라틴계 23%, 아시아계 2% 등 다양한 인종으로 구성되어 있다. 메트스쿨의 교육 프로그램은 학습이 학생들의 삶과 직접적으로 연관되도록 설계되어 있는 것이 특징이다. 메트스쿨의 교육철학은 다른 공립학교들의 공감을 얻어 현재 미국 14개 주 55개교와 프로그램을 공유하고 있다.

메트스쿨 교육의 핵심은 '개인 맞춤형 통합교육'과 '자기주도 학습'이다. 이를 위해 개별화 수업을 운영한다. 이 학교에서는 교과 수업뿐만 아니라 학교 생활 전체를 통해서 학생들 한 명 한 명의 흥미, 능력, 요구에 적합한 교육을 시행하고 있다. 메트스쿨에서는 이를 'One student at a time'이라는 용어로 표현하고 있다. 그런 만큼 교육은 학생의 흥미와 지적 호기심을 전제로 이루어진다. 메트스쿨의 학생들은 입학 후 1년을 저마다의 흥미와 적성을 탐색하는 데에 투자한다. 인생 여정 지도 그리기, 관심 있는 사람 인터뷰하고 그의 생애 적어보기, 영화나 연극관람 후 시대적 배경과 등장인물의 삶 공부하기 등의 활동이 이루어진다. 메트 스쿨은 학생들이 학교에 입학하면 15명을 단위로 집단을 구성하고 각 집단에 지도 교사 1명씩을 배정한다.

또한 흥미와 인턴십을 통한 학습 활동을 강조한다. 이 학교에서 이루어지고 있는 학습 유형의 대표적인 예는 LTIs(Learning Through Interest and Internship)이다. 인턴십을 통한 학습은 이 학교에서 이루어지고 있는 자기주도 학습과 개인 맞춤형 학습의 대표적인 방식으로, 학생들은 자신의 흥미와 능력 그리고 요구에 따라 공부할 주제나 과제를 결정하고 그러한 주제를 공부할 수 있는 학교 밖의 지역사회 기관들과 관계를 맺는다. 그 후 일주일 중 이틀을 관계 맺은 기관에서 공부하는데, 지역사회 기관에서 공부하며 보내는 시간은 학생들의 흥미와 관심 두기에 따라 몇 주에서 몇 년까지 계속되기도 한다. 참평가(Authentic Assessment) 방식을 도입하여 모든 평가는 학생 개개인의 학습 과정과 결과에 대한 개별평가 방식으로 이루어진다. 학생들은 매주 자신의 학습 진도 상황과 과정에 대한 '일지(Journal)'을 써서 지도교사에게 제출해 평가를 받는다. 그리고 매 분기 인턴십 과정을 통하여 수행한 학습의 결과물들을 작품이나 공연 또는 보고서의 형태로 만들어 공개적인 발표회(Public Exhibition)를 갖고 그에 대한 평가를 다른 학생, 교사, 학부모, 지역

사회 인사들로부터 받는다.[4]

해외 미래형 학교들이 우리에게 던지는 시사점

미래형 학교의 대표인 미네르바, 에꼴 42, 매트 스쿨의 공통점은 무엇일까? 첫째, 학생들에게 자기 주도적으로 공부하는 시스템을 자연스레 익숙하게 만들어 주는 학교라는 것이다. 이 학교들은 자기 선택의 과정을 통해 스스로 학습 동기를 부여하는 일을 강조하고 있다. 둘째, 오프라인뿐만 아니라 온라인으로 학습이 진행된다 하더라도 협업의 중요성을 배우면서 성장할 수 있도록 한 것이다. 제4차 산업혁명 시대에서 협업의 중요성은 더욱 강조된다. 이들 학교는 이론이 아닌 실천적인 과정을 통해 협업을 배울 수 있게 하고 있었다. 셋째, 온라인 기반 수업과 시스템 가운데서도 대면 수업의 장점을 최대한 끌어낼 수 있게 하였다는 것이다. 세 학교 모두 효과적인 온오프연계 수업 시스템이 잘 구축되어 있다.

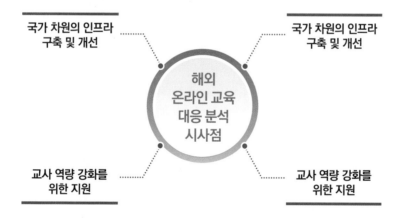

이러한 해외의 온라인 수업과 미래형 학교를 통해서 국내 온오프라인 수업

---

4) 허경철, "교육과정 선진화 구성 : 미국의 메트스쿨 사례", 에듀인뉴스(2017.7.3)

에 시사하는 점은 무엇일까?

첫째, 국가 차원의 인프라 구축이 필요하다. 프랑스의 경우 국립원격교육센터 시스템을 통해서 온라인 교육이 지원되고 있고, 중국은 어마어마한 숫자인 5000만 명이 동시에 접속이 가능한 국가지원 플랫폼이 만들어졌다. 미네르바 스쿨의 능동적 학습(active learning) 등을 참고하여 우리나라도 온라인 통합학습플랫폼이 잘 구축될 수 있어야 한다. 기존 온라인 수업 서비스 지원 수준을 넘어 열린 온라인 교과서 탑재, 인공지능 활용 피드백 서비스 등 현장의 교사들에게 실질적으로 도움이 될 수 있는 서비스를 적극적으로 반영할 수 있도록 해야 한다.

둘째, 국가 교육과정을 기반으로 한 온라인 교육 콘텐츠 확충이다. 미국에서는 활동지를 포함한 보충학습자료가 온라인으로 제공되고 있고, 캐나다의 경우 Keep Learning 사이트를 통해 자료를 구축하고 있는 것처럼, 우리나라도 국가 교육과정과 연계된 민간 및 공공의 디지털 학습자료가 체계적으로 공유될 수 있도록 해야 한다. 교육과정 기반의 수준별 온라인 교육 콘텐츠 개발이 절실하다.

셋째, 교사의 역량 강화를 위한 지원이다. 주요 국가들은 교사 훈련을 위해서 재정을 상당 부분 확보하고 있다. 국가 수준의 교사 역량 강화를 위한 프로그램과 연수개발에 대한 기초적인 맵이 만들어지고, 교사들이 온라인 수업에 대한 체계적인 교육을 받을 수 있는 시스템이 세워질 필요가 있다.

넷째, 온라인 교육 취약계층을 위한 지원체제가 강화되어야 한다. 온라인 교육에서 소외되기 쉬운 학생들, 다시 말해 기초 학력 부진 학생, 질병 및 장애 학생, 특수교육 대상자, 학교 밖 취약계층, 소외계층 등을 위한 지원 정책이 추진되어야 한다. 저소득 가정 등에 대한 디지털 기기 보급이 이루어져야 하고, 다자녀 가정과 맞벌이 가정을 고려한 대응 필수인력 지원이 필요하다.

06. 미래형 수업과 온오프라인 수업

미래형 교육과정과 2022 개정 교육과정의 방향

최근 미래 사회의 변화에 따른 미래 교육 대응 방안에 대한 사회적 관심이 높다. 미래형 교육과정의 방향을 탐색하려면 먼저 미래 사회에서 예상되는 변화와 교육계 대응 방향에 대하여 살펴보아야 할 것이다.

첫째, 4차 산업 혁명의 도래와 함께 새로운 신기술이 우리의 일상생활에 대한 변화를 일으킬 것이다. 스마트폰이 없는 일상생활을 생각하기 힘들 정도로 기술의 변화가 일상생활 문화를 바꾸어 놓았다. 특히 인공지능 기술은 육체노동이 아니라 정신노동이 하던 영역까지 대체해 나갈 수 있다는 점에서 그 파급 효과가 크다. 기존 일자리가 사라지고, 새로운 일자리가 만들어질 것이다. 인공지능과 동영상 합성기술이 만난 딥 페이크(Deepfake) 기술을 활용하면 유명 강사의 아바타를 활용하여 인공지능이 대신 강의할 수 있다. 초창기 구글 번역기는 원활한 의미 전달이 쉽지 않았으나 현재는 다른 나라의 언어로 구성된 내용을 이해하는 데 별 어려움이 없는 수준까지 올라갔다. 시간이 갈수록 데이터가 쌓이기 때문에 앞으로도 정확함은 더 올라갈 것이다. 따라서 영어나 중국어 등 외국어를 공부해야 할 이유를 새롭게 제시하지 않으면 안 되는 상황이 되었다. 또한 에듀테크의 발전으로 인하여 온오프교육 환경의 획기적인 변화가 예상된다. 이에 따라 미래 사회의 변화에 맞는 새로운 교육 패러다임이 필요한 시기이다.

둘째, 미래 사회의 불확실성과 불안감이 높아질 것이다. 예상되는 미래 사회의 모습이 긍정적인 유토피아라면 미리 고민할 필요가 적겠지만 부정적인 디스토피아라면 미리 고민하여 대비하는 자세가 필요할 것이다. 현재는 환경 위기, 자원고갈, 식량 부족, 주기적인 팬데믹 현상 도래 등 부정적인 미래 요소가 더 큰 상황이기 때문에 이에 대한 불안감이 날로 증대되고 있는 상황이다. 부정적인 미래 사회의 모습에 대한 예상 시나리오를 준비하고 대응하기 위해서는 학생들이 각종 문제들을 해결할 수 있는 역량을 기를 수 있도록 교육해야 할 것이다. 역량 중심 교육과정은 이러한 차원에서 강조되고 있다.

셋째, 저출산 현상에 따라 급격한 인구 감소 현상이 예상된다. 최근 '인구절벽'이라는 신조어가 나올 정도로 인구 감소 현상이 두드러지고 있다. 1971년의 신생아는 100만 명에 달했지만, 현재 고교생은 한 연령대 당 인구수가 50만 명 정도이며, 초등학생은 고작 40만 명에 불과하다. 2017년에 약 36만 명, 2018년에는 약 32만 명, 2019년에는 약 30만 명, 2020년에는 약 30만 명 이하로 줄어든 약 27만명이 태어났다. 게다가 2020년 출산율은 0.84명까지 떨어졌다.[5] 4년 만에 10만 명이 감소되는 현상이 나타난 것이다. 이에 따라 많은 학교들이 통폐합되거나 사라졌다. 1969년부터 2020년까지 폐교된 학교는 총 3,832개교이다.[6] 전남, 경남 등의 시골 학교뿐 아니라 대도시인 서울에서도 학생이 부족하여 일부 학교가 폐교되는 현상까지 나타났다. 학생 수

5) 통계청 인구 추이 kosis.kr
6) 세계일보, 2021.3.6

감소는 대입 입시 경쟁률 완화, 대학의 구조 조정, 초중고 학급당 인원수 감소, 초중 통폐합 현상, 중고 통폐합 현상 등의 변화를 불러올 것으로 예상된다. 이에 따라 개별학습 등 학부모들의 교육 기대 수준도 올라갈 것이다.

넷째, 사회 구조 변화로 인하여 학생들의 성향이 현재보다 더 다양화될 것이다. 이미 우리나라 인구의 다문화 인구수는 2019년 기준 106만명 정도이다.[7] 추후 전체 인구수 대비 다문화 인구 비중은 더욱 올라갈 것으로 예상된다. 탈북자도 1년에 1천 명 정도씩 늘고 있다. 우리나라는 이미 다문화된 사회 구조로 변화했다. 이에 따라 다문화 교육, 세계 시민 교육이 더욱 강조될 것이다.

또한 소위 'Z세대'라고 불리우는 10대 문화가 기존 기성세대 문화와는 다른 문화로 등장하고 있다. 1995년 이후 실용적 소비를 추구하고 디지털 네이티브로 자기 생각을 표현하는 세대라는 것이다. 학생들 성향에 맞는 미디어 리터러시, IT 리터러시, 개별 맞춤형 교육과정이 더욱 부각될 것이다.

최근 발표된 2022 개정 교육과정의 방향은 이러한 미래 사회의 변화에 대한 대응 차원에서 논의되고 있다. 개정의 비전으로는 "모두를 아우르는 포용 교육 구현과 미래 역량을 갖춘 자기주도적 혁신 인재 양성"이 제시되었다. 추진 방향으로는 개별성과 다양성, 분권화와 자율화, 공공성과 책무성, 디지털 기반 교육이 설정되었다.

2022 개정 교육과정은 기본 원칙과 방향을 다음과 같이 제시하고 있다.

· 자기주도성 및 삶과 연계한 미래 역량 함양이 가능한 교육과정 구현
· 고교학점제에 부합하는 학생 개별 성장 및 진로 설계 지원 교육과정 개발
· 불확실성에 대응하여 지속가능한 미래를 위한 교육내용 강화
· 지역 분권화 및 학교·교사 자율성을 중시하는 교육과정 운영 체제 구축

---

7)통계청 인구 추이 kosis.kr

· 디지털· AI 교육환경에 맞는 교수· 학습 및 평가체제 구축

· 국민과 함께 소통하는 교육과정 개발 체제 구축

2022 개정 교육과정은 특히 온오프라인 교육 활동을 전반적으로 강조하고 있다. 디지털 소양을 기초 소양으로 이해하고 학생 맞춤형 교육과정 구성 시 온오프라인 교육내용을 적용하는 방안을 검토하기로 했다. 교과목 시수 증감과 교육과정 재구성 범위의 자율성을 확대하고 온오프라인 수업이 자유롭게 재설계될 수 있도록 하는 것이다. 창의적 체험 활동 시 범교과학습 주제(인성교육, 민주시민 교육 등)를 활용한 온라인 수업을 할 수 있도록 한다. 또한 디지털 기반 교육을 통한 미래 교육 여건을 마련하기 위해 에듀테크를 활용한 온오프라인 연계 수업 등을 활성화하고 디지털 교과서나 동영상 등을 활용할 수 있도록 지원한다.[8]

즉, 현행 교육과정에 비해 2022 개정 교육과정에서는 온오프라인 교육을 적극적으로 활용하겠다는 것이다.

미래형 수업의 방향과 온오프라인 수업

온오프라인 수업은 미래형 수업의 방향에서 추진되어야 한다. 만약 현재 대면 수업 방식을 그대로 온오프라인 수업으로 단순하게 전환한다면 학생들의 학습효과 측면이나 미래 사회 변화에 대한 대응 측면 등에서 근본적인 한계가 있기 때문이다.

---

8) 교육부(2021), "국민과 함께 하는 미래형 교육과정 추진계획(안)"

가르침에서 깨침으로!

전통적인 수업에서는 가르침이 중시되었다. 그러나 수업의 성공 여부는 가르침이 아닌 배움의 수준으로 결정된다. 전통적인 수업에서는 강의식 수업 방법과 암기식 학습 방법이 강조되었다. 인강 스타일의 콘텐츠 활용형 온라인 수업 유형은 가르침 중심 수업이라고 할 수 있다.

구성주의에 기반한 혁신교육 운동이 일어나면서 학생의 '배움'을 상대적으로 강조하는 기류가 생겨났다. 배움의 공동체 운동, 아이 눈으로 수업 바라보기 등이 여기에 해당한다고 볼 수 있다. 그런데 배움만 강조하면 익힘의 중요성을 놓치기 쉽다. 익힘을 강조한 수업 담론은 완전학습, 거꾸로 교실 등이다. 배움은 익힘을 통해 완성된다. 그래서 동양의 전통에서는 이 둘을 분리하지 않고 '학습(學習)'이라는 단어를 사용해 통합적으로 접근하고자 하였다.

그러나 미래 교육에서는 배움과 익힘을 넘어 깨침을 강조해야 한다.[9] 깨침이란 스스로 배움에 몰입하며 다양하고 복잡한 문제를 해결할 수 있도록 하는 것이다. 깨침을 위해서는 교사의 수업 디자인과 학생의 적극적인 참여가 동시에 이루어져야 한다. 즉, 직접적 교수 전략과 간접적 교수 전략의 장점을 결합한 참여적 교수 전략을 지향해야 한다. 이에 해당하는 교수학습방법은 협동학습, 문제해결(PBL) 수업, 토의토론 수업, 하브루타 수업, 학습코칭, 프로젝트 기반 수업 등이다. 온오프라인 수업에서 이러한 수업모형을 구현할 수 있으므로 이에 대한 노력과 시도가 필요하다.

지식 > 배움 > 익힘 > 깨침

---

9) 서근원(2013), "수업, 어떻게 볼까?" 교육과학사
  김현섭(2015), "수업 성장", 수업디자인연구소

지식 중심 수업에서 역량 중심 수업으로!

역량이란 인지나 기술을 넘어 총체적인 능력을 적절하게 활용하고 특정 맥락에 맞게 수행할 수 있는 학습 가능성을 말한다. 쉽게 말해 역량은 지식을 활용할 수 있는 능력, 인생을 살아갈 수 있는 힘이다.

역량은 지식을 기반으로 경험을 통해 익히는 것이다. 역량을 기르기 위해서는 역량을 기를 수 있는 수업 방법을 사용해야 한다. 자율 역량을 기르려면 학습 코칭이나 문제 중심(PBL) 수업 방법이 필요하다. 공동체 역량을 기르려면 협동학습, 사회적 기술 훈련을 강조해야 한다. 창의적 사고 역량을 기르려면 질문 중심 수업, 하브루타, 프로젝트 수업을 해야 한다. 감성 역량을 기르려면 놀이 수업, 감성 수업, 욕구 코칭 등을 사용하는 것이 좋을 것이다.[10]

해당 역량을 위한 수업 방법으로 대면 수업, 온라인 수업, 온오프 연계 수업 등을 적절하게 선택하여 운영하는 것이 필요하다. 즉 실습과 활동, 생활 지도 등은 대면 수업이 좋을 것이고, 지식과 이해, 토의 토론은 온라인 수업을 활용할 수 있다. 디지털 소양 교육은 온라인 수업이나 온오프 연계 수업이 적절할 것이다.

자율역량	· 자기주도적 학습 및 학습 코칭 · 문제 해결(PBL) 수업
공동체역량	· 협동협력 학습 · 사회적 기술
창의적사고역량	· 질문 수업 · 프로젝트 수업
감성역량	· 감성 수업 · 놀이 수업 및 욕구 코칭

10) 김현섭(2017), "철학이 살아있는 수업 기술", 수업디자인연구소

미래형 수업의 원리

미래형 수업의 원리는 질문하기, 생각하기, 표현하기, 협력적으로 문제 해결하기이다.[11] 질문을 통해서 학생들에게 학습의 방향을 제시하고, 학생들은 학습 동기를 가질 수 있다. 질문에 따라서 학생들이 심사숙고하여 생각할 수 있는 힘을 기를 수 있도록 해야 한다. 생각하기는 기본적으로 기초 지식을 바탕으로 개별학습 차원에서 진행된다. 표현하기는 학생의 자기 생각을 글이나 말, 그림, 디지털 매체 등을 활용하여 드러내는 것이다. 표현하기가 잘 이루어지려면 기본적으로 의사소통 역량이 필요하다. 복잡한 삶의 다양한 문제들을 해결하려면 혼자만의 힘으로는 부족하다. 집단 지성을 통해 문제해결을 할 수 있도록 노력하도록 해야 한다. 이러한 수업 과정을 통해 학생들의 미래 핵심 역량을 실질적으로 기를 수 있다. 예컨대 협동학습, 문제해결(PBL) 수업, 토의토론 수업, 하브루타 수업, 학습코칭, 프로젝트 기반 수업 등은 미래형 수업의 원리가 잘 드러나 있다. 국제 바칼로레아(IB)에서도 문제해결수업과 프로젝트 기반 수업, 협동학습을 강조하고 있다.

티칭에서 코칭으로!

학생들의 자기주도적 학습과 역량 중심 수업이 가능하려면 교사가 지식 전달자 역할에만 머물러 있어서는 안 된다. 교사가 학생들을 인도하고 촉진하며 격려하는 역할을 할 수 있어야 한다. 즉 학습코치, 학습촉진자로서의 역할을

11) 김현섭, 장슬기(2019), "미래형 교육과정을 디자인하다", 수업디자인연구소

해야 한다. 코칭이란 개인의 목표를 성취할 수 있도록 자신감과 의욕을 고취시키고, 개인이 가진 실력과 잠재력을 최대한 발휘할 수 있도록 돕는 것이다. 미래 교육에서 교사의 역할은 가르침(Teaching)에서 코칭(Coaching)으로 전환되어야 한다. 또한 교육과정 재구성을 넘어 새로운 과목을 신설하고 운영할 수 있는 전문성을 갖추어야 한다. 여기서 교사는 교육과정 디자이너와 학습코치로서의 역할이 강조된다.

온오프라인 교육은 코로나19 위기를 극복하기 위한 임시방편적 도구로 쓸 수도 있고, 미래 교육 담론을 현실화할 수 있는 도구로 적극적으로 활용할 수도 있다. 우리가 현재 어떠한 선택을 하는가에 따라 우리 미래 교육의 방향성이 달라질 것이다.

"미래는 현재 우리가 무엇을 하는가에 달려있다."

– 마하트마 간디

참고 도서

강인애 외(2007), PBL의 실천적 이해, 문음사

권정민(2020), 최고의 원격 수업 만들기, 사회평론아카데미

김나윤, 강유경(2020), 국제 바칼로레아, IB가 정답이다, 라온북

김선, 반재천(2020), 과정 중심 피드백, AMEC

김현수 외(2020), 온라인 수업 어떻게 할까, 교육과학사

김현섭(2015), 질문이 살아있는 수업, 수업디자인연구소

김현섭·장슬기(2019), 미래형 교육과정을 디자인하다, 수업디자인연구소

김현섭 외(2012), 협동학습, 한국협동학습센터

박상준(2020), 코로나 이후 미래교육, 교육과학사

손지선 외(2020), 교사가 진짜 궁금해하는 온라인 수업, 학교도서관저널

송영범(2020), 포스트 코로나 시대, 학교가 디자인하는 미래교육, 맘에드림

성태제(2019), 교육 평가의 기초, 학지사

신을진(2020), 온라인 수업, 교사 실재감이 답이다, 우리학교

양경윤·황지현(2020), 온라인학습이 즐거운 원격질문수업, 경향BP

유영식(2020), 수업 잘하는 교사는 루틴이 있다. 테크빌교육

이민경 외(2016), 플립 러닝 이해와 실제, 교육과학사

이혁규(2013), 수업, 교육공동체 벗

장원일·정호중·김성혁(2020), 인터랙티브한 쌍방향 온라인 수업·강의, 박영Astory

전성수·고현승(2015), 질문이 있는 교실, 경향BP

정문성(2006), 협동학습의 이해와 실천, 교육과학사

경기도교육청(2021), 수업공감 온앤오프(중등 배움중심수업)

서울시교육청(2020), 더불어 수업 평가나눔 자료집

서울시교육청(2020), 블렌디드 수업 사례로 디자인하다(초등 블렌디드 수업자료집)

서울시교육청(2020), 배움과 성장이 있는 블렌디드 수업 도전하기(중등 블렌디드 수업자료집)

전남교육청(2014), 거꾸로 수업 자료집

충북교육청(2020), 충북 온오프라인 연계 교과별 혼합수업 실천 사례집 Ⅰ, Ⅱ, Ⅲ

한국교육개발원(2020), 교육분야 COVID-19 대응 동향 리포트(국외 온라인 교육 대응 현황)

한국교원대 창의인성센터, 거꾸로하는 문제중심학습-거꾸로 교실, 문제중심학습과 만나다, 교육부, 한국과학창의재단

데이브 핑 외(2008), 마음을 여는 경청 기술, 국제제자훈련원

마이클 혼·헤더 스테이커, 장혁·백영경 역(2017), 블렌디드, 에듀니티

맥밀란, 송원숙 외 역(2020), 교실 평가의 원리와 실제, 교육과학사

워런 버거, 정지현 역(2014), 어떻게 질문해야 할까?, 21세기북스

제러드 스타인·찰스 그레이엄, 김도훈·최은실 역(2016), 블렌디드 러닝 이론과 실제, 한국문화사

케이건, 수원중앙기독초 협동학습모임 역(2001), 협동학습, 디모데

파커 파머, 이종인 역(2013), 가르칠 수 있는 용기, 한문화

4차 산업혁명, 코로나 19, Z세대...
흐름 따라 시작한 **온라인 수업**,

잘 하고 계신가요?

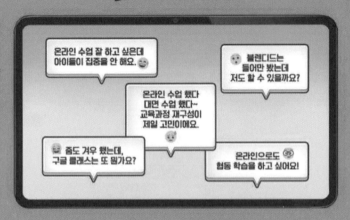

블렌디드 러닝에 대한 선생님들의 고민
책으로 배운 내용을 온라인 연수로 업그레이드 하세요!

초등편 중등편

수업에 불을 켜는 시간, ON!
온라인과 오프라인을 연결하다

연수를 들으신 선생님들의 '추천' 후기

"비상티스쿨원격교육연수원에서 만나보세요!"

원격 연수 안내

온라인 수업도 다채롭게!
온오프 연계로 다양한 수업 모형을
적용하는 노하우 공유

진문가로 업그레이드!
구글 어플리케이션, 패들렛 등
유용한 TOOL과 고급 활용법까지 전수

구글 클래스룸으로 하는
디베이트(토론) 수업

원격 제어로 하는 코딩 수업

교육과정 재구성은 알차게!

온라인 수업과 대면 수업을 효과적으로 재구성한 사례 나눔

평가와 진로지도까지 한방에!

온라인 평가 및 피드백 요령과 진로지도, 입시 준비 꿀팁까지 제공

연수와 함께하면 선생님도 잘 할 수 있습니다.

온라인 수업 초보에서 블렌디드 러닝 교수로 거듭나세요!

visang Tschool

www.tschool.net

EDUCATION DESIGN NETWORK

교육디자인네트워크 (www.edudesign21.net)

교육디자인네트워크는 교육혁신을 위한 씽크 및
액션 탱크 역할을 지향합니다.

- 현장 교원과 연구자를 중심으로 따뜻한 전문가주의와 실천연구 조직
- 교사는 연수받는 존재에서 연구하고 공유하는 존재
- 이론과 경험, 정책과 현장, 교육과 연구, 초등과 중등의 이분법 극복
- 각 영역별 연결과 협업, 소통과 나눔이 있는 플랫폼 조직
- 학습공동체, 연구공동체, 역량공동체, 실천공동체
- 연구자, 학부모, 교원, 전문직원 등이 함께 어우러지는 공동체를 지향합니다.

현재 교육디자인네트워크에는 수업디자인연구소, 교육과정디자인연구소, 교육디자인리더쉽연구소, 교육정책디자인연구소, 부모교육디자인연구소, 보건교육디자인연구소, 비주얼러닝디자인연구소, 유아교육디자인연구소, 코칭디자인연구소 등 9개 연구소가 함께 하는 수평적인 플랫폼 조직입니다.

사단법인 교육디자인네트워크는
- 네트워크 협의회 운영을 통한 각 연구소별 소통과 협업, 연대 강화
- 성장단계별 아카데미 공동 운영
  (예 : 새내기, 수석교사, 전문직원, 학부모 등)
- 연구소의 연구 및 실천 성과 홍보
  (예: 뉴스레터, 블로그, 페이스북 페이지 등)
- 논문과 보고서, 저서를 통한 출판 운동
- 각 연구소의 콘텐츠를 결합한 학교혁신 운동
- 분야별 컨설팅(예 : 연구, 수업 등)
- 정기모임을 통한 학습
- 각 연구소 사업 홍보 및 지원 등의 사업을 추진하고 있습니다.

앞으로 뜻을 같이 하는 사람들과 단체와의 협력을 하면서 교육 혁신의 꿈을 함께 이루어가고자 합니다.

- 서울 광화문센터 : 서울특별시 종로구 세종대로23길 47
                미도파빌딩 411호
- 군포 대야미센터 : 경기도 군포시 대야2로 147, 201호
- 연락처 : 변미정 실장 (031-502-1359), eduhope88@naver.com

수업디자인연구소

INSTRUCTION DESIGN INSTITUE

수업디자인연구소(www.sooupjump.org)는
수업 혁신과 교사들의 수업 성장을 돕기 위해 수업 관련 콘텐츠를
지속적으로 연구 개발하고, 연수와 출판을 통해 콘텐츠를 확산하고,
수업 전문가를 지속적으로 양성하고
수업공동체 운동을 지원하고자 합니다.

활동 방향

1. 수업 혁신을 위한 다양한 콘텐츠 개발 및 보급

2. 지속적인 수업 성장을 위한 수업 코칭 활동

3. 수업 전문가 양성

4. 수업공동체 지원 및 좋은 학교 만들기 활동

5. 교육디자인네트워크 활동 및 교육관련 단체들과의 연대 활동

활동 내용

1. 수업 혁신 콘텐츠 개발 연구
   (질문이 살아있는 수업, 수업공동체 만들기, 철학이 살아있는 수업 등)

2. 수업 혁신 콘텐츠 보급 (출판 및 학습도구 제작 등)

3. 외부 연구 프로젝트 추진

   (교육부 주관 인성교육 및 자유학기제 자료 개발, 비상교육 주관 질문이

   살아있는 교과수업 자료집 시리즈 등)

4. 교원 대상 연수 활동

   (서울 강남, 경기 광명, 구리남양주, 군포교육지원청 등 주관 연수,
   각종 교사학습공동체 및 일선 학교 대상 연수,

   온라인 원격 연수(티스쿨원격연수원, 티쳐빌원격연수원 등))

5. 수업 혁신 콘텐츠 온라인 홍보

   (홈페이지, 블로그 및 각종 SNS 활동 등)

6. 수업 전문가 양성 프로그램

   (수석 교사 및 일반 교사 대상 수업 디자이너 아카데미 운영)

7. 수업콘서트(교사들을 위한 수업 이벤트)

8. 수업 코칭 활동

   (개별 및 단위학교, 교육청 주관 수업코칭 프로그램 수업코치 및 헤드코치)

9. 교사 힐링 캠프(교사 회복 프로그램)

10. 학교 내 교사학습공동체 지원 및 외부 교육 단체 및 기관연대

변미정 실장
• 연락처 : 031-502-1359, eduhope88@naver.com